新装版

古代天皇家の謎は「北斗八星」で解ける

畑アカラ

ヒカルランド

甦る平城天皇の謎
古代天皇家

まえがき――高松塚・キトラ古墳のミステリーを解明する

高松塚古墳壁画発見（昭和47年3月26日プレス発表）から、今年（令和4年）で、50周年記念を迎える。

これを契機として、絶版となっていた拙著・『古代天皇家の謎は「北斗八星」で解ける』（徳間書店・平成28年）を、幸いにもヒカルランドさんから、新装・再出版させていただくことになった。

この本は、題名には高松塚古墳とは書かれていないが、高松塚古墳壁画とキトラ古墳壁画について書かれたもので、呪術の切り口で真実を追究している。

当時、私は、高松塚古墳とキトラ古墳の真実を発見したとの、やむにやまれぬ思いで出版させていただいた。この熱い思いは、今も変わりはない。

私の説は、少しも輝きを失っていないと自負している。

高松塚古墳とキトラ古墳の壁画制作の動機は共通しており、被葬者が永遠に天皇（北極星）を崇敬護持していくという、大ロマンを描いている呪術《じゅじゅつ》絵だったのだ。

驚くべき事に、高松塚古墳に描かれている人物の立ち位置を線で繋ぐと、「北斗八星」が成立する。

それが、東壁と西壁に二つ出来る。これは偶然ではない。

この事実は、何人《なんぴと》たりとも否定出来ない。

ならば、なぜ、壁画に「北斗八星」が描かれていたのか？　それは、どういう意味を持っているのか？

私は、壁画が発している声を聞くことが出来た、唯一の人間である……このような表現は口幅ったくて恥ずかしい思いがするが、本音である。

高松塚古墳発掘50周年記念のいま、世の人々に「私の説が真実であるのか」を問いたい。

私は、学者の皆様、関係者の皆様と、お互いに資料を持ち寄って、公開討論をしたい。

このたび、新装・再出版のチャンスを与えてくださった、ヒカルランドの石井健資社長に、心から感謝するしだいである。

当時の氣持ちと今の氣持ちは少しも変わらない。その熱い気持ちをそのまま、伝えることとする。

高松塚古墳壁画は、「八の呪術《じゅじゅつ》」（北斗八星）で描かれていた。

高松塚の本義を知るということは、その八の呪術を解読することであった。私はこの解読に成功し、本義と被葬者を特定できたと確信している。

ならば、私の他に、誰が、高松塚古墳の本義を伝えることが出来るのか？

私がこのまま黙っていたら、高松塚古墳壁画が語っている言葉は、未来永劫《えいごう》、人々に知られることはない。

ただ心配なのは、天皇に対する美学となれば、皇国史観として排除されやすいのが、戦後の歴史観でない。

ある。

しかし、真実は、今日の特定の歴史観とは関係ないのである。

当時の世相は、どのようなものであったのか？　被葬者はどのように考えていたのか？　それを理解することで真実が見えてくるのである。

どうか、私の説が気に入らないからと言って、目をそらさないで欲しい。

壁画はカビが生え、やむなく古墳を解体した。

それだけでも、失礼に当たる。なのに、なぜ壁画を描いたかの本義まで知られぬままでは、被葬者は、浮かばれないではないか。

近年、高松塚古墳壁画・キトラ古墳壁画の探究がすすみ、参考になることが多い。

しかし、なぜ、壁画が描かれたのか、壁画は何を意味しているのか、の本質的な議論はなく、到底、被葬者とは考えられない人物をも被葬者としてとりあげ、まったくもって、あらぬ方向に進んでしまっている。まさに、迷論だらけの結果となっている。

いままで、多くの人々が、高松塚古墳とキトラ古墳について語った。考古学者、美術史家、歴史家、作家、等々。松本清張《せいちょう》氏、司馬遼太郎《しばりょうたろう》氏、梅原猛氏、など超有名人も多い。しかし、いまだに、両古墳に対する先学《せんがく》の数々の被葬者論に対して、私の疑問は解消されていない。

個々のデータは素晴らしい。研究し尽《つ》くされたと言っても過言ではない。それほど、データは揃《そろ》っている。まさに、先学の苦労のおかげである。しかし、被葬者論となると、そのデータを間違って活用している、としか考えられない。自分の論に都合のよい部分だけをとりあげ、あとは捨てさっている。そういう状況であると感じるにつけ、私のイライラした気持ちは、時には、爆発しそうでもある。違うんだよ、違う、と何度叫んだことか。

まずは、出発点とも言える「天文図（星宿図《せいしゅくず》＋日月図《じつげつず》）＋四神図《ししんず》」のセット図に対する、解釈の違いである。このセット図は、天を支配する天帝図《てんていず》、すなわち、天皇図《てんのうず》なのだ。このことは誰もが認めている。しかし、結局、天皇図とはっきり明言しながら、その図を、天皇でもない皇子《みこ》、臣下《しんか》、百済《くだら》王、高句麗《こうくり》渡来人、等々に簡単に理由もなく当てはめている。

特に、この天皇図・「天文図（星宿図《せいしゅくず》＋日月図《じつげつず》）＋四神図《ししんず》」を、さしたる理由もなく、なるべく上位の皇子《みこ》に当てはめようとして、躍起《やっき》になっている説がある。それが高市皇子《たけちのみこ》説、忍壁皇子《おさかべのみこ》説、等々の皇子《みこ》説である。

天皇図は天皇を示していて、天皇以外に考えられない。天皇とは、そんな曖昧《あいまい》なモノではない。皇子《みこ》説は、最初のボタンの掛け違いに似た、間違いなのだ。

天皇でもない人間が、自分のこととして、体系的な完全天皇図を勝手に描いたら、大逆罪となり大変なことになる。ここが最大の疑問であり、矛盾《むじゅん》点なのである。

ならば、なぜ天皇でもない被葬者が、古墳石槨《せっかく》（石室）内に、世界でも例のない体系的な天皇図《てんのうず》（天帝図）を描けたのか？

このように考えるのが、スジというものであろう。しかも、それは、キトラ古墳にもおよんでいる。

つまり、二事例もあるのだ。この疑問は、最初の一歩であるというのに、誰も問題にしていない。

ところが、何のおとがめもなく、完全天皇図を描ける場合が、あるのだ!!

高松塚古墳・キトラ古墳の被葬者は、なぜ壁画を描こうとしたのか? そもそも、壁画制作の動機は? 犯罪捜査においても、犯行動機を明らかにすることが第一となる。

この疑問に答える方法は、唯一、天皇でもないのに、なぜ天皇図を描けたか、を解くことにある。それは、壁画の呪術を解くことによって、初めて分かることなのだ。この壁画の呪術を解いた者は、残念ながら、今まで誰もいなかった。

この件は、本文によって充分述べることとする。楽しみにしていただきたい。

では、なぜ私は、壁画の呪術を解読できたのか? それは、偶然ともいえるし、必然ともいえる。

私は、高松塚古墳壁画の解読の前に、伊勢神宮(天武《てんむ》天皇がリニューアル)、大嘗祭《だいじょうさい》(天武天皇が創作)、日光東照宮(天海大僧正《てんかいだいそうじょう》の創作)、八角形天皇陵(皇極《こうぎょく》天皇の創作?)の呪術的《じゅじゅつ》グランドデザインを発見した(『古代天皇家「八」の暗号』)。

それらの呪術的グランドデザインは、共通していた。みな「八の世界」であった。あえて言えば、「北斗八星」の呪術。この呪術的グランドデザインは、なんと高松塚古墳にも施《ほどこ》されていたのだ。

ならば、高松塚古墳壁画の謎も、解けたも同然。私は、この偶然の発見に驚いた!! まるで、八の神様が、導いてくれたのでは、と思うほどであった。そして、その喜びは羽化登仙《うかとうせん》、天にも昇《のぼ》る気持ちであった!!

そもそも、「八・や」は、古代日本の聖数《せいすう》なのだ。

私見《しけん》ながら、「八・や」は、あらゆる言葉の中から、言霊《ことだま》の霊威《れいい》が一番あると思われていた。すなわち、言霊《ことだま》のチャンピオンである。「八・や」は、国（八州《やしま》）、天皇（八隅知之大君《やすみししおおきみ》）、神（八百万神《やおよろずのかみ》）を表現している。

漢文化の流入により、この聖数「八・や」は、中国の吉数《きちすう》「八・はち」と習合《しゅうごう》した。そして、さらなるグレードアップされた「八・や・はち」となった。

この聖なる数が、呪術《じゅじゅつ》として使われ、日本を形作ったのである。

この「八の世界」のことが分からないと、日本（八州《やしま》）、天皇（八隅知之大君《やすみししおおきみ》）、神（八百万神《やおよろずのかみ》）、伊勢神宮（北極星・北斗八星）、大嘗祭《だいじょうさい》（北極星・北斗八星）、日光東照宮（北極星・北斗八星）、八角形天皇陵（北極星・北斗八星）、そして高松塚古墳（北極星・北斗八星）の本質を知ることは不可能、と言っても過言ではない。

高松塚古墳発掘者の一人であった網干善教《あぼしよしのり》氏は、将来においても、壁画は解読不可能と述べていた。

しかし、それが「八の呪術《じゅじゅつ》の切り口（北斗八星）」で、あっさりと解読されたのだ!!

ならば、「大発見」と言わざるをえない!!

被葬者も特定できた!! 石上麻呂《いそのかみのまろ》（薨去《こうきょ》・７１７年）である。もちろん被葬者の特定は、先学の貴重な研究データによることは、言うまでもない。

高松塚古墳壁画は、高度な八の暗号（北斗八星）として、饒舌《じょうぜつ》に物語っていた。
いまだ解明されていなかった、高松塚の問題点を上げれば、次の通り。

①なぜ被葬者は天皇でもないのに、天皇を表現している「天文図（星宿図《せいしゅくず》＋日月図《じつげつず》）＋四神図《ししんず》」のセット図を、描くことが出来たのか？
②なぜ北斗七星（八星）が描かれていなかったのか？
③なぜ八人ずつの男女が描かれていたのか？
④なぜ近くに八角形の中尾山《なかおやま》古墳（文武《もんむ》天皇陵推定・707年）があるのか？
⑤そもそも、なぜ壁画を描こうとしたのか？　その動機とは？
⑥壁画は何を語っているのか？　その本義とは？

①については、いままで誰もが問題提起していない。
②〜④については、問題提起している人もいるが、ほとんどの探究者は答えていない。
⑤〜⑥については、答えている人もいるが、①〜④が分からないから、正確に答えた者は誰もいない。
私は、壁画の解読、つまり前記六点の解読に成功した、と確信している。私は、口ごもることなく、明確に、はっきりと、この六点の疑問に答えることができる。

また、高松塚古墳とキトラ古墳を比較した場合の、疑問点もある。

天皇図である「天文図（星宿図《せいしゅく》＋日月図《じつげつ》）＋四神図《ししん》」のセット図は、共通して描かれている。しかし、それ以外の絵は異なっている。しからば、次のような疑問点が浮かんでくる。

⑦なぜ高松塚古墳には八人ずつの男女群像が描かれ、キトラ古墳には十二支《じゅうにし》獣頭人身像《じゅうとうじんしん》が描かれているのか？

この疑問点は、事前に高松塚古墳のことが解明されていたので、簡単に解けた。二種類の絵は、共通の意図のもとに描かれた。つまり、共通の本義があり、この表現方法が違っていただけなのだ。

高松塚古墳とキトラ古墳は、壁画制作の動機が同じであることから、キトラ古墳の謎も同時に解明した。

ずばり、被葬者は、阿倍御主人《あべのみうし》（薨去《こうきょ》・703年）である。

高松塚古墳・キトラ古墳の壁画の内容は、まさに「天皇」の問題である。両壁画を考察した結果、私は、つくづくとその思いに至った。

当時の天皇（天武《てんむ》天皇・即位673年）が天皇（北極星）たらんとした、その政治的・思想的・呪術的な分析なくして、高松塚古墳壁画、キトラ古墳壁画の問題は解けない。

私は、もどかしい。なぜならば、両古墳の壁画の内容は「天皇（北極星）」の問題である、ということを誰もが察知していないからだ。いやいや、察知していても、呪術が分からないから、前に進まなかった。

考古学的な立場から、私と同じ被葬者（高松塚・石上麻呂《いそのかみのまろ》、キトラ古墳・阿倍御主人《あべのみうし》）を推定している学者に、白石太一郎《しらいしたいちろう》氏がいる。白石太一郎氏は、壁画の呪術を考察することなく、私と同じ被葬者を推定している。その冷静かつ正確な眼力には、驚かされる。

また、高松塚古墳発掘者の一人である、故・秋山日出雄《ひでお》氏の陪塚《ばいちょう》説（主人の墓に伴う従者の墓）を知ったときの喜びは、忘れられない。秋山説と私の説は、内容の点で一致していたのだ。

高松塚古墳壁画は、天皇（文武《もんむ》）に対する、臣下《しんか》・石上麻呂《いそのかみのまろ》の気持ちを描いている、「陪塚《ばいちょう》表現図」でもあったのだ。高松塚古墳とキトラ古墳の本質は、臣下《しんか》としての最高度に精華《せいか》された美学である。この永遠の美学の内容を、ぜひとも知って欲しい。

特に、高松塚古墳は、「北斗八星古墳」に擬《なぞら》えられており、「北極星古墳」である中尾山古墳（文武《もんむ》天皇）に対する「北斗八星陪塚《ばいちょう》」として、世界一美しい壁画古墳であると、つくづく思った次第である。

それは、夜間、北極星を中心とした北斗八星（七星）を眺《なが》め続け、悠久《ゆうきゅう》の時間を感じることと共通する。そこに高松塚古墳が重なり合う。何というロマンであることか!!

拙《つたな》い案内となるであろうが、内容には自信を持っている。日本人に対し、高松塚の真実だけは伝えなければならないという、「八」の探究者としての義務感・使命感もある。そして、「発見なくして、感動なし!!」という気持ちもある。

最後までお付き合いいただけたら、これほどの幸せはない。

疑問の点はぜひとも遠慮なくご指摘いただき、できれば討論に加わっていただきたい、と願っている。

［新装版］古代天皇家の謎は「北斗八星」で解ける――目次

第3章 高松塚古墳の壁画を解読する

第4章　高松塚古墳の被葬者は石上麻呂《いそのかみのまろ》だった

第5章　石上麻呂が被葬者であることを検証する

第6章　キトラ古墳も高松塚と同じグランドデザインでつくられた

カバーデザイン——櫻井浩（⑥Design）

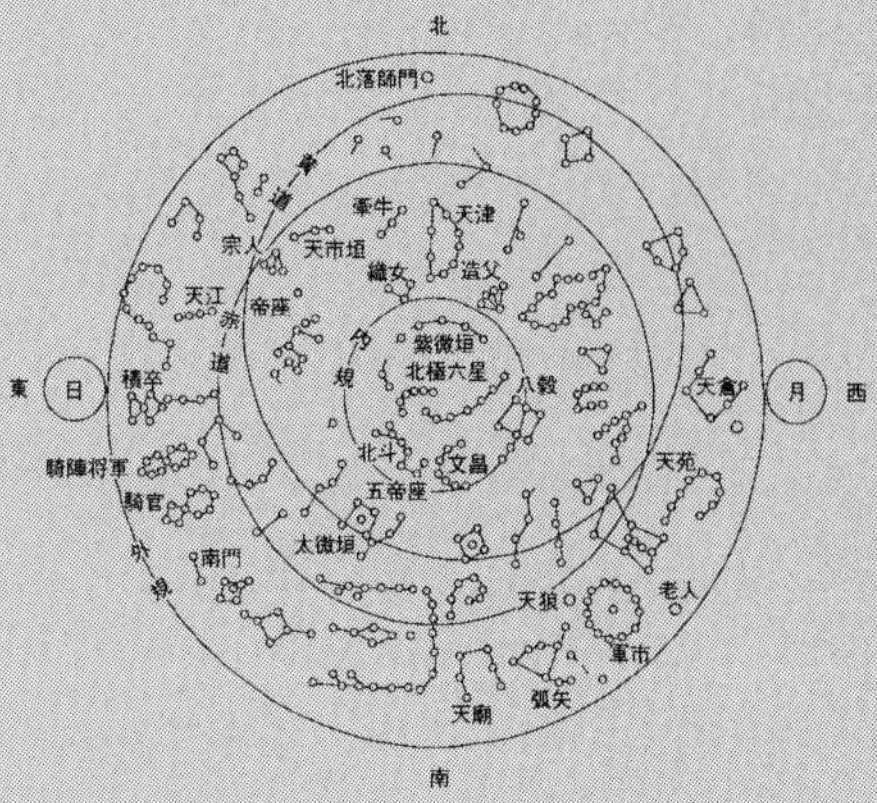

第1章　高松塚古墳は何を表現していたのか?

(1) 高松塚古墳壁画発見の衝撃

高松塚古墳壁画の発見は、当時の人々を熱狂させ、大興奮を巻き起こした。今から50年前のことである。そして、多くの学者、作家が意見を述べ、被葬者についても言及した。

昭和四十七(1972)年三月二十六日、奈良県明日香《あすか》村の高松塚古墳を発掘調査していた奈良県橿原《かしはら》考古学研究所は、男女の群像や四神《ししん》が、石室の壁面に描かれていたと発表した。

当時のマスコミは、〈日本考古学界の戦後最大の発見〉と、大々的に報道した。

石壁の表面には約5ミリの漆喰《しっくい》が塗られていて、その壁面には、7色以上を使った豪華な絵が描かれている。北面は玄武《げんぶ》(亀蛇《きだ》合体)、東面中央には青龍《せいりゅう》と太陽が、西面中央には白虎《びゃっこ》と月が描かれている。なお、築造当時、南壁には朱雀《すざく》が描かれていたが、鎌倉時代に盗掘され、そのときあけられた穴とともに、消滅したとみられている。

壁面には、男女八人ずつ、合計十六人の人物が描かれている。なぜ、八人ずつの男女が描かれていたのか? 理由もなく八人にしたのではない。この謎を解いた者は、誰もいなかった。私が初めて解くことになる。この八人ずつの男女群像は、壁画の本義をも表現しているのだ。

天井《てんじょう》は、金箔《きんぱく》の星を朱線《しゅせん》でつないだ星座で、構成されている。天文図中央には、北極五星と四輔《しほ》四星《よんせい》からなる、紫微垣《しびえん》が描かれている。天文図の周りには、二十八宿《しゅく》が描かれている。これらは古代中国の思想に基づくもので、中央の紫微垣《しびえん》は、天帝《てんてい》の居所を意味している。特異な点は、北斗七星(八星）が描かれていない、ことである（ありえないこの重大な謎については、後ほど詳しく述べる）。

西壁の女子群像は、さまざまな場所でカラー写真が紹介され、「飛鳥美人《あすかびじん》」のニックネームで親しまれている。

壁画について、発掘当初から、高句麗《こうくり》古墳群と比較する研究がなされている。もちろん中国古墳壁画も、比較研究されている。しかし、天文図（星宿図《せいしゅくず》＋日月図《じつげつず》）、四神図《ししんず》、人物群像をセットとして見るならば、日本独自の古墳壁画、といえる。特に、高句麗古墳壁画の影響を大きく考察するのは、控《ひか》えた方がよいであろう。

棺《ひつぎ》は、漆塗《うるしぬ》り木棺《もっかん》。出土品は、棺《ひつぎ》に使われていた金具《かなぐ》類、銅釘、副葬品の大刀《たち》金具、海獣葡萄《かいじゅうぶどう》鏡《きょう》、玉類（ガラス製、琥珀《こはく》製）などがある。

発掘調査以降、壁画は現状のまま現地保存することに決定。文化庁が石室内の温度や湿度の調整、防カビ処理などの保存管理、定期点検を行ってきた。しかし、壁画の退色・変色が、明らかにされた。

その結果、墳丘《ふんきゅう》の発掘調査と石室の解体修理が、２００６年10月に開始された。解体された壁画は、10年間かけて保存修理が行われ、修理完成後はもとの古墳へ戻される予定だったが、カビ再発防止の技術が確立されていないため、「当分の間」という条件つきで古墳外での保存が決定している。

（２）「聖なるライン」に位置する高松塚古墳とキトラ古墳

高松塚古墳とキトラ古墳は、奈良県高市《たかいち》郡明日香《あすか》村に位置する。

藤原宮の中心部分から真南に向かった方位に、天武《てんむ》・持統《じとう》陵がある。この軸は、いわゆる「聖なるライン」と呼ばれている。このラインから西方には、天武天皇ゆかりの天皇、皇子《みこ》、臣下《しんか》たちの墓が存在する。この地域は、天武天皇の「陵園《りょうえん》」ともいわれている。高松塚古墳も、そしてキトラ古墳も、この聖なるラインの近くに存在する。両古墳は、陪葬《ばいそう》的な意味を含んでいる。

高松塚古墳は、すぐ近くに位置（北・約２００メートル）している中尾山《なかおやま》古墳（文武《もんむ》天皇推定）の陪《ばい》塚《ちょう》そのものであろう、と判断できる。

この陪塚《ばいちょう》説は、高松塚古墳発掘者・秋山日出雄《あきやまひでお》氏が、述べている。この説は、私が発見した高松塚古墳の呪術《じゅじゅつ》内容とも、一致する。驚くべきことに、この高松塚古墳の呪術は、私が解明した伊勢神宮の呪術と同様であったのだ。本書での呪術解読作業を、楽しみにしていただきたい。

※陪塚《ばいちょう》……大きな古墳に伴って従属する小さい古墳。近親者や従者を葬《ほうむ》ったと伝える。ばいづか。（広辞苑）

（３）高松塚古墳壁画の天文図に描かれなかった北斗八星

高松塚古墳の壁画発見当時は、世界最古級の壁画天文図、とも言われた。しかし、後に、キトラ古墳の天文図が発見され、その価値の高さは、キトラ古墳の天文図に奪われた。キトラ古墳天文図の方が、高松塚古墳よりも古いとされ、さらに、多くの星座が描かれており、「外規」「赤道」「内規」「黄道《こうどう》」までもが描かれていたからである。

高松塚古墳の天文図の中央には、天帝一族と臣下が住むという紫微垣《しびえん》が描かれ、その周辺には、二十

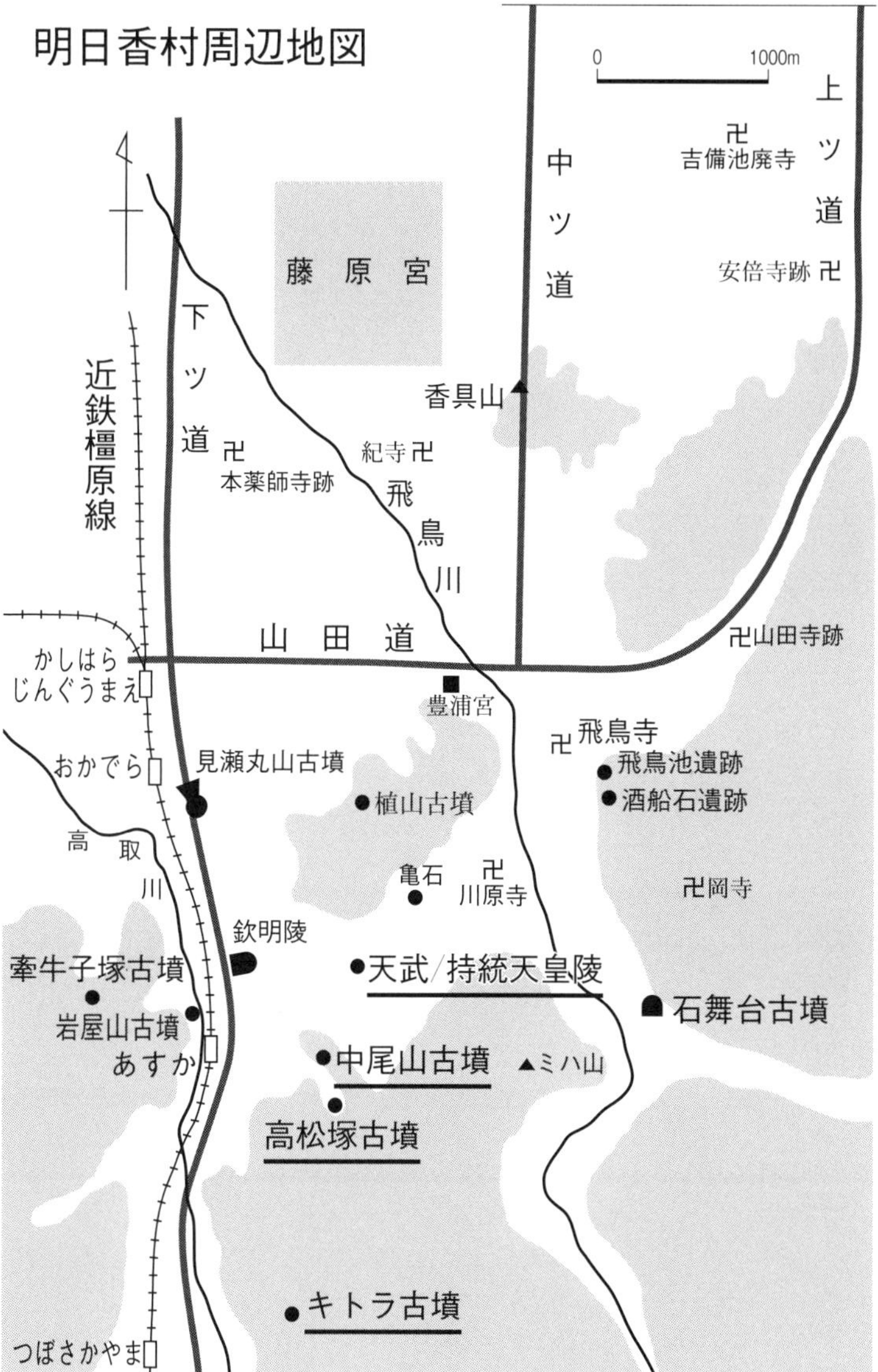

図１－１　明日香村周辺地図

八宿《しゅく》が描かれている。紫微垣《しびえん》には、北極五星（北極・帝・後宮《こうきゅう》・太子・庶子《しょし》）と、北極五星を輔弼《ほひつ》する四輔四星《しほよんせい》が、描かれている。

日本において、天皇は、厳密に言えば、北極五星の中の「北極星（天帝）」に当たる。中心に天皇（天帝）がいる天文図なのである。

中国において、皇帝は、厳密に言えば、北極五星の中の「帝の星」に当たる。北極星（天帝）ではない。皇帝は、天帝の子、すなわち天子なのである。

二十八宿《しゅく》は、北方七宿、東方七宿、南方七宿、西方七宿、の総称である。それぞれの分野《ぶんや》があり、北方七宿は玄武《げんぶ》、東方七宿は青龍《せいりゅう》、南方七宿は朱雀《すざく》、西方七宿は白虎《びゃっこ》、を表現している。

四神《ししん》図は、星宿《せいしゅく》の形像《けいぞう》であり、動物自体を神格化したものではない。

よって、この古墳壁画は、天地の玄武、天地の青龍、天地の朱雀、天地の白虎を描いている、ともいえる。

「分野《ぶんや》」という言葉は、天の二十八宿《しゅく》からきている。天を区分したことから、分野という言葉が発生した。

高松塚の天文図であるが、これほど星座が描かれているのに、北極星とペアであるはずの北斗七星（八星）が描かれていない。普通、ありえない特殊な事例なのである。つまり、前例がない。この前例のない謎を解いたとき、高松塚古墳の謎は解ける。

本書は、この謎解きの本でもある。

図１－２　奈良県地図

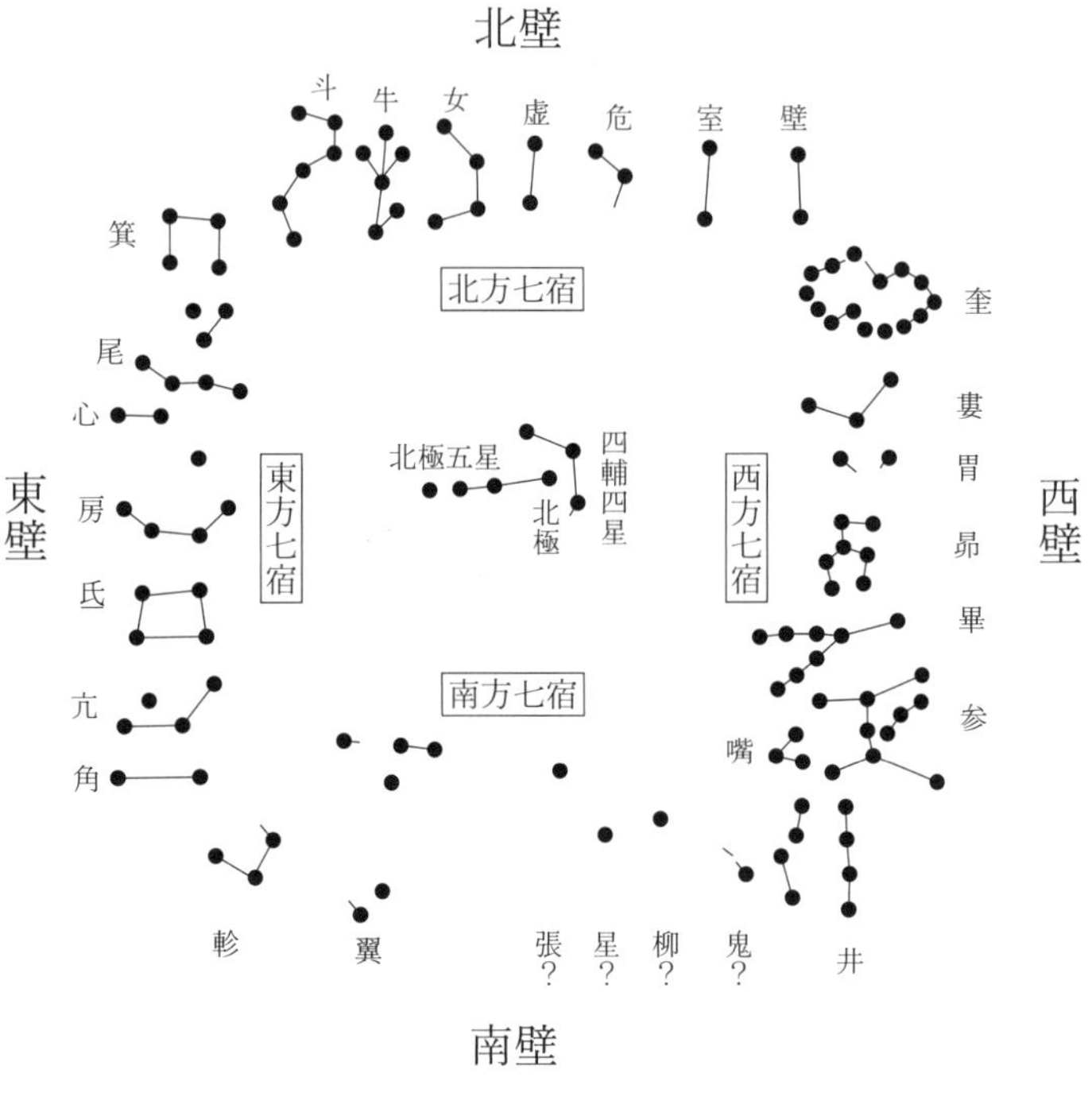

図1－3　高松塚古墳天文図
(『キトラ古墳と壁画』飛鳥古京顕彰会編集を参考に作図)

◎日像《じつぞう》

日像《じつぞう》は、削《けず》り取られていて、様子が分からない。しかし、日像には三本足の烏《からす》が描かれていたと推測される。中国伝承の金烏《きんう》、三足烏《さんぞくう》、である。日本風にいえば、八咫烏《やたがらす》。

図１－４　高松塚日像（写真）
『キトラ古墳と発掘された壁画たち』飛鳥資料館

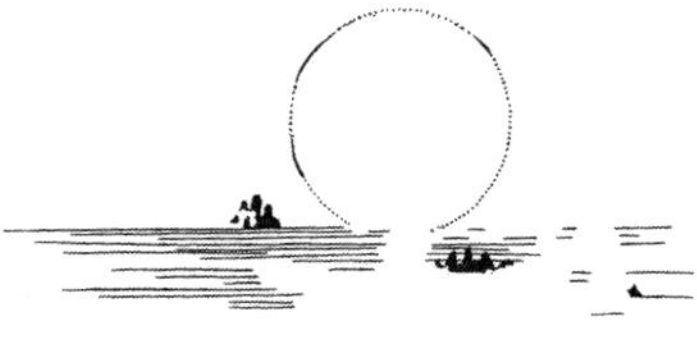

図１－５　高松塚日像（模式図）
『高松塚とキトラ』来村多加史・講談社

◎月像《がつぞう》

月像《がつぞう》は、削り取られていて、何が描かれていたかは不明。ウサギ、カエル、桂樹《けいじゅ》が描かれていたと推測される。中国伝承の物語をそのまま描いていた、と思われる。

（4）高松塚古墳壁画に描かれた男女八人ずつの人物群像

壁画には、男女八人ずつが描かれている。東壁の先頭の列にいる男子は、被葬者の身分（一位）を表していると思われる「深緑色の蓋《きぬがさ》」を、垂直に差している。

なぜ八人ずつの男女が描かれているのか？　今まで、だれもこの謎を解く者がいなかった。「八の呪《じゅ》術《じゅつ》」が解けなかったからである。私が、初めてこの謎を解くことになる。楽しみにしていて欲しい。

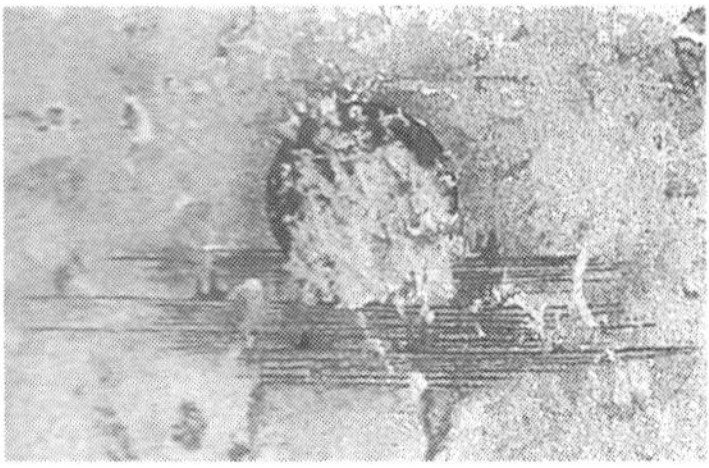

図１－６　高松塚月像（写真）
『キトラ古墳と発掘された壁画たち』飛鳥資料館

図１－７　高松塚月像（模式図）
『高松塚とキトラ』来村多加史・講談社

◎東壁男子群像

図１－８　高松塚東壁男子群像（写真）

図１－９　高松塚東壁男子群像（模式図）文化庁・HP　高松塚古墳館「高松塚古墳壁画」

→蓋（きぬがさ）
※白の部分と垂れ下がった総《ふさ》の部分が深緑（一位を表現している）である。

◎東壁女子群像

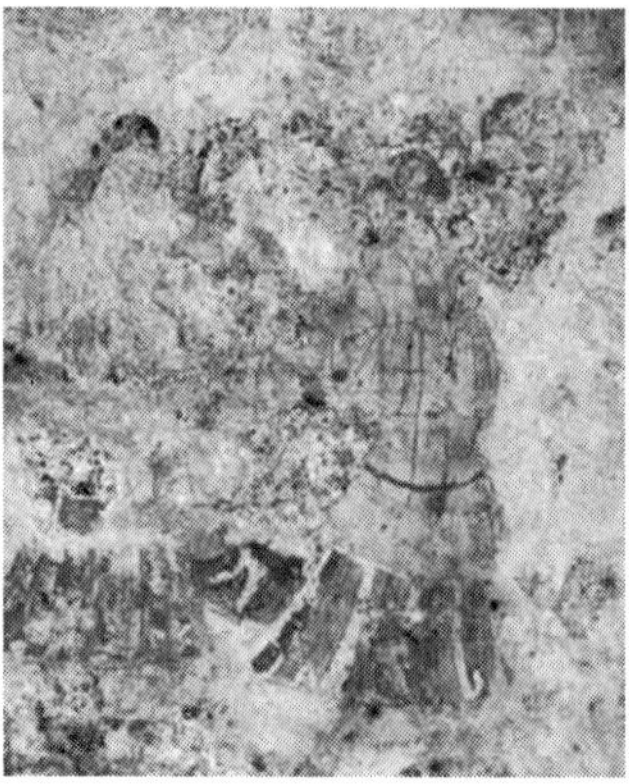

図1－10　高松塚東壁女子群像（写真）文化庁・HP

図1－11　高松塚東壁女子群像（模式図）高松塚古墳館「高松塚古墳壁画」

◎西壁男子群像

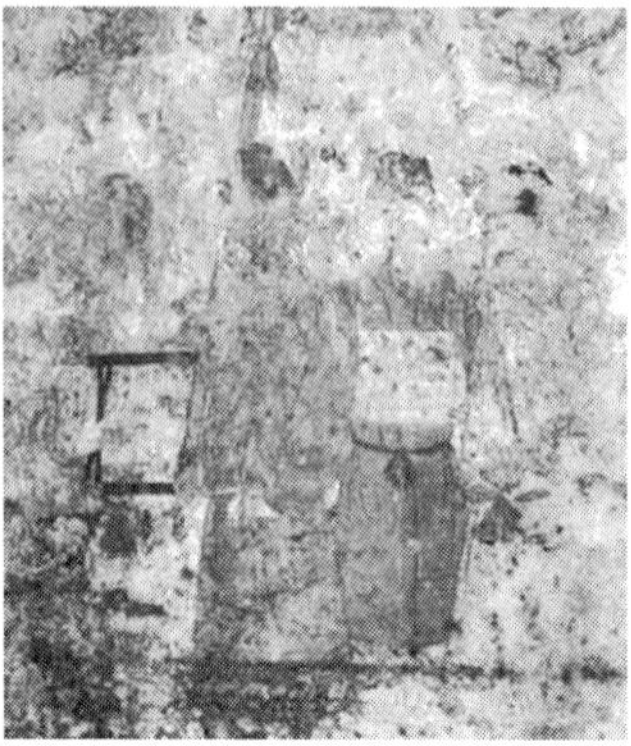

図1－12　高松塚西壁男子群像（写真）文化庁・HP

図1－13　高松塚西壁男子群像（模式図）高松塚古墳館「高松塚古墳壁画」

◎西壁女子群像

図１－14　高松塚西壁女子群像（写真）文化庁・HP

図１－15　高松塚西壁女子群像（模式図）高松塚古墳館「高松塚古墳壁画」

（5）高松塚古墳壁画の四神《ししん》図（朱雀《すざく》図欠け）

東壁に青龍、西壁に白虎、北壁に玄武《げんぶ》が描かれていた。南壁の朱雀《すざく》は、盗掘穴により欠落していた。もともと朱雀は描かれていなかった、という怨霊《おんりょう》説などがあったが、それは否定された。

四神《ししん》図は、天の二十八宿《しゅく》の表現であり、地にも二十八宿を描いている、ともいえるのだ。つまり、天は星で分野を表し、地は四神で分野を表現しているのである。

◎東壁・青龍《せいりゅう》

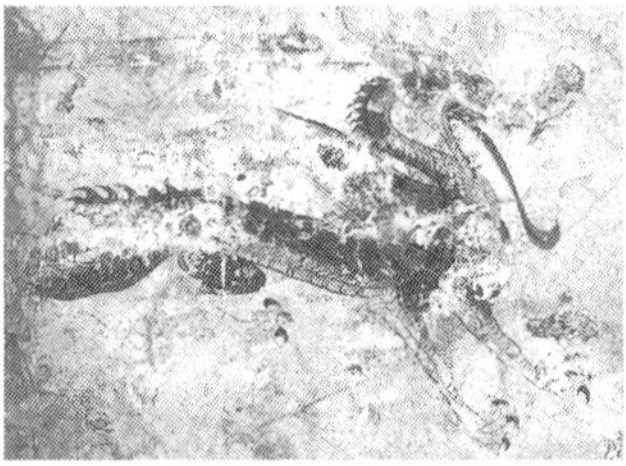

図1－16　高松塚青龍（写真）『キトラ古墳と発掘された壁画たち』飛鳥資料館

図1－17　高松塚青龍（模式図）高松塚壁画館「高松塚古墳壁画」

◎西壁・白虎《びゃっこ》

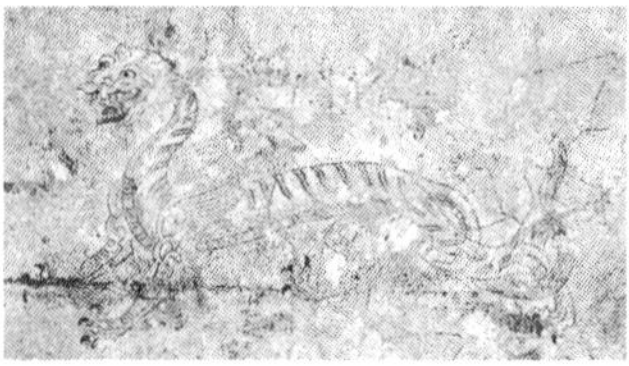

図1－18　高松塚白虎（写真）『キトラ古墳と発掘された壁画たち』飛鳥資料館

図1－19　高松塚白虎（模式図）『高松塚とキトラ』来村多加史・講談社

◎北壁・玄武《げんぶ》

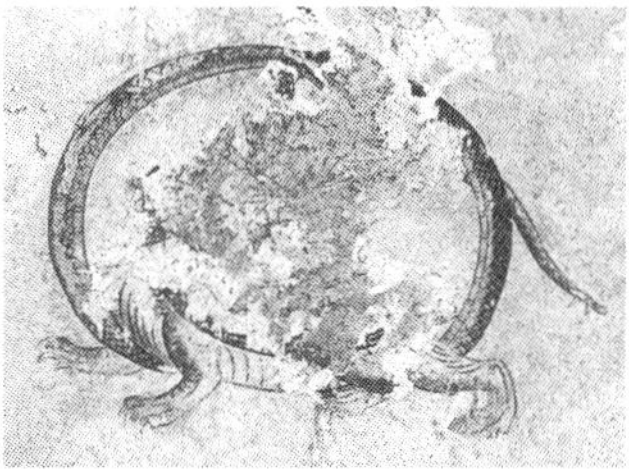

図１－20　高松塚玄武（写真）『キトラ古墳と発掘された壁画たち』飛鳥資料館

図１－21　高松塚玄武（模式図）『高松塚への道』網干善教・講談社

（６）高松塚古墳は横口式の石槨

高松塚古墳の形式は、横口式石槨《せっかく》である。キトラ古墳、マルコ山古墳、石のカラト古墳もこの形式である。高松塚古墳の天井《てんじょう》は平天井《ひらてんじょう》で、キトラ古墳と違って、くり込みがない。よって、高松塚古墳は、キトラ古墳より新しいと推測されている（白石太一郎《たいちろう》説）。

（7）高松塚古墳壁画は「天文図＋日月図」のセット図

現地の高松塚壁画館に行って、再現模造模写、石槨《せっかく》の原寸模型などを見ると、その小ささに驚かされる。

「天文図（星宿図《せいしゅくず》＋日月図《じつげつず》）＋四神図《ししんず》」のセット図は、天皇図《てんのうず》を描いていると思われる。よって、なぜ被葬者は天皇でもないのに、天皇図を描けたのか、という問題が生じてくる。この重大なことに関して、誰も問題提起していない。私が初めて、この関係を解明し、その本義も明らかにする。

（8）高松塚古墳出土物から年代を想定する

出土物は、棺《ひつぎ》関係遺物《いぶつ》（金具《かなぐ》類15種類、その他）、銀荘唐様大刀《ぎんそうからようたち》金具類9箇、海獣葡萄鏡《かいじゅうぶどうきょう》1面、玉類多数、土器類が出土している。また、人骨も出土している。出土物からは、年代の上限はある程度決められても、下限は決められない、という特徴がある。

試掘のとき出土した須恵器《すえき》がある。この須恵器は藤原宮造営時の土器であると思われ、上限を限定する資料となる。つまり、高松塚の築造年代は、大凡《おおよそ》６９４年を遡《さかのぼ》らない、という貴重な資料となった。

高松塚古墳・見取り図

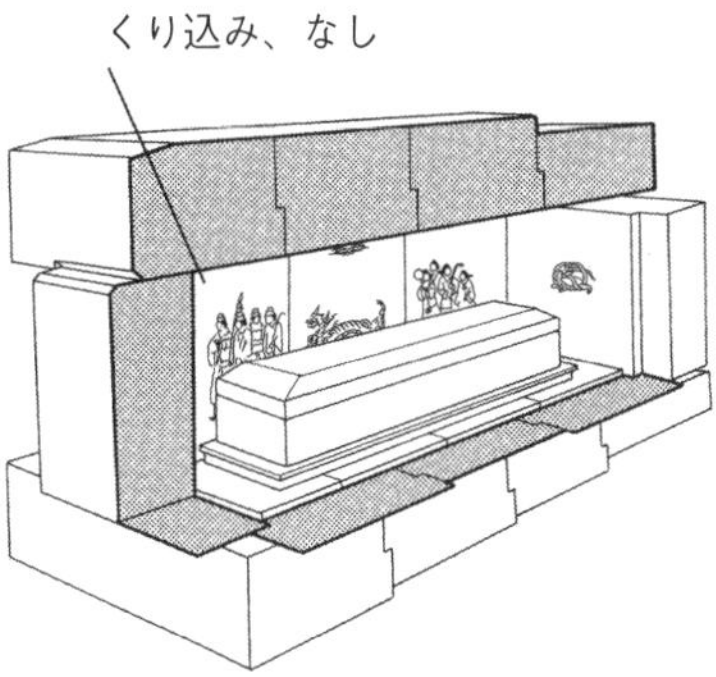

図１－22　高松塚立体見取り図　『高松塚とキトラ』来村多加史・講談社／参考

キトラ古墳・くり込み天井

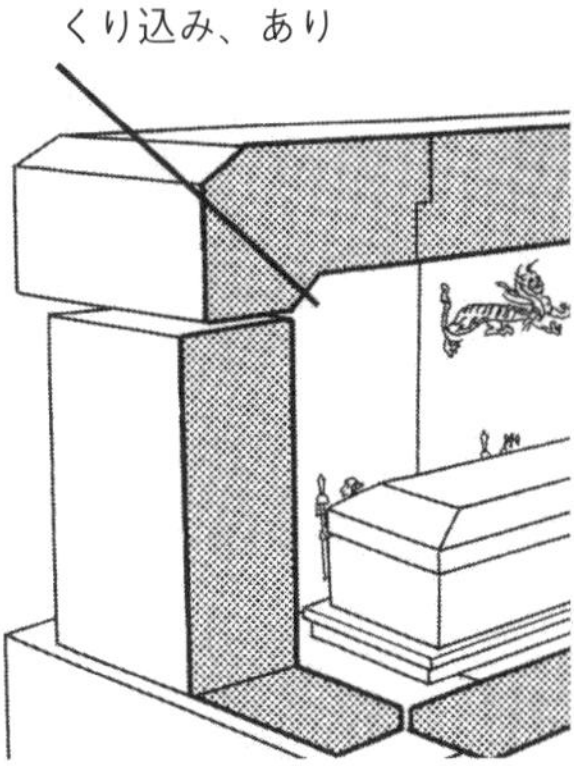

図１－23　キトラ古墳くり込み部分『高松塚とキトラ』来村多加史・講談社／参考

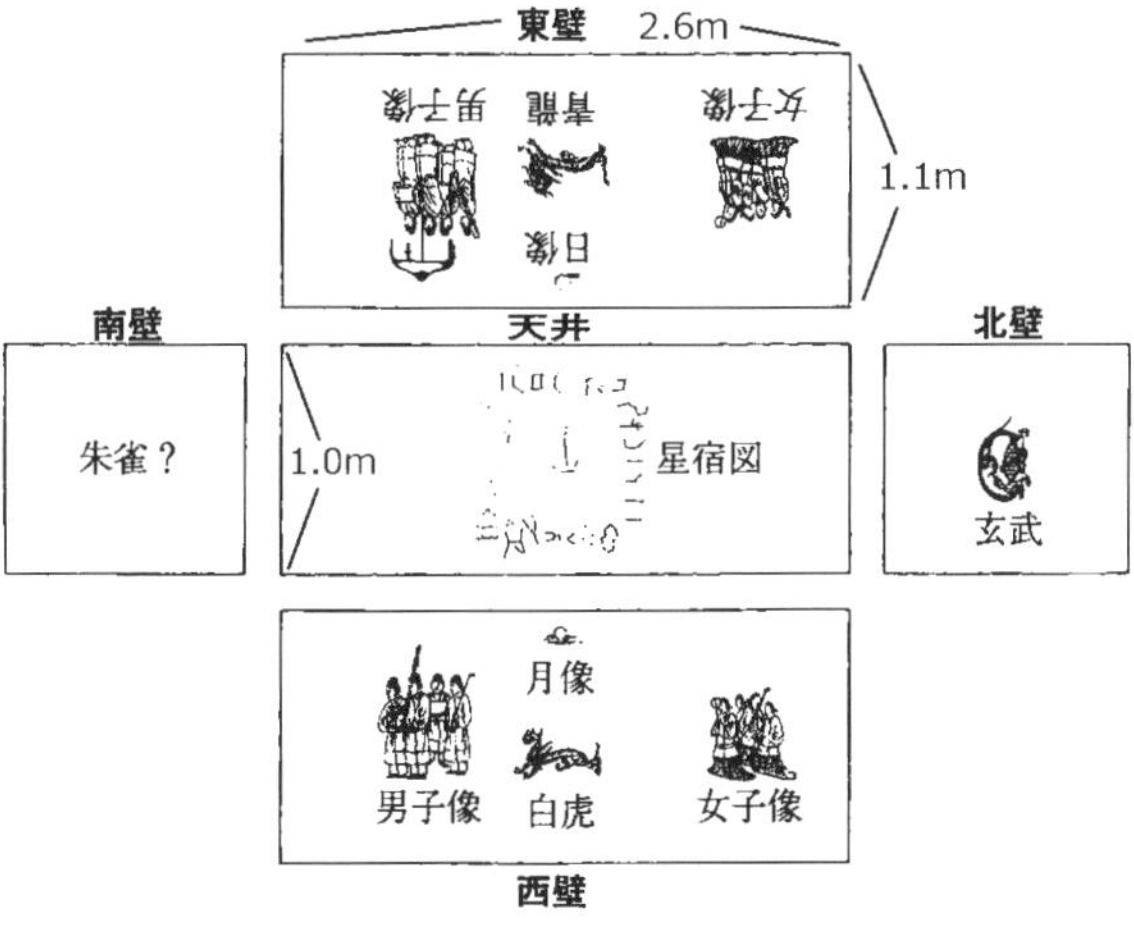

図１－24　高松塚壁画全体図
『飛鳥・藤原京展』

（9）混迷する被葬者論

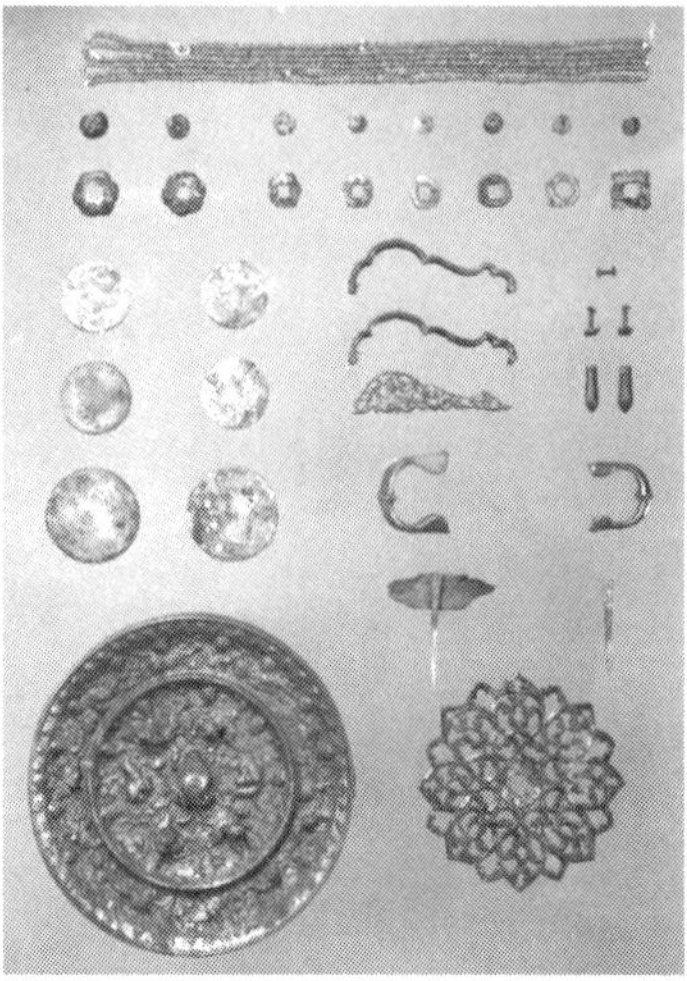

図1－25　高松塚出土物
飛鳥資料館クラブ・HP

1）考古学者は被葬者の推定に慎重

高松塚古墳で最も話題になるのは、やはり、被葬者についてである。百家争鳴《ひゃっかそうめい》、迷論と思われる説も、多く出されている。いまだ、定説はなく、多くの人物の名があがっている。

考古学者は安易《あんい》に被葬者を推定すべきではない、との風潮がある。

「特に、発掘当事者は、被葬者を推定し口にすべきではない」、と高松塚古墳発掘者の一人であった故・網干善教《あぼしよしのり》氏は言っている。網干氏は、「墓誌が出なかったと分かった時点で被葬者の特定はあきらめた」とも述べている。

高松塚古墳発掘の総指揮者であった故・末永雅雄《すえながまさお》氏も、被葬者については、最後まで口を閉ざしていた。ただ、網干《あぼし》氏は、被葬者は皇子《みこ》のうちの誰かであろう、とは述べている。私は高級官僚説なので、私の説とは違っている。

網干《あぼし》氏は、「われわれに何を語っているのか、それをわれわれがどのように受け止めるべきか、ということが大切である」という。まさにその通りである、と思う。私は、不遜《ふそん》な言い方で大変申し訳ないが、高松塚古墳壁画、そしてキトラ古墳壁画が語っている声を、初めて聞いた人間である、と確信している。

2）被葬者論は3つに分けられる

大きく分けて、①皇族クラス、②高級官僚、③渡来系の人々の三つに分かれる。

①については、忍壁皇子《おさかべのみこ》説、高市皇子《たけちのみこ》説、弓削皇子《ゆげのみこ》説、葛野王《かどのおう》説、草壁皇子《くさかべのみこ》説、蚊屋皇子《かやのみこ》説、大津《おおつの》皇子《みこ》説、穂積皇子《ほづみのみこ》説、（天武天皇《てんむてんのう》説）

②については、石上麻呂《いそのかみのまろ》説、大伴御行《おおとものみゆき》説

③については百済王禅広《くだらのこにきしぜんこう》（善光）説、高麗王若光《こまのこにきしじゃっこう》説、高句麗《こうくり》渡来人説

誰がどのような説なのか、一覧して見よう。次のようになる。

①皇族クラス説

高市皇子《たけちのみこ》説……土淵《つちぶち》正一郎、大浜厳比古《いつひこ》、原田大六《だいろく》、桜田常久《つねひさ》、末田《すえだ》重幸

忍壁皇子《おさかべのみこ》説……直木孝次郎、王仲殊《おうちゅうしゅ》、前園実知雄《まえぞのみちお》、猪熊兼勝《いのくまかねかつ》

弓削皇子《ゆげのみこ》説……梅原猛、菅谷文則

蚊屋皇子《かやのみこ》説……有坂《ありさか》隆道

葛野王《かどのおう》説……和田萃《あつむ》

大津皇子《おおつのみこ》説……山本忠尚《ただなお》

草壁皇子《くさかべのみこ》説……吉野裕子《ひろこ》

（天武天皇説）……小林惠子《やすこ》

②高級官僚説

石上麻呂《いそのかみのまろ》説……秋山日出雄、白石太一郎《たいちろう》、岡本健一、勝部明生

大伴御行《おおとものみゆき》説……黛《まゆずみ》弘道

③渡来系の人々説

百済王禅広《くだらのこにきしぜんこう》説……千田稔《せんだみのる》

高句麗《こうくり》の王族説（高麗王若光《こまのこにきしじゃっこう》）……堀田啓一、司馬遼太郎《しばりょうたろう》

高句麗《こうくり》系渡来人説……松本清張《せいちょう》、百橋明穂《どのはしあきお》

※森浩一氏、安本美典《やすもとびてん》氏は、石上麻呂《いそのかみのまろ》を有力候補としている。

以上、このような説を唱えている人々がいるが、以前の説を変えた人もいると思われるので、あくまでも参考資料として見ていただきたい。高松塚古墳被葬者論は、あまりにも多くの迷論のうちに埋もれている感さえある。例えば、次のようなことが言われている。

有坂隆道《ありさかたかみち》氏は、述べている。

「あの本（梅原猛氏『黄泉の王《よみのおおきみ》』）がおもしろいとすれば、詐欺師《さぎし》的論法がおもしろいだけだ、という評論を聞きましたが、じつに適切な言葉であると思います」と。

しかし、有坂氏の本も含めて、他の多くの本にも、違うよねぇ、という箇所が多く見られ、益々《ますます》自分自身が熱くなっていく。

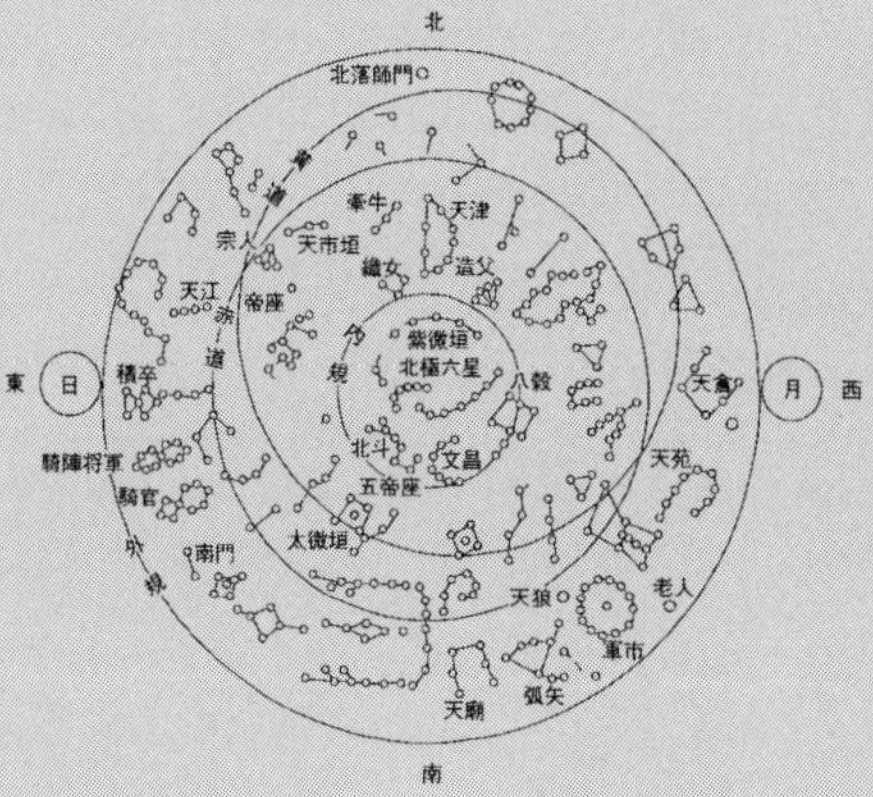

第2章　高松塚古墳解明の前提となる「八」の暗号

1　なぜ前提条件が必要なのか？

高松塚古墳壁画の呪術《じゅじゅつ》を解くには、前提条件が、必要である。なぜならば、高松塚古墳壁画は、「八の呪術（暗号）」で描かれているからだ。八の意味を知らなければ、高松塚古墳壁画は解けないという、やっかいな問題を抱《かか》えている。

八の呪術は、伊勢神宮、大嘗祭《だいじょうさい》、日光東照宮、八角形天皇陵、そして高松塚古墳に施《ほどこ》されている。その八の呪術は、呪術的グランドデザインとして共通していた。呪術の基本形が、共通なのだ。つまり、〈八の呪術的グランドデザイン＝伊勢神宮＝大嘗祭《だいじょうさい》＝日光東照宮＝八角形天皇陵＝高松塚古墳〉なのである。高松塚古墳壁画の呪術が解けたのは、伊勢神宮の八の呪術的グランドデザインを私が知っていたからである。事前に、この知識なくしては、高松塚古墳壁画の呪術解読に、切り込めない。

私は、高松塚古墳壁画の呪術を、なるべく完全な形で解きたい、と思っている。私にとって、いわゆるトンデモ説と思われるのが、一番辛《つら》い。

呪術の確かさを証明するためには、正しい基礎知識が、必要となる。当時の古代日本において、「八」は、どのような意味を含んでいたのか？　このことを知らなくては、高松塚古墳壁画の謎は解けない。高松塚古墳壁画の呪術を解くためには、少なくとも、次の四つを知る必要がある。

①八の意味
②伊勢神宮の八の呪術─グランドデザイン
③日光東照宮の八の呪術─グランドデザイン
④八角形天皇陵の呪術─グランドデザイン

すぐ、高松塚古墳壁画の解読作業とはならず、随分と遠回りになるが、許していただきたい。根拠となる資料は、なるべく多く提供したい。自説の完璧な証明を目指すならば、避けて通れない道であろう、と思うからなのだ。それは、私の説を検討していただきたいという、切なる願いからでもある。

前述の四点に共通するのは、数字の「八」である。高松塚古墳壁画は、「八の言葉（暗号）」で、語っている。つまり、高松塚古墳壁画の声を聞くことの出来る周波数は、「八」なのである。

2　高松塚古墳解明の前提条件❶八の意味を知ること

（1）八は古代日本の聖数

古代日本の聖数《せいすう》は、「八・や」である。「八・はち」ではない。

「八・はち」は、2、3世紀頃日本に流入した漢文化なのである。しかし、「八・や」と「八・はち」

は、その後、習合《しゅうごう》して、さらなる聖数「八」になった。よって、古代日本の聖数は、「八・や」でもあり「八・はち」でもある、と言っても間違いではない。

1) 数詞《すうし》の数え方

日本には、二つの数え方がある。

「ひ・ふ・み・よ・い・む・な・や・こ」と、「いち・に・さん・し・ご・ろく・しち・はち・きゅう」である。

「ひ・ふ・み・よ・い・む・な・や・こ」は、縄文《じょうもん》時代からの数え方で、日本古来の数え方と言ってもよい。

「いち・に・さん・し・ご・ろく・しち・はち・きゅう」は、漢文化が入ってきてからの数え方である。

2) なぜ聖数《せいすう》「八・や」になったのか?

古代日本の聖数「八・や」は、素晴らしい、大きい、永遠、無限、完全、等々の意味を含んでいる。

古代日本の「八・や」は、なぜ聖数「八・や」となったのか?

「弥栄《いやさか》の弥（八・や）」であるからという根拠は、その通りであろうと思う。しかし、「八・や」は、その原初として、日本古来の数え方〈ひ、ふ、み、よ、い、む、な、や、こ、と〉の中で、最も大きく口を開く「開a音」であるため、特別な言霊《ことだま》の霊威《れいい》が宿っている、と思われた。だからこそ、聖数となったのだ。

それは、特別の数の霊《たま》として、数霊《かずだま》と称される。「弥栄《いやさか》の弥（八・や）」は、その後の意味付け言葉である、と推測される。

3) 日本は「言霊《ことだま》の幸《さき》はふ国」

言霊《ことだま》について、検証してみよう。幸い、万葉集にそのことが記してある。日本は〈言霊《ことだま》の幸《さき》はふ国〉であると。それは、山上憶良《やまのうえのおくら》の歌である。

神代《かむよ》より　言ひ伝《つ》て来《く》らく　そらみつ　大和《やまと》の国は　皇神《すめかみ》の厳《いつく》しき国
言霊《ことだま》の　幸《さき》はふ国と　語り継《つ》ぎ　言ひ継《つ》がひけり……
（万葉集・８９４）

〈神代《かみよ》以来　言い伝えられたことですが　（そらみつ）大和の国は　国つ神の威徳《いとく》の　いかめしい国
言霊《ことだま》の助ける国だと　語り継《つ》ぎ言い継《つ》いできました……〉

日本は、「言霊《ことだま》の幸《さき》はふ国」なのである。山上憶良は、万葉集・８９４番で、このように歌っている。

4)「言霊《ことだま》の」は、「八十《やそ》」にかかる枕詞《まくらことば》

万葉集に柿本人麻呂の作とされる次の歌がある。

言霊《ことだま》の　八十《やそ》の衢《ちまた》に　夕占《ゆうけ》問う　占正《うらまさ》に告《の》る　妹相寄《いもあいよ》らむと

（万葉集・２５０６）

〈言葉の溢れている、多くの道が分岐する辻で、人の声を聞いて、夕占《ゆうけ》をすると、その占いに、彼女は私になびき寄ると、出た〉

「言霊《ことだま》の」は、「八十の衢《やそのちまた》」の「八十」にかかる枕《まくらことば》詞であるとの説もある。「八十《やそ》」とは、数字の「八十《はちじゅう》」のことである。八を強調した数である。そもそも、八衢《やちまた》という言葉がある。道が多く分かれているところ、という意味である。

なぜ「言霊《ことだま》の」が、「八十《やそ》」にかかる枕《まくらことば》詞なのか？　事例がこの歌謡しかないとはいえ、偶然とも思えない。

数多くある言葉の中で、いやいや、すべての言葉の中で、なぜ一点、「八十《やそ》」が選択されたのか？ならば、少し牽強付会《けんきょうふかい》と思われるが、「言霊（枕《まくらことば》詞）＝八（や）」とも言える。

よって、①「八・や」は数詞《すうし》の中で最大の口を開く「開ａ音」であり、言霊《ことだま》の霊威《れいい》を感じていたこと、

そして②「言霊《ことだま》（枕詞《まくらことば》）＝八（や）」ということにより、「八・や」は、すべての言葉のなかから選ばれた、言霊《ことだま》のチャンピオンなのである、ともいえるのだ。

5）なぜ「八州《やしま》」と称されたのか？

日本は、古来から八州《やしま》と称《しょう》されている。なぜ八州《やしま》と称されたのだろうか？

八州《やしま》の語源

言霊《ことだま》＝八十《やそ》（枕詞）　→　言霊《ことだま》＝八《や》（言霊のチャンピオン）

〈言霊《ことだま》（八《や》）の幸はふ国　→　八《や》の国（州）　→　「八州《やしま》（日本）」〉

私は、このように推測した。つまり、八州《やしま》（日本）の語源は、言霊《ことだま》のチャンピオンである八《や》の幸《さき》はふ国、というところからきている、と。

そして、もちろん弥栄《いやさか》の弥（八・や）の州《くに》（国）、という意味をも含んでいる。日本の国名に八《や》を付けた理由が、ここにより、初めて分かった、といえるのではなかろうか。

高松塚古墳壁画には、八人ずつの男女が描かれている。この八人は、八州《やしま》（日本）をも意味しているのである。次章での呪術解読を、楽しみにしていただきたい。

6）聖数「八・や」の本義

私は、『記紀』において、「八・や」と神様との関係を、調べてみた。すると、次のことが、分かった。

①『古事記』『日本書紀』において、多くの神を表す言葉は、「八・や」に限られていた。その代表が『古事記』の「八《や》百万神《およろずのかみ》」。『日本書紀』においては「八《や》十万神《そよろずのかみ》」

②『古事記』において、神の名を表現する数詞《すうし》は、「八・や」に、ほぼ限られていた。古代日本人は、聖数「八・や」を、神々に捧《ささ》げたのだ。

③天皇は、「八隅知之《やすみしし》大君《おおきみ》」と歌謡において歌われ、「八・や」で表現されている。

④国家は、八州《やしま》と称され、「八・や」で表現されている。

⑤「八・や」は、言霊《ことだま》のチャンピオンであった。

ならば、この五点から、次のようなことがいえる。

〈古代日本人、つまり、八州人《やしまびと》は、神々に、天皇に、そして国家に、言霊《ことだま》の霊威《れいい》が最も宿る聖数《せいすう》「八・や」を捧《ささ》げたのである〉と。

私は、心の奥底に、このような気持ちがあって、高松塚古墳壁画（八人ずつの男女）が描かれた、と思っている。

7）古代日本と天皇を象徴する言霊《ことだま》・数霊《かずだま》「八・や」の共通認識の考察

言霊《ことだま》・数霊《かずだま》の「八・や」は、古代日本を表現するときはもとより、日本を象徴する天皇の祭祀儀礼《さいしぎれい》等に関しても、不思議といつも現れる。いや、不思議ではない。それは、聖なる数ゆえの、当然の帰結《きけつ》であろう。少し、乱暴な見方であるが、古代日本を象徴、あるいは天皇を象徴する「八《や》の付く言葉」を、共通の括《くく》りとして記したい。

あまりにも、雑駁《ざっぱく》な考察であるが、この点、お許しいただきたい。古代日本の国柄《くにがら》と八の親和性に、何かがある、と思わずにはいられないのである。私は、この一覧だけで、八の奥深さを感じ、興奮してしまった。

個々の説明は、残念ながら省略する。ここでは、何かを感じ取っていただければ、幸いである。詳しくは、拙著『古代天皇家「八」の暗号』（徳間書店／ヒカルランド）を、参照していただきたい。

大和《（や）まと》朝廷＝
「八（や）マタイ国・邪馬台《やまと》国」＝「八（や）マトの国・倭国・大和国・日本国」＝「大八州《おおやしまぐに》・八島国」
＝「八隅知之《やすみしし》大君（大王・天皇）」＝明神御大八洲倭根子天皇《あきつみかみとおおやしましらすやまとねこのすめらみこと》＝「八咫鏡《やたのかがみ》・八剣《やつるぎ》（草薙剣《くさなぎのつるぎ》・天《あめの》
叢雲剣《むらくものつるぎ》）・八坂瓊曲玉《やさかにのまがたま》」＝「八開手《やひらで》・八度拝」＝「八重畳《やえだたみ》（大嘗祭）」＝「八百万神《やおよろずのかみ》」＝「八乙女《やおとめ》」＝「八《や》
束穂《つかほ》」

この一覧からは、「八・や」の言霊《ことだま》呪術により、「天皇と八州《やしま》（日本）が、永遠に続くように守護されている」、と予見される。

よって、大和朝廷と八の呪術の関連が、俄然《がぜん》、注目を浴びることになる。

先に言ってしまうが、高松塚古墳壁画も「数霊《かずだま》・八」の呪術であり、当時の大和朝廷《やまと》（天武・持統・

文武朝廷）の世相・性格を描いている、と言えるのだ。
高松塚古墳壁画の解読に、期待していただきたい。

（2）古代日本聖数「八・や」と中国の吉数「八・はち」との習合

1）「八・や」と「八・はち」の習合

今まで、「八・や」について、述べてきたが、日本における「8」の意味は、これだけではない。「八・や」とは違った「八・はち」の概念が、漢文化とともに日本に入って来た。このことが、より素晴らしい「八の世界」を形作ることになった。

漢文化の「八・はち」の意味は、どのようなものであろうか。古代日本人は、どのように受け取ったのだろうか。ズバリ、「八・はち」は、八方に広がる「陰陽《いんよう》・太極八卦《たいきょくはっか》」の「八卦《はっか》」を意味している、と言っても間違いない。

中国においての「八」は、八卦《はっか》の数であり、聖数に近い吉数《きちすう》と表現した方がよかろうと思う。中国の聖数は、「九」である。しかし、何といっても「八」は、中国の古典『易経《えききょう》』の八卦を意味する。この思想哲理は、日本にも流入した。中国から「八・はち」が日本に入って来て、「八・や」との認識あらためが、あった。日本で意味する「8」と、中国で意味する「8」との、「共通点と相違点」である。

結果、次のようになった。

〈日本の聖数「弥栄《いやさか》の八（や）」と、中国の「八・はち」を意味する「八卦《はっか》」とは、「めでたさ」の点で一致するゆえ、聖数として習合《しゅうごう》した〉

これは、まさに偶然というほかない。この二つの「めでたさ」の偶然の出会いこそが、古代日本の聖数・「八」を、確固たるものにした。

高松塚古墳の壁画は、この習合された「八の呪術」を、活用しているのである。

2）「八・はち」の概念

①「八・はち」の共通概念

さて、この中国の「八・はち」であるが、具体的にどのような意味を持っているのか。雑駁《ざっぱく》に言ってしまえば、「儒教《じゅきょう》」は「太極八卦《たいきょくはっか》」、「道教《どうきょう》」は「太一八卦《たいいつはっか》」（儒教も含む）、「仏教」は「八葉蓮華《はちようれんげ》」のパターンを描くと思う。これらの共通する概念は、次のように言える。

※太一《たいいつ》とは北極星神のことである。

〈「八方位」と「八角形」を意味する「八・はち」は、八方に広がる概念を持ち、宇宙全体を表現する〉

分かりやすく図にしてみよう。一点から八方に広がる概念である。この次図デザインこそが、八方位・八角形を意味する「八・はち」の基本概念である、と思う（図２―１）。

この八方位・八角形の基本形に含まれる、様々な意味を明らかにしていきたい。

②太極八卦《たいきょくはっか》・易経八卦《えききょうはっか》

太極八卦《たいきょくはっか》（易経八卦《えききょうはっか》）の世界観は、八角形・八方位の基本をなすものである。

孔子《こうし》を開祖とする儒教《じゅきょう》では、人類を含む天地万物の生成を解説して、〈易に太極《たいきょく》あり。これ両儀《りょうぎ》（陰と陽）を生ず。両儀は四象《ししょう》を生じ、四象は八卦《はっか》を生ず〉という。

この八方に広がる八卦《はっか》の基本概念こそ、中国における「八・はち」なのだ（図2―2）。

③太一八卦《たいいつはっか》と魔方陣

道教《どうきょう》においても、八卦《はっか》は利用されている。「太一八卦《たいいつはっか》」の太一《たいいつ》とは、道教のいうところの北極星神を表し、天皇大帝《てんこう》（天皇）を意味する。太一（北極星神・天皇大帝）を中心として、八卦を配するわけである。

さらに「太一八卦《たいいつはっか》」は、魔方陣《まほうじん》（縦・横・斜めの合計が、いずれも15となる）とも、結びついている。八卦は、魔方陣に配当され、また九星にも配当される。

この魔方陣と合わさった「太一八卦」の形は、「5」あるいは「太一」を中心として、八方に広がる形を見せる。魔方陣は、八角形の基本的概念となっている。

魔方陣は、数字が1から9までであるから、9の世界と思われがちであるが、れっきとした8の世界でもあって、大変重要な意味をもっている。

図2―3、図2―4、図2―5のようになる。

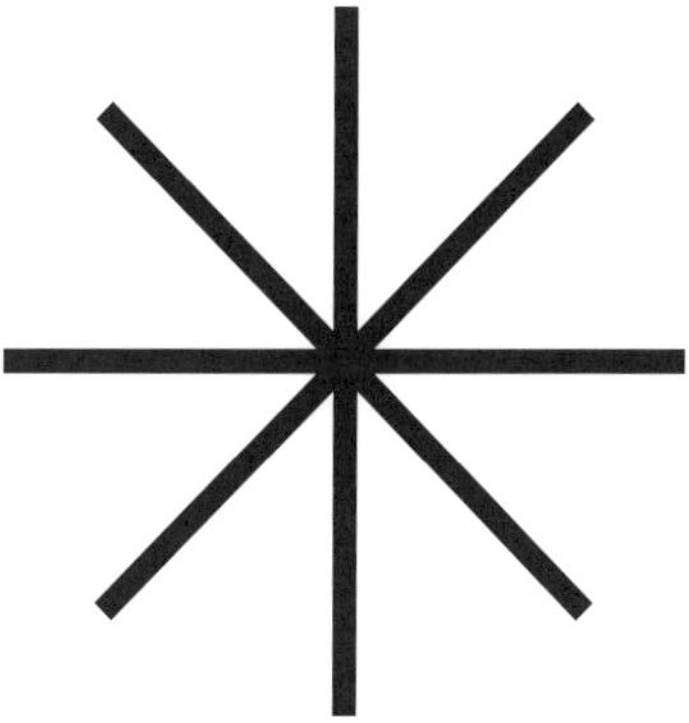

図２－１　「八・はち」（八方位・八角形）の基本概念

図２－２　太極八卦・易経八卦

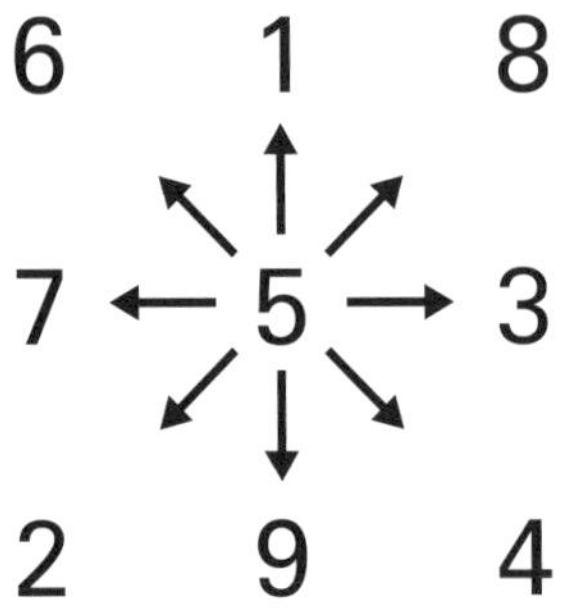

図2－3　魔方陣基本形

	北	北	北	
西	六	一	八	東
西	七	五	三	東
西	二	九	四	東
	南	南	南	

（吉野裕子・著作より）

図2－4　魔方陣と方位

図2－5　魔方陣と太一・八角形・八卦

④魔方陣《まほうじん》と方位、九星図

魔方陣に、方位と九星図《きゅうせいず》を配すると、図2―6のようになる。

九星図というと、もちろん「九の世界」でもあるが、「八の世界」をも意味する。つまり、中心点を造り、その中心点から八方に方位を配するのである。

⑤八簋（はっき）・八鑾（らん）の制

中国において、天子（皇帝）は、八簋《はっき》・八鑾《はちらん》を使用することになっていた。

この八簋《はっき》・八鑾《はちらん》の制は、高松塚古墳壁画に八人ずつの男女が描かれているが、その遠因《えんいん》になっている、とも推測される。それは、高松塚古墳壁画が、天皇（天帝）の制を描いているからである。だったら、天子の制でもある、八簋《はっき》・八鑾《はちらん》の制は、天皇の制（高松塚古墳壁画の八人ずつの男女）にも影響を与えている、とも推測できる。

◎八簋（はっき）……天子（皇帝）は、祭祀《さいし》をするには「八簋《はっき》」を使わなければならなかった。簋《き》は、酒食《しゅしょく》で神を祀《まつ》るときに黍稷《しょしょく》（もちきび・うるちきび）を盛るのに使う、円筒《えんとう》形の容器である（図２—

図２－６　九星図

7）。「八簋《はっき》」とは、この器が八個ということで、天子の制なのだ。高松塚古墳は、この天子（皇帝）の制を、天皇の制として採用している。詳しくは、次章にて述べる。

※簋（き）……祭器。円形で、神に供える穀物を盛る。

図2－7　簋（き）・八簋で天子の制図解・考古学辞典・東京創元社

◎八鑾（らん）……天子（皇帝）の車は、鑾鈴《らんれい》を八個使うので、「八鑾《はちらん》」という。

鑾は、天子の馬車の軛《くびき》などにつける鈴（図2—8）。天子の車（帝車）は、四頭の馬をつけるから合計八鑾となる。天子の制。高松塚古墳は、この天子の制を採用している。詳しくは、次章にて述べる。

※鑾（らん）……想像上の鳥の名。鳳凰《ほうおう》の一種。

※鑾車（らんしゃ）……天子の乗る車。

⑥八佾舞《やつらのまい》（はちいつの舞《まい》ともいう）

古く、中国の雅楽《ががく》に用いられた舞の一つ。八人ずつ八列、即ち六十四人が舞うもの。天子の儀式で演ぜられる。皇帝しか使うことの出来ない舞である。

日本においては、天皇の舞となる。

私見ながら、高松塚古墳の呪術には、八佾舞《やつらのまい》の呪術が含まれている、と推測している。なぜなのか？

詳しくは、後ほど述べる。楽しみにしていただきたい。

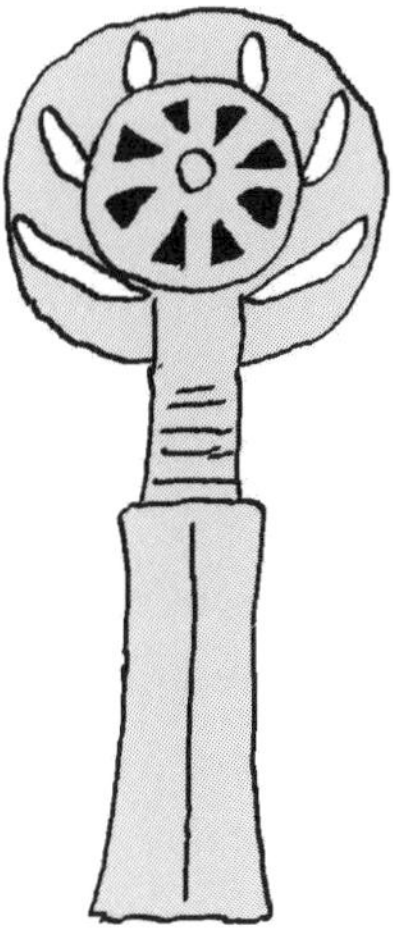

図２－８　鸞（らん）・八鸞で天子の制

⑦中国における「八」と「発」の関係

中国では「八」はどのように受けとられてきたのか。例えば、車のナンバープレートにも彼らの考え方が表れる。

香港《ホンコン》においては、車のナンバープレートはオークションによって競《せ》り落とされるものらしい。一番高い値が付くのが「８８８８」である。

なぜ、八なのか。

中国においては、「八・パー」と「発・ファー」との間の近音による連想により、〈発財・ファーツァイ（金儲け）したければ、八から離れてはいけない〉という、崇拝意識が形成されているからなのだ。

事業も人生も、「発（八）展」するということに引っかけているのだ。

平成15年8月20日付の朝日新聞に、「電話番号に3千万」との見出しが付いた、次のような記事が掲載されていた。

19日の新華社電《しんかしゃでん》によると、中国四川省《しせんしょう》成都《せいと》の通信会社が18日に行った電話番号のオークションで、「８８８８８８８８」が２３３万元（約３３６０万円）で競り落とされた。「八」はお金持ちになるとの意味がある「発」に発音が近く、中国では縁起のよい数字として人気がある。落札したのは地方の航空会社四川航空で、同社の担当者は「航空券予約などのホットラインに使う」と話した。

北京オリンピックは、２００８年８月８日８時８分に開催された。中国は、共産国になっても８にこだわっている。

語呂合《ごろあ》わせによりのみ、八は、めでたがられているのではない。その背景には、もちろん、中国の有史以来の歴史と言われている「易経八卦《えききょうはっか》」の八の意味が、内在しているのだ。

⑧仏教における八方位の基本哲学

仏教には、お釈迦《しゃか》様が中心にいて、その周りを八弁の蓮の花がとり囲むという、「八葉蓮華《はちようれんげ》」の世界観がある。この世界観も、八方に広がるという概念を持つ。

日本仏教は、八角形の哲理を、積極的に取り入れている。八角堂、八角形須弥壇《しゅみだん》、八角形天蓋《てんがい》、八角形の輪転経蔵《りんてんきょうぞう》、等々。

仏教における八方位の事例として、「八葉《はちよう》の峰《みね》」について述べる。

八葉《はちよう》の峰《みね》とは、高野山のことを指す。高野山金剛峯寺《こんごうぶじ》の根本大塔《こんぽんだいとう》は、八葉蓮華《はちようれんげ》の花弁の中にあるように、八方を八つの峰々に囲まれている。よって、胎蔵界曼荼羅《たいぞうかいまんだら》の八葉九尊《はちようくそん》（図２―９）になぞらえて、「八葉《はちよう》の峰《みね》」（図２―10）と呼ばれる。富士山山頂にもいう。

⑨お釈迦様《しゃかさま》と八の数

八方位、八角形とは関係が薄くなるが、お釈迦様《しゃかさま》と、数字「八」について、特記したい。

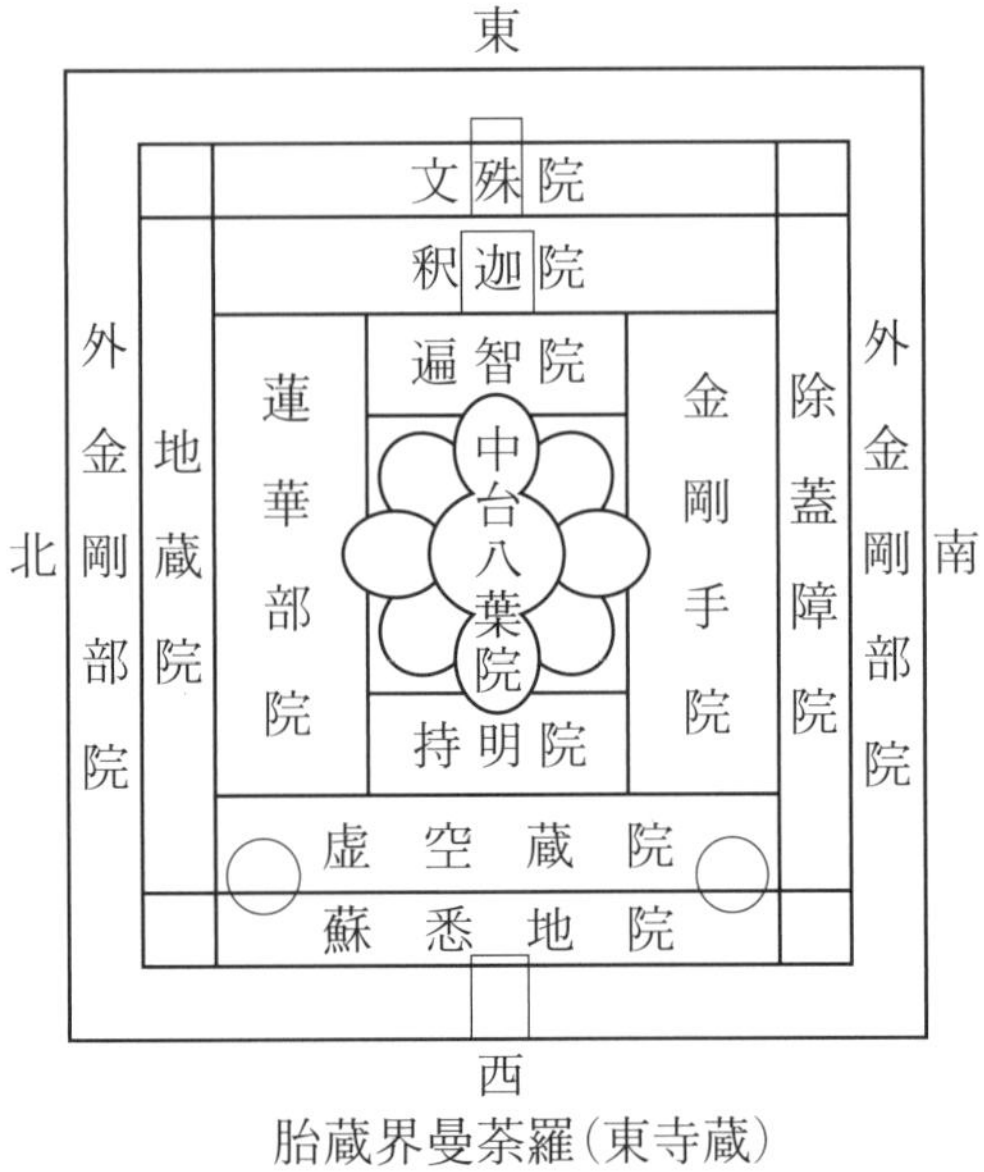

図２－９　曼荼羅《まんだら》・中台八葉院《ちゅうだいはちよういん》

図２－10　高野山・根本大塔《こんぽんだいとう》のイメージ図

お釈迦様の誕生日は四月八日。お釈迦様の誕生の時、八大龍王が甘露《かんろ》の雨を降らせた。そして、お釈迦様が悟《さと》りを開いて仏陀《ぶつだ》になったのは十二月八日。このとき説いた教えが、八聖道《はっしょうどう》。また、お釈迦様が入滅《にゅうめつ》したのがなんと八十歳である。お釈迦様の舎利《しゃり》は八つにわけ、八カ国に分け与えた。その後、アショーカ王は、八つの塔から再び舎利を集めて八万四千個に分割し、八万四千の宝瓶《ほうびょう》をつくり、八万四千座の仏塔を建てたといわれている。お釈迦様の聖地も、「八大聖地」である。見事に、「八」づくし、となっている。

以上、「八」について、考察してきた。特筆すべきことは、日本古来の「八・や」は、漢文化の「八・はち」に駆逐《くちく》されなかった、ことである。むしろ、『古事記』『日本書紀』においては、9割以上が聖なる数「八・や」の世界で表現されており、「八・はち」の出番は、ほとんどない。『記紀』の執筆者たちは、日本の伝統を伝えることに、一所懸命であったのだ。

古代日本は、習合《しゅうごう》した「八・はち」をも、聖数《せいすう》として扱った。しかし、本来の古代日本の聖数は、「八・や」である。このことは、ぜひとも覚えておいて欲しい。

高松塚古墳壁画に描かれた八人ずつの男女は、いままで述べてきたような、古代日本の聖数・「八・や」と、中国の吉数《きちすう》「八・はち」の意味をも含んでいる。だからこそ、高松塚古墳壁画は、大変、意味深いのだ。

このように、基層に当たる部分から考察しないと、高松塚古墳壁画の謎は解けないのである。

3　高松塚古墳解明の前提条件❷伊勢神宮の呪術を知ること

前述しているが、高松塚古墳壁画の解読成功は、事前に伊勢神宮、大嘗祭《だいじょうさい》、日光東照宮、八角形天皇陵の呪術《じゅじゅつ》的グランドデザインを、知っていたことにあった。高松塚古墳壁画の呪術は、これらの呪術的グランドデザインと、共通していた。だからこそ、即座に分かってしまった、といっても過言ではない。

もし、これらの呪術的グランドデザインが分かっていなかったら、高松塚古墳壁画の謎は、何人《なんびと》たりとも永久に解くことが出来なかった、と断言できる。

代表して、伊勢神宮の呪術的グランドデザインを、説明する。大嘗祭《だいじょうさい》は割愛《かつあい》して、日光東照宮については、少しだけ述べる。詳しくは、拙著『古代天皇家「八」の暗号』を、読んでいただきたい。

(1) 伊勢神宮の内宮・外宮とも主祭神は女神

「伊勢神宮」と紹介されているが、単に「神宮」というのが、正式な名称である。

神宮とは、皇大神宮《こうたいじんぐう》（内宮＝ないくう）と、豊受大神宮《とようけのおおかみ》（外宮＝げくう）の総称である。

皇大神宮は、一般には内宮と呼ばれ、日本国民の大御親神（おおみおやがみ）と崇《あが》められる皇祖・天照大御神（あまてらすおおみかみ）を、お祀《まつ》りしている。第11代垂仁《すいにん》天皇の26年（約２０００年前）に、伊勢の地に御鎮座《ちんざ》された。

豊受大神《とようけのおおかみ》は、第21代雄略《ゆうりゃく》天皇の22年（西暦五世紀）、天照大神《あまてらすおおみかみ》の御神慮によって丹波《たんば》の国（今の京都府北部）より、この地にお迎えした、と言い伝えられている。

内宮《ないくう》・外宮《げくう》とも主祭神は女神で、それぞれ、天照大神と、豊受大神を祀《まつ》っている。日本一の別格の伊勢神宮が、内宮、外宮とも、女神を祀《まつ》っていることは、大変、興味深い。

男女の神様を祀《まつ》れば、バランスが取れるものを、なぜ、女神なのであろうか。これでは、男の立場というものが、ない、ない、なんていう嘆きの声も聞こえてこようというもの。しかし、ご安心を。内宮では、密かに北極星（男性）を祀《まつ》り、陰陽《いんよう》のバランスをとっている。

（２）伊勢神宮のリニューアルとその呪術

これから伊勢神宮の呪術《じゅじゅつ》について述べることとするが、それは、リニューアルされた、伊勢神宮の呪術についてである。伊勢神宮は、天武《てんむ》天皇によって、リニューアルされた。天武天皇は、６７３年に即位されたが、即位と同時に、伊勢神宮をリニューアルしたのだ。なぜ、リニューアルしたのであろうか？　この理由が、高松塚古墳の呪術内容とも関係しているのである。

1） なぜ伊勢神宮をリニューアルしたのか？

私見ながら、天皇号《ごう》は、天武《てんむ》天皇即位年（673年）に正式採用された。と、同時に、天武天皇は、天皇（北極星）の「根拠と証明」を、リニューアル伊勢神宮と大嘗祭《だいじょうさい》に組み込んだ。後《のち》に、この天武天皇の呪術を、利用した者がいた。①高松塚古墳被葬者の、石上麻呂《いそのかみのまろ》である。そして、②日光東照宮の呪術を担当した、天海大僧正《てんかいだいそうじょう》である。天海大僧正《てんかいだいそうじょう》は、伊勢神宮の呪術を利用して、こともあろうに、徳川家康《とくがわいえやす》を天皇の位として祀《まつ》ったのである。

天皇《てんのう》という言葉は、道教《どうきょう》の北極星神を意味する天皇大帝《てんこうたいてい》から、採《と》られた。天皇号を正式に採用した天武天皇は、天皇（北極星）たらんとして、その「根拠と証明」を、どこかに描こうとした。つまり、天皇（北極星）図を、どこかに描こうとしたのだ。そうして選ばれたのが、伊勢神宮と新嘗祭《にいなめさい》であった。

天武天皇は、伊勢神宮を今の形にリニューアルして、「天皇（北極星）図」を描いた。そして、新嘗《にいなめ》祭《さい》から大嘗祭《だいじょうさい》を創設し、そこに「天皇（北極星）図」を描いたのである。

天皇号《ごう》採用の意義は、それだけではない。天皇号を正式に採用することは、中国皇帝からの属国拒否を意味するからである。聖徳太子《しょうとくたいし》は、隋《ずい》の煬帝《ようだい》に国書を渡し、最初は天子（607年）、そして次は天皇と称して（608年）、独立国の気概を示した。

天武天皇は、その聖徳太子の意志を受け継ぎ、正式に天皇号を採用して（673年）、独立国としての気概を示したのだ。

高松塚古墳、そしてキトラ古墳も伊勢神宮と同様、「天皇証明図」を描いている。それは、天皇号を正式に採用した天武天皇の気持ちを表現している、ともいえるのだ。

2）太陽神と北極星神の矛盾《むじゅん》

伊勢神宮は、皇祖神《こうそしん》である天照大神《あまてらすおおみかみ》を祀《まつ》っている。そこに、北極星神を加え、「天皇（北極星）図」を描いたのは、天武天皇である。天照大神は太陽神であり、女神でもある。ここに、北極星神（天皇）を加えるとなると、矛盾が生じる。

いままで、大王家の祖先、つまり大和朝廷の祖先は、天照大神で、太陽神であった。だとしたら、太陽神である天照大神を祖先とする大王家が、北極星を意味する天皇を称することは、矛盾を含むことになる。天武天皇は、この矛盾に悩んだことであろう。

この矛盾の解消のため、天武天皇は、それなりの呪術を施《ほどこ》した。天武天皇は、天照大神と北極星の神とを、習合《しゅうごう》させてしまったのだ。

3）伊勢神宮で習合させた

ところで、どこでその習合を行ったかというと、伊勢神宮の内宮においてである。

伊勢神宮の内宮において、皇祖神である天照大神は、太陽でもあり北極星（天皇・天皇大帝）でもあるとしたのだ。

その習合の方法とは。

それは、内宮《ないくう》の北に、別宮である「荒祭宮《あらまつりのみや》」を建てたことで、成就《じょうじゅ》させた。つまり、荒祭宮《あらまつりのみや》に、北極星神を祀《まつ》ったのだ（図2―11）。

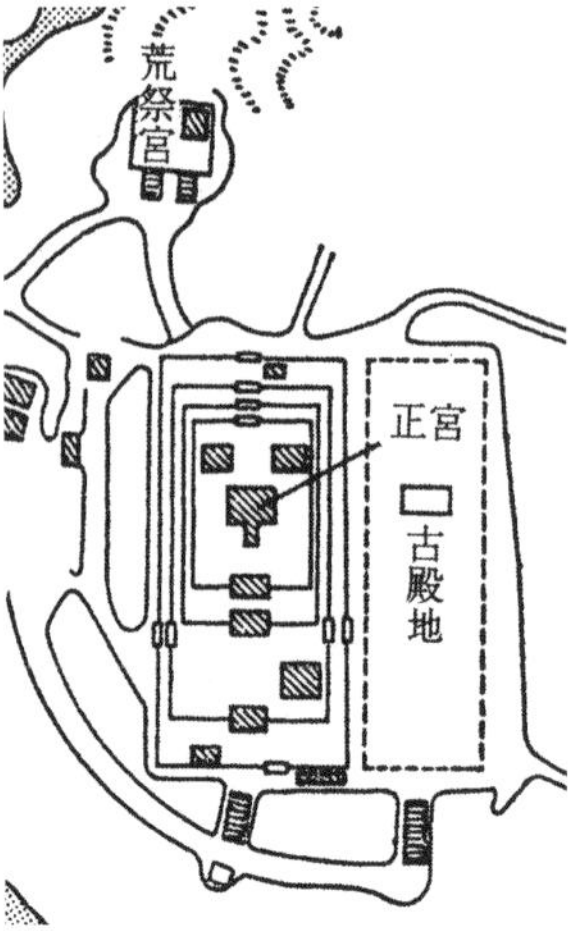

図2－11　太一《たいいつ》（北極星・天皇）を祀《まつ》る荒祭宮《あらまつりのみや》

このことにより、内宮においては、「太陽神である・天照大神」と、「北極星神である・天皇大帝《てんこう》（つまり、太一《たいいつ》・天皇）」とが、習合した。天皇家は、祖先を「太陽と北極星」にしたのである。

4）太陽と北極星の関係は、具体的にどうしたのか？

太陽と北極星の関係は、次のようにした。

太陽（天照大神）　↓　親
北極星（天皇大帝・天皇）　↓　子孫

天武天皇は、天皇号を正式に採用するに当たって、右のような呪術を施《ほどこ》したのだ。とにもかくにも、この呪術により、伊勢神宮・内宮は、天皇大帝《てんこう》、つまり、天皇（北極星）を、象徴することができた。

（3）完全なる天皇の証明とは？

しかし、これだけでは、完全な天皇大帝《てんこう》、つまり天皇とは言えないのだ。

天武天皇《てんむてんのう》は、道教的呪術により、完全なる天皇大帝《てんこう》の姿に、なろうとした。完全な、天皇とは、どのような姿をいうのであろうか？

完全なる天皇には、天皇（北極星）をサポートしてくれる、北斗七星（八星）が、必要なのである。北斗七星（八星）にサポートされた、天皇（北極星）こそが、完全な姿なのだ。

これは、高松塚古墳、そしてキトラ古墳にもいえる、大変重要な問題なのである。特に、高松塚古墳の場合は、北極星（天皇）と北斗七星（八星・八人ずつの男女）の関係を、証明する問題となる。北斗七星（八星）は描かれていないが、古墳そのものが北斗七星（八星）なのだ。高松塚については、章をあらためて詳しく述べることとする。

1）内宮《ないくう》と外宮《げくう》の隠密裡《おんみつり》の呪術を発見

内宮は、天皇（北極星）を祀《まつ》っている（もちろん表の第一義は、皇祖神の天照大神）。その天皇（北極星）は、北斗七星（八星）を必要としている。では、必要とされている北斗七星（八星）は、伊勢神宮のどこに位置させたのであろうか？　それが、外宮なのである。

伊勢神宮の内宮を北極星とし、外宮を北斗七星（八星）とした。つまり、天に、内宮の北極星と、外宮の北斗七星（八星）を、描いたのだ。これが、道教の哲理なのだ。

天武《てんむ》天皇は、伊勢神宮において、この道教の哲理を採用した。

内宮はもちろんであるが、外宮の存在こそが、多くの呪術を成立させている。これは、実感である。

そして、外宮に多くの意味を持たせ、それは、日本の国柄《くにがら》までも表現していた。

この外宮が含んでいる多くの意味を、紹介したい。

外宮の神様は、豊受大神《とようけのおおかみ》である。女性の神様。つまり、内宮も外宮も、なんと、女性の神様なのだ。

前述しているが、男の立場は、一体どうなっているんでしょうねぇ、という嘆きの声も聞こえてくる。

この件は、「日本古来から、女性は霊力《れいりょく》を備えている、という女性崇拝の認識があった」ことのあらわれ、ともとれる。別段、不思議なことではない。

それは、さておき、豊受大神《とようけのおおかみ》は、天照大神《あまてらすおおみかみ》によって、招《まね》かれた。

雄略《ゆうりゃく》天皇の御代《みよ》のこと、内宮の神様・天照大神は、豊受大神を丹波《たんば》の国から招いた。そして豊受大神を、外宮の神様とした。

その伊勢神宮の外宮の豊受大神《とようけのおおかみ》の出自《しゅつじ》は、天降《あまくだ》りした八天女《はちてんにょ》の一人、とされている。その八天女とは、北斗七星の第六星に付随する「輔星《ほせい》」を加えた、八星のことであるという。

豊受大神《とようけのおおかみ》（外宮）は、八天女の一人である。このことが、多くの呪術を成立させている。伊勢神宮はもちろんのこと、大嘗祭《だいじょうさい》、そして、高松塚古墳も、この呪術（八天女）が施《ほどこ》されている。

高松塚古墳壁画には、八人ずつの男女が描かれているが、これと同じ呪術なのだ。

2）吉野説と畑説の違い――吉野裕子《ひろこ》氏は北斗七星、私は北斗八星

私のいう伊勢神宮の呪術は、吉野裕子《ひろこ》氏の説を、膨《ふく》らませたものである。吉野裕子氏の説があったればこそ、私の説が成立した。

吉野裕子氏は、外宮を北斗七星という説明で、すべてを通した。北斗八星という言葉は、使わなかった（輔星《ほせい》を加えていたのにもかかわらず）。

私は、「北斗八星」という言葉を、使わせていただく。この「北斗八星」とみる見方こそが、私の暗号解読手法なのだ（図２―12）。

3）豊受大神《とようけのおおかみ》（八天女）と北斗八星

外宮は、内宮が北極星神を祀《まつ》る関係から、北斗七星（八星）を祀る北斗の宮となったことは、吉野裕子氏の説として、前述している。

私は、北斗の宮とされる「外宮」は、「北斗七星＋輔星」ということで「八天女」を祀《まつ》っている、と確信している。つまり、「外宮＝北斗八星＝八天女」である。図に描けば、次の通り（図2—13）。

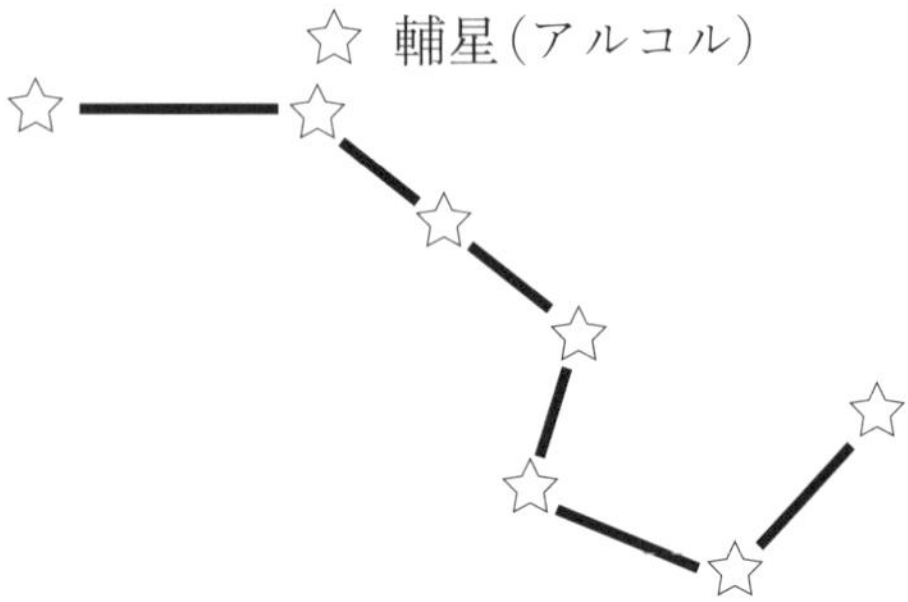

図２－12　北斗八星

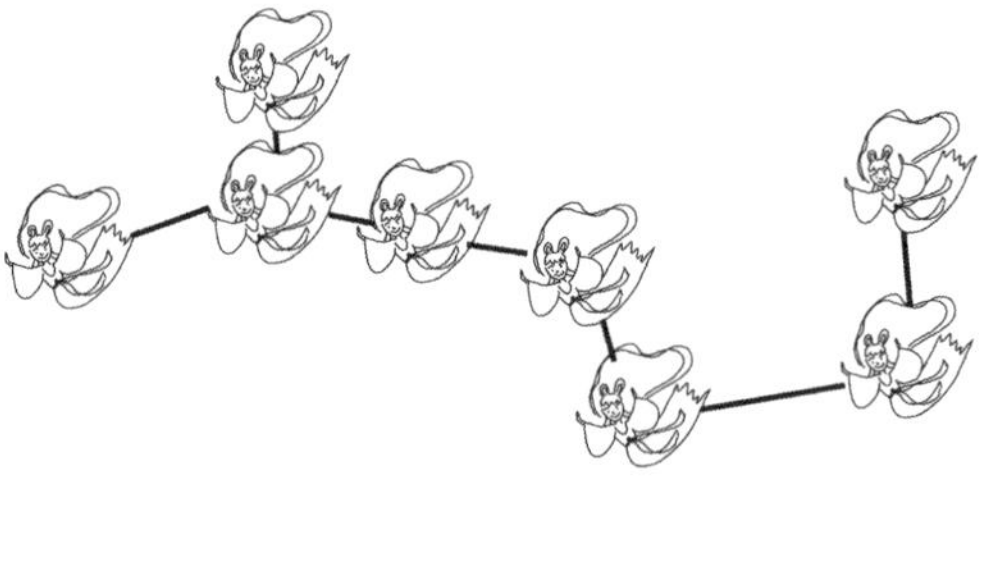

図２－13　伊勢神宮「北斗八星＝八天女」

となれば、「内宮・天照大神」と「外宮・豊受大神」の関係は、「北極星」と「北斗八星」の関係、ということになる。私は、内宮を「北極星」、そして外宮を「北斗八星」とした点こそが、リニューアル伊勢神宮の、呪術の核心であると、思う。

なんと、この呪術が、高松塚古墳にも採用されているのだ。まさか、高松塚古墳の呪術が、「北極星」と「北斗八星」の関係であると、誰が想像することが出来たであろうか？　だからこそ、今まで誰もが、高松塚古墳壁画の意味を解明することが出来なかったのである。この件、次章にて詳しく述べる。楽しみにしていただきたい。

4）「北極星と北斗八星」図

伊勢神宮の「内宮と北極星」、そして「外宮と北斗八星」の関係は、次の通り。

北極星＝太一《たいいつ》・北極星神＝天照《あまてらす》大神《おおみかみ》＝天皇大帝《てんこうたいてい》＝天皇＝内宮《ないくう》
北斗八星＝豊受大神《とようけのおおかみ》＝八天女＝外宮《げくう》

図に描けば、次の通り（図2―14）。

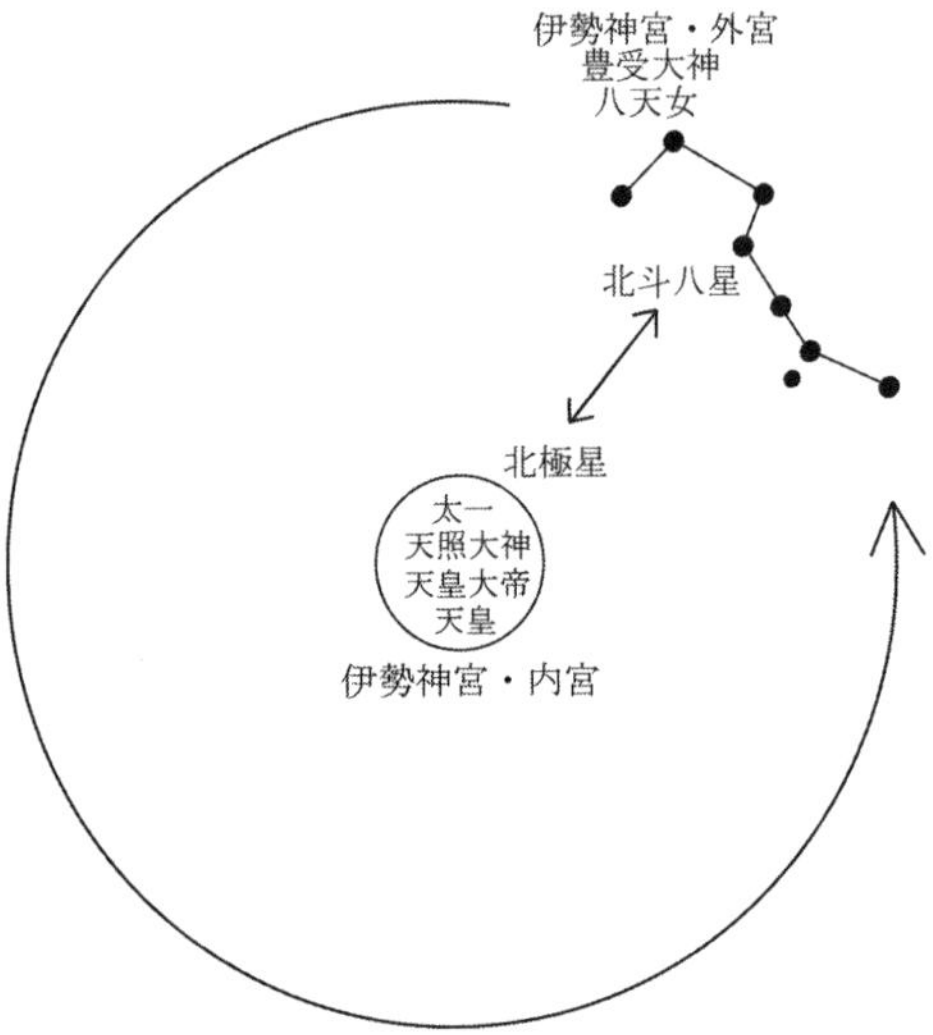

図２－14　内宮（北極星）と外宮（北斗八星）

5) さらなる呪術

いま、内宮を北極星、外宮を北斗八星としたと述べたが、天武天皇は、さらなる呪術を施《ほどこ》した。それは、中国の『易経《えききょう》』である。「当たるも八卦《はっけ》当たらぬも八卦」の八卦である。

※呪術の世界では、「はっけ」と言わず、「はっか」と言う。さらに詳しく述べるならば、「太極八卦《たいきょくはっか》」の呪術。

結論を先に述べると、北極星の内宮を太極、北斗八星の外宮を八卦《はっか》としたのだ。では、『易経』つまり、「太極八卦《たいきょくはっか》」とはどのような呪術なのか？

6) 太極八卦

『易経《えききょう》』とは、『五経《ごきょう》』の筆頭に挙《あ》げられる経典《きょうてん》である。単に「易《えき》」とも称する。

易は中国古代の聖王、伏羲《ふっき》が天地の理を察して八卦《はっか》を画し、後にこれを重ねて六十四卦《か》に大成した、といわれている。しかし、これには異説が多く、周《しゅう》の文王《ぶんおう》が六十四卦にした、ともいわれている。

八卦を図に示すと、図２―15の通り。

なお、八卦には、方位が設定された。よって、太極を中心として、八卦の円（八角）を描く「太極《たいきょく》八卦《はっか》」が形作られた。図２―16の通りである。

この基本形をもとに、さらなる呪術哲理の形が、作られた。それは、日本独自の形となり、多くの意味を含ませ、天皇、そして国家の呪術（暗号）的グランドデザインにまで、発展したのである。

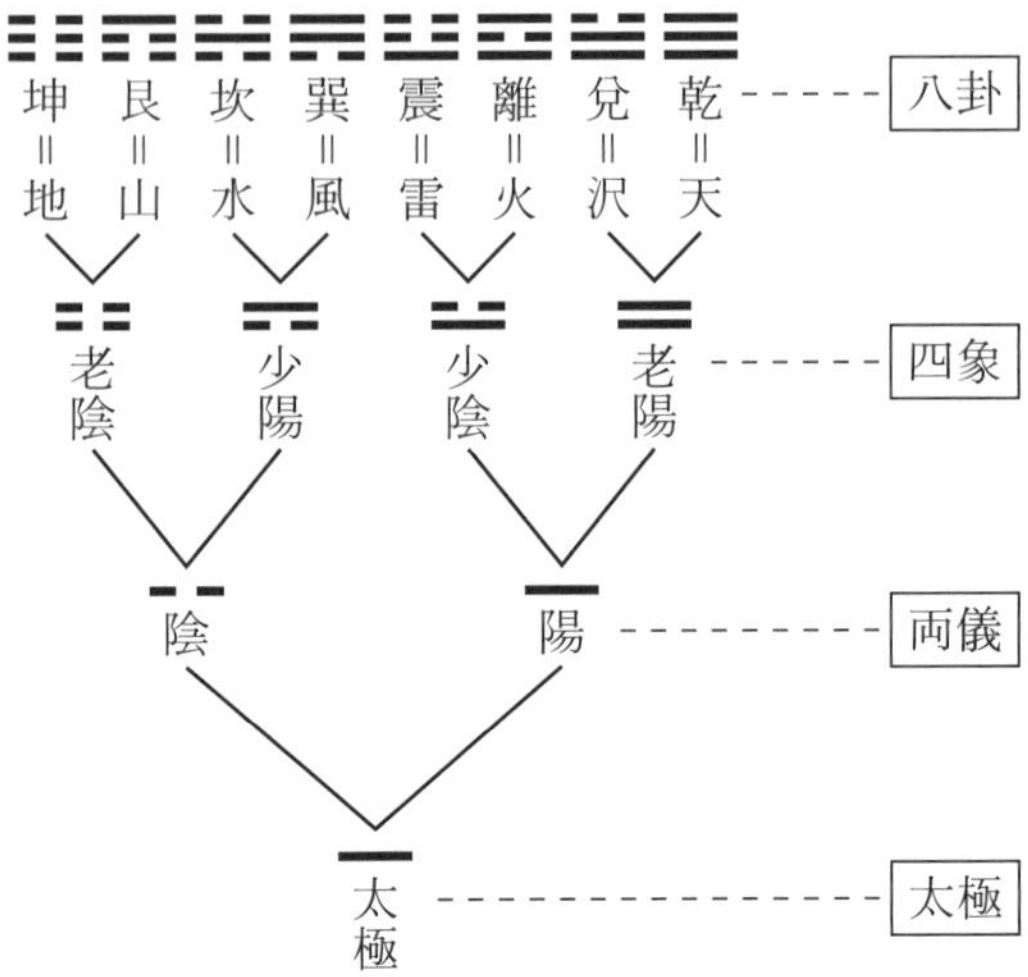

『易と日本の祭祀』、吉野裕子／参考

図２－15　八卦図

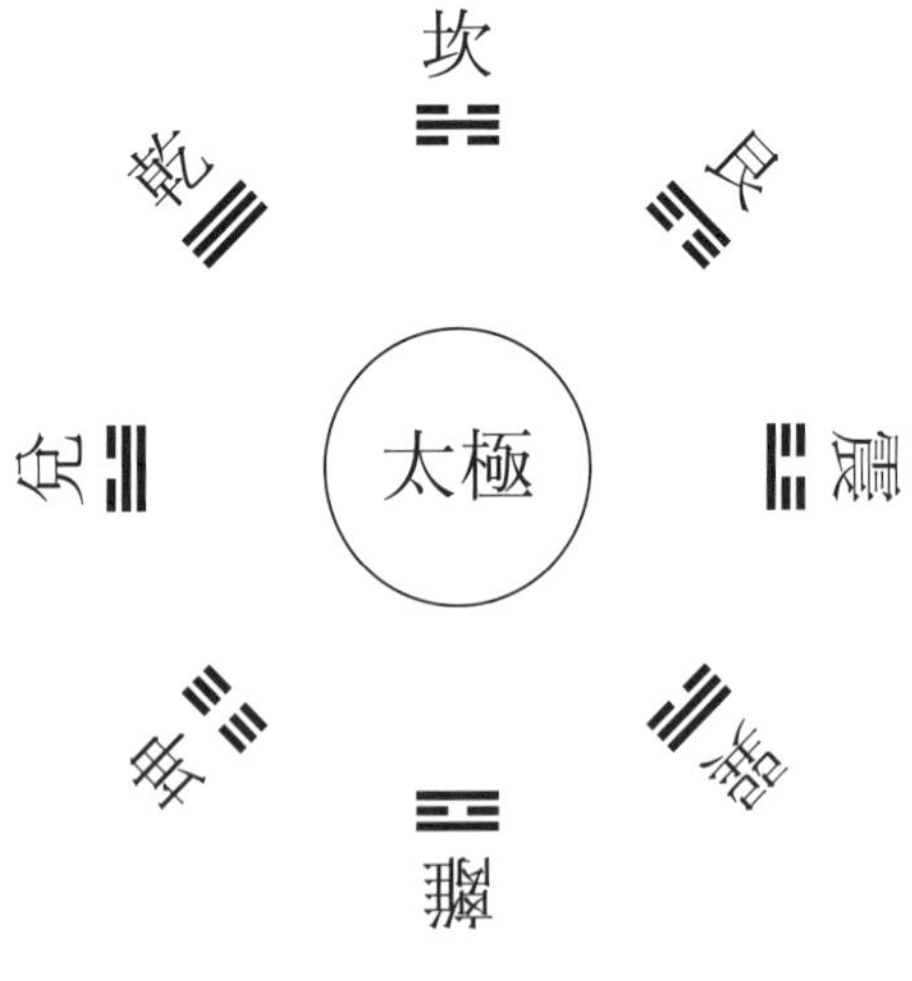

図２－16　太極八卦図

7）伊勢神宮の「北極星・北斗八星」の呪術と、太極八卦《たいきょくはっか》の呪術

前述しているが、さらなる呪術とは、この「太極八卦・八方図」の呪術を、伊勢神宮の呪術・「北極星・北斗八星」に重ねたのである。つまり、図2―14と、図2―16との重なりとなる（図2―17）。

伊勢神宮の「北極星・北斗八星」の呪術と「太極・八卦」の呪術は、重ねられた。しかし、その前に、「北斗八星＝八卦」とした。つまり、「北斗一星＝一卦」とし、北斗八星で八卦としたのだ。

「北斗八星＝八卦」のことを図に描くと次の通り（図2―18）。

このように、「北斗八星＝八卦」とし、伊勢神宮の「北極星・北斗八星」と「太極・八卦」の呪術を重ねると、図2―19のような図が描ける。

8）「北斗八星＝八卦」を一卦《いっか》として、八方に配する

「八卦＝北斗八星・外宮・八天女・豊受大神《とようけのおおかみ》」であることは、前述した。

さらに、天武天皇は、この「八卦＝北斗八星・外宮・八天女・豊受大神」を一卦《いっか》として、八方に配する呪術を施《ほどこ》した（図2―20参照）。

八卦を一卦として八方に配するから、八卦×八＝六十四卦

なんと、天に『易経《えききょう》』（六十四卦）を描くことになる。さらに、次のことがいえる。

北斗八星を八方に配するから、八星×八＝六十四星

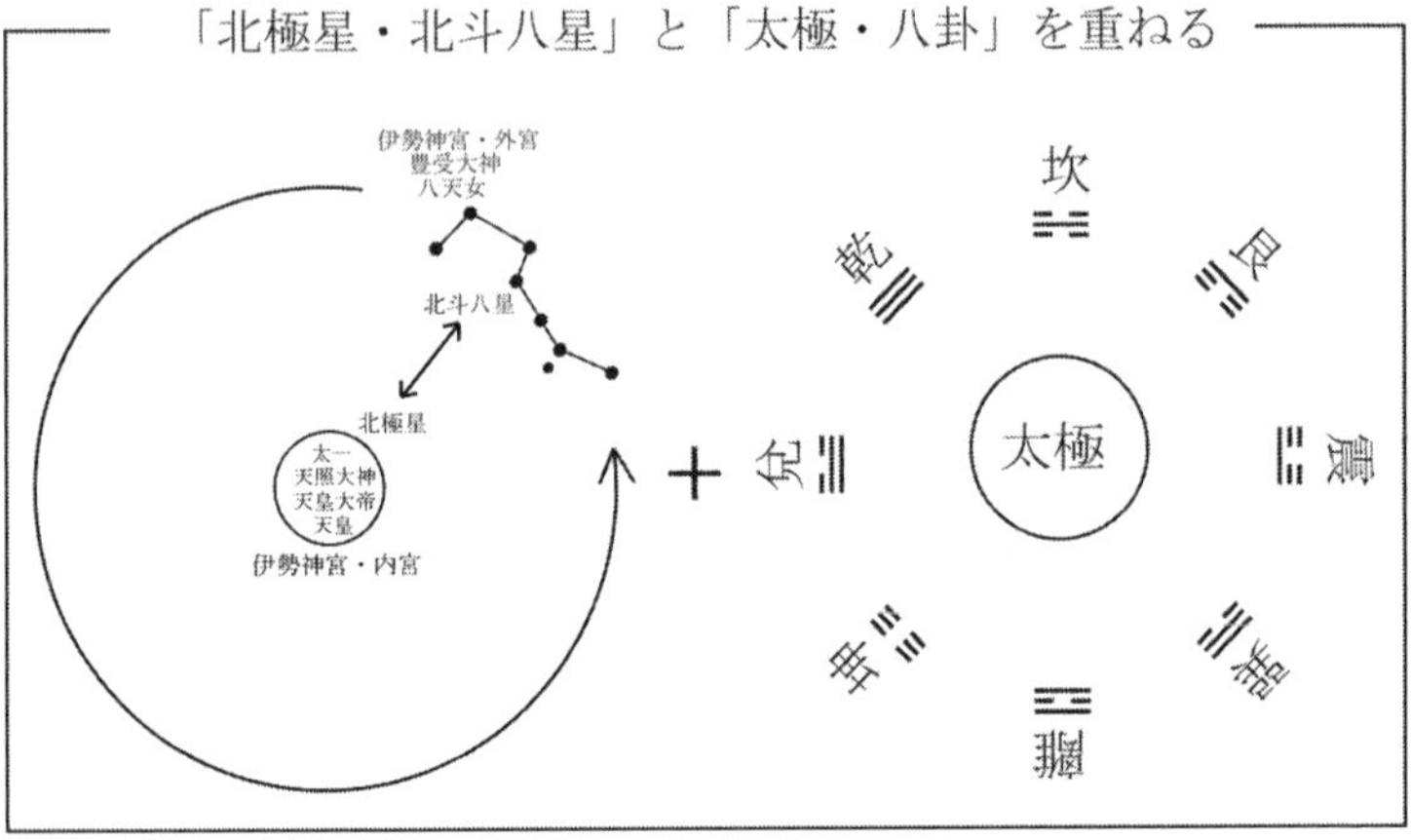

図２－17　「北極星・北斗八星」と「太極・八卦」の重なり

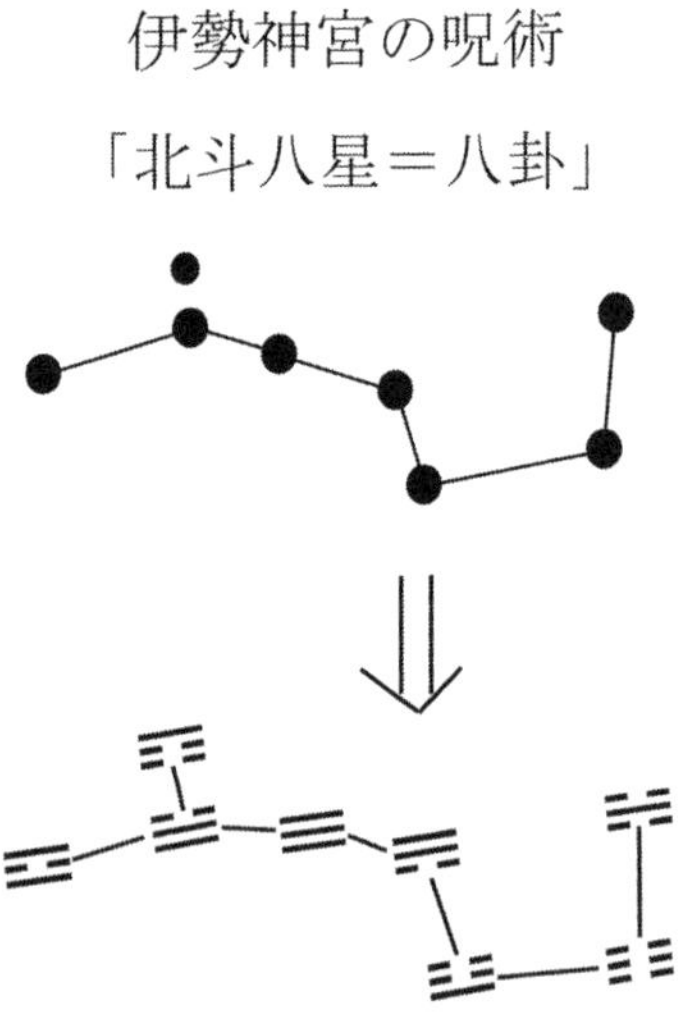

図２－18　伊勢神宮「北斗八星＝八卦」の呪術
＊北斗八星に配したそれぞれの卦は、適当に配しただけで、意味はない

八天女を八方に配するから、八天女×八＝六十四天女

伊勢神宮は、1日に1周、64卦、つまり『易経』を描いている、ということになる。これはもう、日本風にアレンジされた『易経』の世界であろう。この世界をも、高松塚古墳は、表現しているのである。

これらのすべてを、図に描くと、図2―20の通り。

※八佾舞《やつらのまい》のことは前述している。日本においては天皇の儀式、中国においては皇帝（天子）の儀式において演ぜられる。八人×八＝六十四人の舞である。この伊勢神宮の八天女は、その八佾舞《やつらのまい》を舞っている、とも言えるのだ。

※後ほど述べるが、高松塚古墳壁画に描かれている八人ずつの男女も、同様に、天に八佾舞《やつらのまい》を舞っている、のである。

9）さらに北斗八星に多くの意味を持たせた

いやいや、伊勢神宮の呪術は、これだけではない。北斗八星に、さらなる意味づけを、おこなった。それは、北斗八星（外宮）に、「八州《やしま》、八束穂《やつかほ》、帝車《ていしゃ》、大匙《おおさじ》」を、象徴させたのだ。この中には、日本風の意味付けもある。それは、八州《やしま》と八束穂《やつかほ》である。

八州《やしま》は、日本を意味し、八束穂《やつかほ》は日本の食を意味する。

帝車《ていしゃ》とは、天帝（北極星・天皇）の乗る、北斗八星という車である。

大匙《おおさじ》は、北斗八星の形からきており、北極星の神様に差し上げる食物（神饌《しんせん》）を掬《すく》う匙《さじ》を、意味する。

これらのことについて、順次説明する。

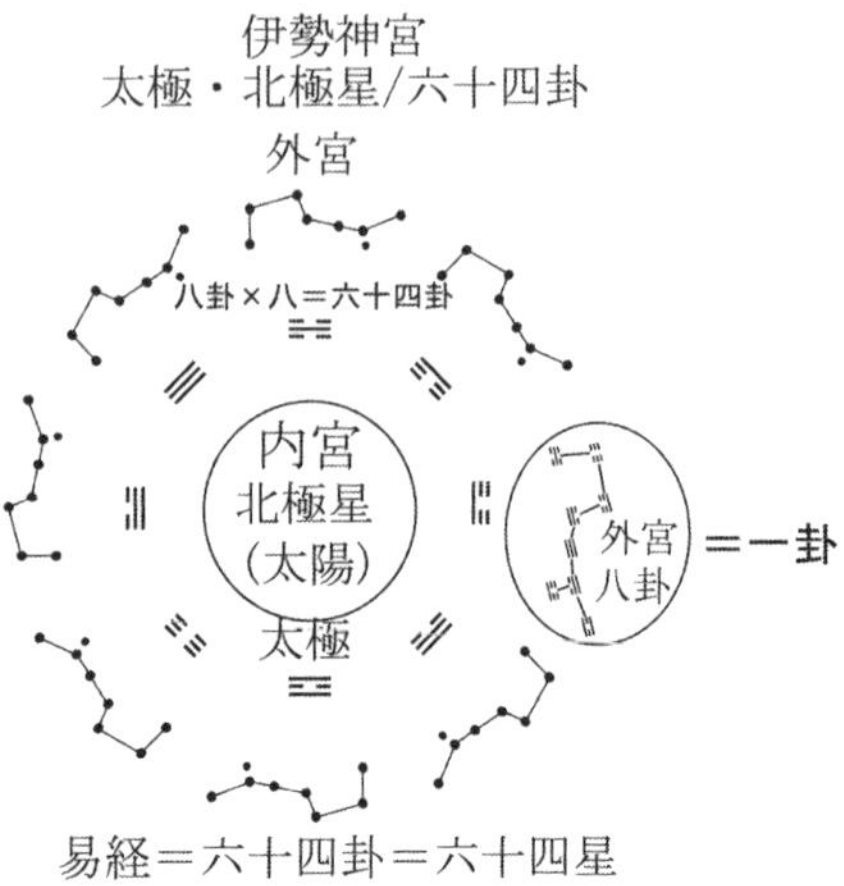

図2－19　太極（北極星）64卦（北斗八星）の成立

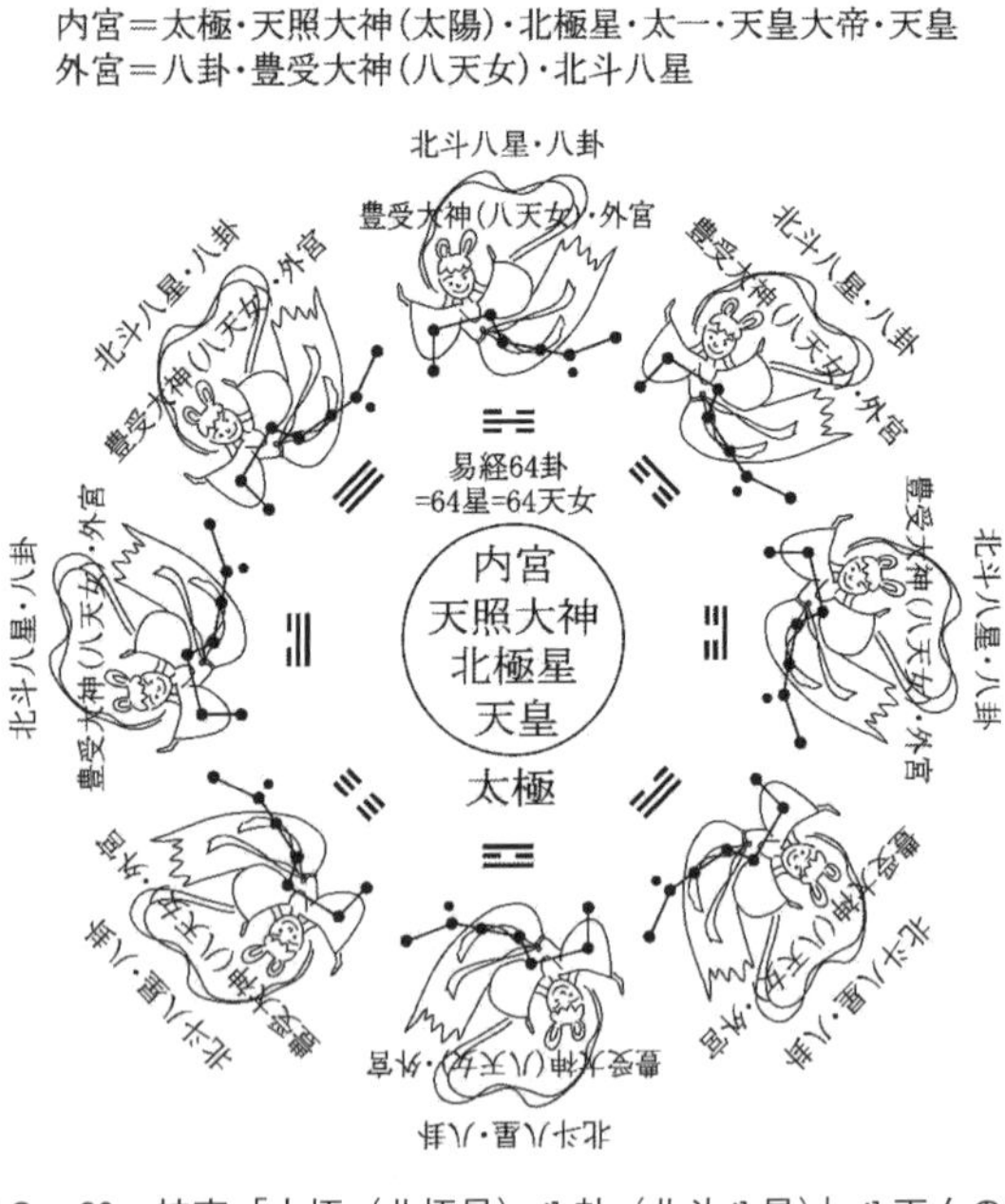

図2－20　神宮「太極（北極星）八卦（北斗八星）」八天女の舞

10）八州《やしま》と北斗八星

外宮《げくう》の北斗八星は、八州《やしま》、つまり日本を象徴している。古代日本は、八州《やしま》、と呼ばれていた。天武天皇は、この八州《やしま》と八卦《はっか》の偶然の出会いを、見逃さなかった。この偶然を、呪術として利用したのだ。日本独自の呪術といえる。

その呪術の哲理とは、次のように言える。

伊勢神宮においては、太極を北極星とし、その周りを周回する北斗八星を八州《やしま》、即ち日本とし、そこに八卦《はっか》を配した（図２―21）。

では、なぜ「北斗八星＝八州《やしま》」となったのか。一州《ひとしま》＝一卦《いっか》とし、八州《やしま》（日本）＝八卦《はっか》としたからである。

北斗一星＝一州《ひとしま》＝一卦《いっか》
北斗八星＝八州《やしま》（日本）＝八卦《はっか》

伊勢神宮は、内宮と外宮の呪術により、天の中心、つまり北極星（天照大神・天皇）を中心として、雄大・壮大な「八州《やしま》（日本）＝北斗八星」を描いている。しかも、同時に、八卦《はっか》も描かれているのである。

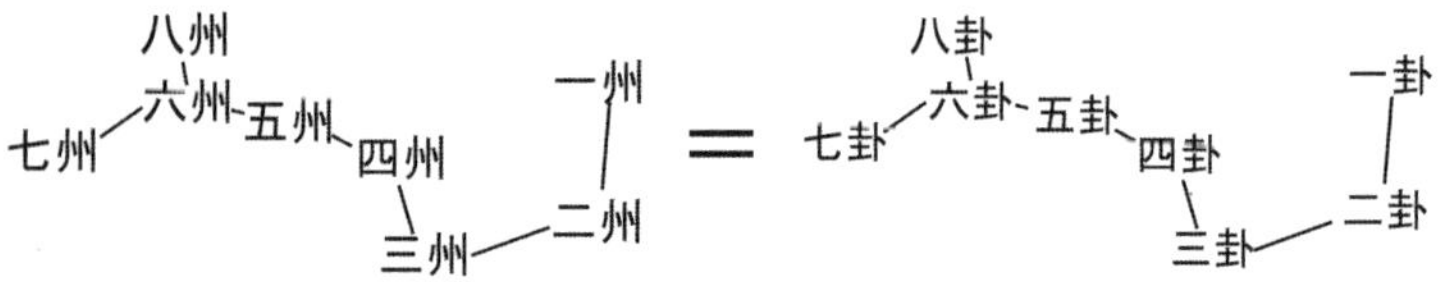

図2－21 「北斗八星＝八州＝八卦」の重なり
＊この図の「州と卦」の数字は、単に、数を数えたものにすぎない

※伊勢神宮のリニューアルよりも約30年前、舒明《じょめい》天皇の八角形陵が出現した（６４３年）。この八角形天皇陵にも、「北斗八星＝八州《やしま》＝八卦《はっか》」の呪術が採用されている。私見ながら、呪術好きな皇極《こうぎょく》天皇が、八角形天皇陵を発案したと思っている。よって、天武天皇は、この呪術を伊勢神宮に採用し、より高度に発展させた、とも言えるのだ。皇極天皇（６４２年即位）と天武天皇（６７３年即位）は、呪術好きということで、大変よく似ている。もちろん高松塚古墳にも、この呪術が採用されている。

11）八束穂《やつかほ》

米や稲に代表される神饌《しんせん》であるが、その素材は、八束穂《やつかほ》といえる。八束穂という言葉は、日本の稲穂を象徴している。その理由を述べよう。

伊勢神宮の神嘗祭《かんなめさい》において、豊受大神《とようけのおおかみ》を象徴する外宮の心御柱《しんのみはしら》におさめられる稲穂は、稲の穂先を摘んだ、抜穂《ぬいぼ》といわれるものである。この抜穂が、八束穂《やつかほ》を象徴しているのである。

外宮の心御柱《しんのみはしら》におさめられるその抜穂の量は、八荷《はちか》。ここで言う「荷《か》」は、荷物の「荷《に》」という字を書く。

この、八荷《はちか》は、六十四把《わ》とイコールになる。つまり、一荷《いちか》は八把《わ》ということ。まさに、八の世界を表現している。

私は、一荷が一州《ひとしま》、八荷で八州《やしま》（日本）を象徴している、と思う。つまり、抜穂八荷《はちか》の稲穂は、日本の稲穂を象徴する「八束穂《やつかほ》」であり、「八州穂《やしまほ》」でもある、と言える。なお「八州穂《やしまほ》」とは――八州《やしま》（日本）の穂という意味であり――私の造語《ぞうご》である。

また、「抜穂《ぬいぼ》八荷」は六十四把であるところから、八卦及び六十四卦を意味していると思われる。つまり、『易経《えききょう》』である。

神嘗祭《かんなめさい》の折、豊受大神《とようけのおおかみ》を祀《まつ》る外宮の心御柱《しんのみはしら》に、このような意味を含む、八荷《はちか》の抜穂、つまり、八束

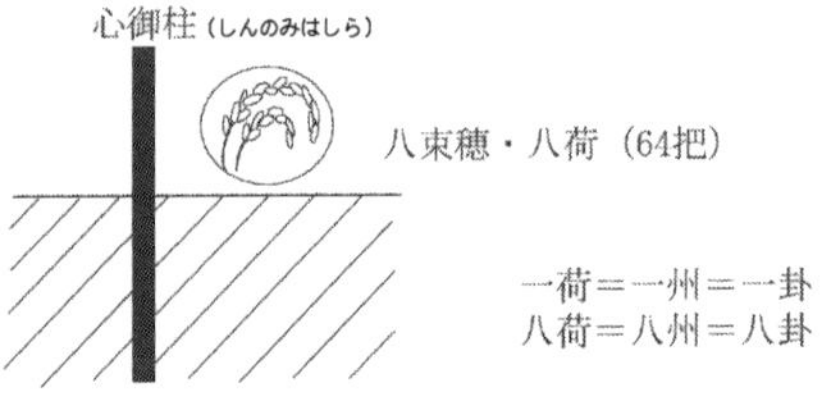

図２－22　神宮・心御柱《しんのみはしら》と八束穂の呪術

穂が納められる（図２―22）。以上のことから、豊受大神を象徴する北斗八星（八天女）は、「八束穂」を象徴している、と推測される。ならば、次のようにいえる（図２―23）。

「一束穂《ひとかほ》＝一州《ひとしま》＝北斗一星＝一天女＝一卦《いっか》」
「八束穂《やつかほ》＝八州《やしま》＝北斗八星＝八天女＝八卦《はっか》＝外宮＝八州穂《やしまほ》」

八束穂とは、一束穂《ひとかほ》＝一州《ひとしま》であることから、それぞれの州（国）を代表する一束穂《ひとかほ》が集まっている、という意味も含まれている。

日本は、「食国《おすくに》」といわれている。「太極（北極星）八卦（北斗八星）」の呪術は、「食国《おすくに》・日本（八州《やしま》）」に相応《ふさわ》しい、日本独自の呪術に、変化したのである。この呪術も、高松塚古墳に採用されている。

12）大匙《おおさじ》と北斗八星、そして八簋《はっき》

古代中国においては、北斗七星（八星）は、その形から天の大匙《おおさじ》といわれ、北極星に神饌《しんせん》を届ける役目を負っていた。伊勢神宮も、この中国の伝承を採り入れた（図２―24）。

伊勢神宮の場合は、次の通り。

北斗八星である外宮の豊受大神《とようけのおおかみ》は、神饌をこの大匙に盛り、北極星であり太陽神でもある内宮の天照大神へお届けする役目を負っている。

現実の伊勢神宮においても、豊受大神が御饌《みけ》つ神として、毎日、天照大神に神饌《しんせん》のお世話をしていることに、通じる。

八篕《はっき》については、前述している。天子は祭祀《さいし》をするときは「八篕《はっき》」を使わなければならなかった。

よって、大匙《おおさじ》の北斗八星は、八篕を象徴していると、思われる。

つまり、次のように言える。


「伊勢神宮の八天女（外宮）＝北斗八星＝大匙《おおさじ》＝八篕《はっき》」

私は、高松塚古墳の八人ずつの男女は、北斗八星（大匙《おおさじ》・八篕《はっき》）に擬《なぞら》えられていて、天皇（北極星）に、御饌《みけ》を届けるという意味をも含んでいるのではないか、と思っている。詳しくは次章にて述べる。

13）帝車《ていしゃ》と北斗八星、そして八鸞《はちらん》

漢代に描かれた、天帝が乗っている北斗八星の図がある（図2―25）。当時から、北斗八星は、天帝が乗る車、すなわち帝車《ていしゃ》と思われていた。この漢代の図は、何と、輔星《ほせい》（アルコル）が加えられており、北斗八星の図となっている。

北極星、つまり天帝（天皇）は、北斗八星という帝車に乗って、宇宙に乗り出し、四方上下を治める、と言われていたのだ。

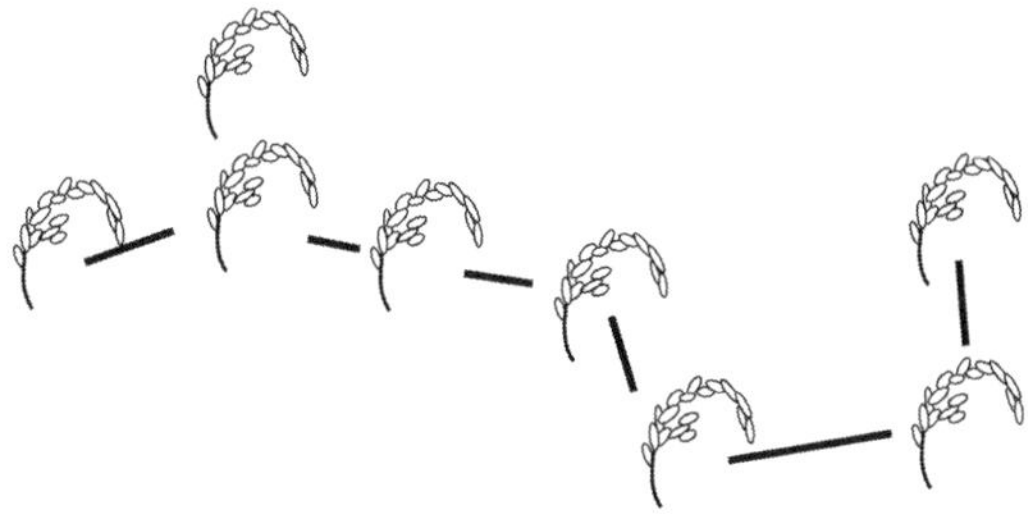

図２－23　「北斗八星＝八束穂」の図

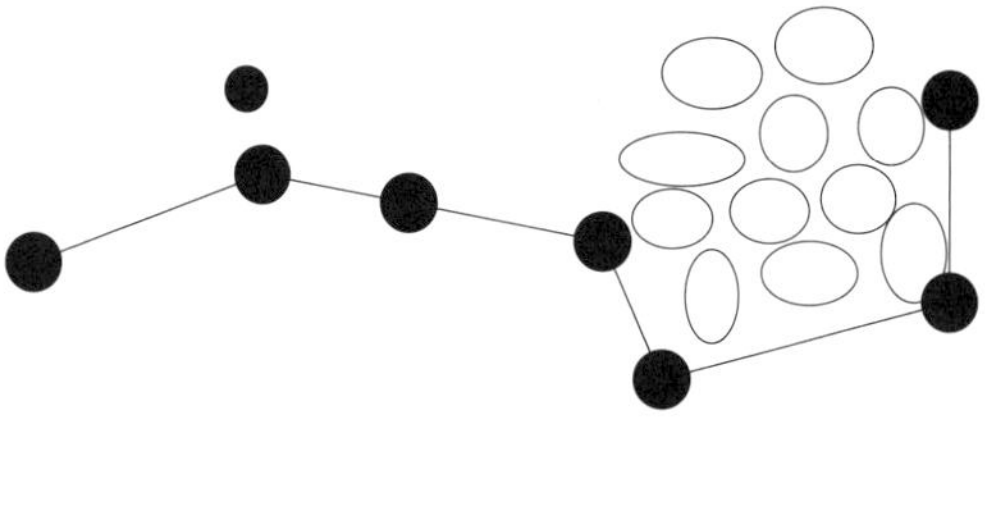

図２－24　大匙《おおさじ》と神饌《しんせん》（北斗八星）

天武天皇は、この中国の呪術を、伊勢神宮において採用した。

北極星は、天照大神と習合《しゅうごう》しているから、天照大神も、この豊受大神《とようけのおおかみ》という帝車《ていしゃ》に乗る。もちろん、天皇《てんこう》大帝である天皇も、乗る。内宮（天照大神・天皇）は、外宮（豊受大神《とようけのおおかみ》）という帝車に乗って、宇宙に乗り出す、という意味もあるのだ。

ちなみに、厳密にいえば、中国皇帝（天子）は、基本的には、この帝車には乗らない。皇帝（天子）も帝車に乗り、宇宙を駆け巡る、との説もあるが、この点は、曖昧《あいまい》である。

天皇（天帝）なら、確実に乗れる。よって、この呪術は、天皇（天帝）ならば乗れるという意味においては、日本独自の呪術とも言えるのだ。

伊勢神宮は、北極星を内宮とし、北斗八星を外宮としている。その証拠は、次のことから分かる。それは、遷宮《せんぐう》のときに、使用される錦《にしき》の紋様である。

伊勢神宮は、20年ごとに建て替えられる。これを遷宮《せんぐう》と言う。この、ご遷宮《せんぐう》の際、門外不出《もんがいふしゅつ》とされていた、み正体《しょうたい》を蔽《おお》う錦《にしき》の紋様によって、「内宮の北極星」と「外宮の北斗八星」が、暗示されている。

屋形《やかた》紋の錦は、「天照大神・北極星・天皇」の住む、家を描いている。刺車《さしくるま》紋の錦は、「天照大神・北極星・天皇」が乗る車、つまり、北斗八星・帝車を描いている。

北極星の宮を象徴する屋形紋《やかたもん》の錦《にしき》と北斗八星の宮を象徴する刺車紋《さしくるまもん》の錦である。その錦の紋様を示す（図２―26）。

内宮の天照大神《あまてらすおおみかみ》と北極星神の習合《しゅうごう》、そして、外宮の豊受大神《とようけのおおかみ》と北斗八星の習合は、秘事として、一切の祭祀《さいし》の表面から隠された。

図２－25　天帝と北斗八星（帝車）の画像石拓本（漢代）
『日光東照宮の謎』高藤晴俊・講談社現代新書

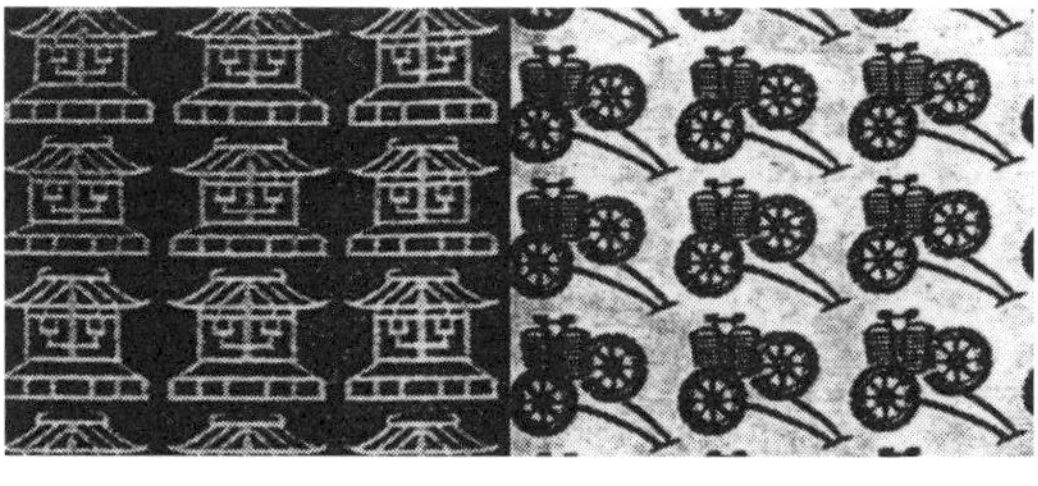

屋形紋（内宮）　刺車紋（外宮）

図２－26　神宮・屋形《やかた》紋と刺車《さしくるま》紋
『易と日本の祭祀』吉野裕子・人文書院

しかし、ただ一つ、この図柄だけに、この習合がうたわれていたことの証拠が、残されていたのだ。

前述しているが、天子の車は、鸞鈴《らんれい》を八個使うので、「八鸞《はちらん》」という。よって、「伊勢神宮の八天女＝北斗八星＝帝車＝八鸞《はちらん》」と、推測することができる。

高松塚古墳壁画に描かれている、八人ずつの男女は、なんと、この帝車（北斗八星・八鸞《はちらん》）にも擬《なぞら》えられている。次章から始まる、壁画解読作業を楽しみにしていただきたい。

14）天の「太極《たいきょく》（北極星）八卦《はっか》（北斗八星）」

いままで述べてきた、伊勢神宮の内宮と外宮の関係を、総合的に表示する。

次のような、デザイン表現となる。

天の太極＝内宮・天照大神（太陽神）・太一《たいいつ》・北極星・天皇大帝《てんこう》・
　天皇・屋形《やかた》紋

天の八卦《はっか》＝外宮・豊受大神《とようけのおおかみ》（八天女）・北斗八星・八州《やしま》（日本）・
　八束穂《やつかほ》（大匙《おおさじ》・八簋《はっき》・米・神饌《しんせん》）・帝車（八鸞《はちらん》）・刺車紋《さしぐるま》

デザイン図は、図2―27の通り。

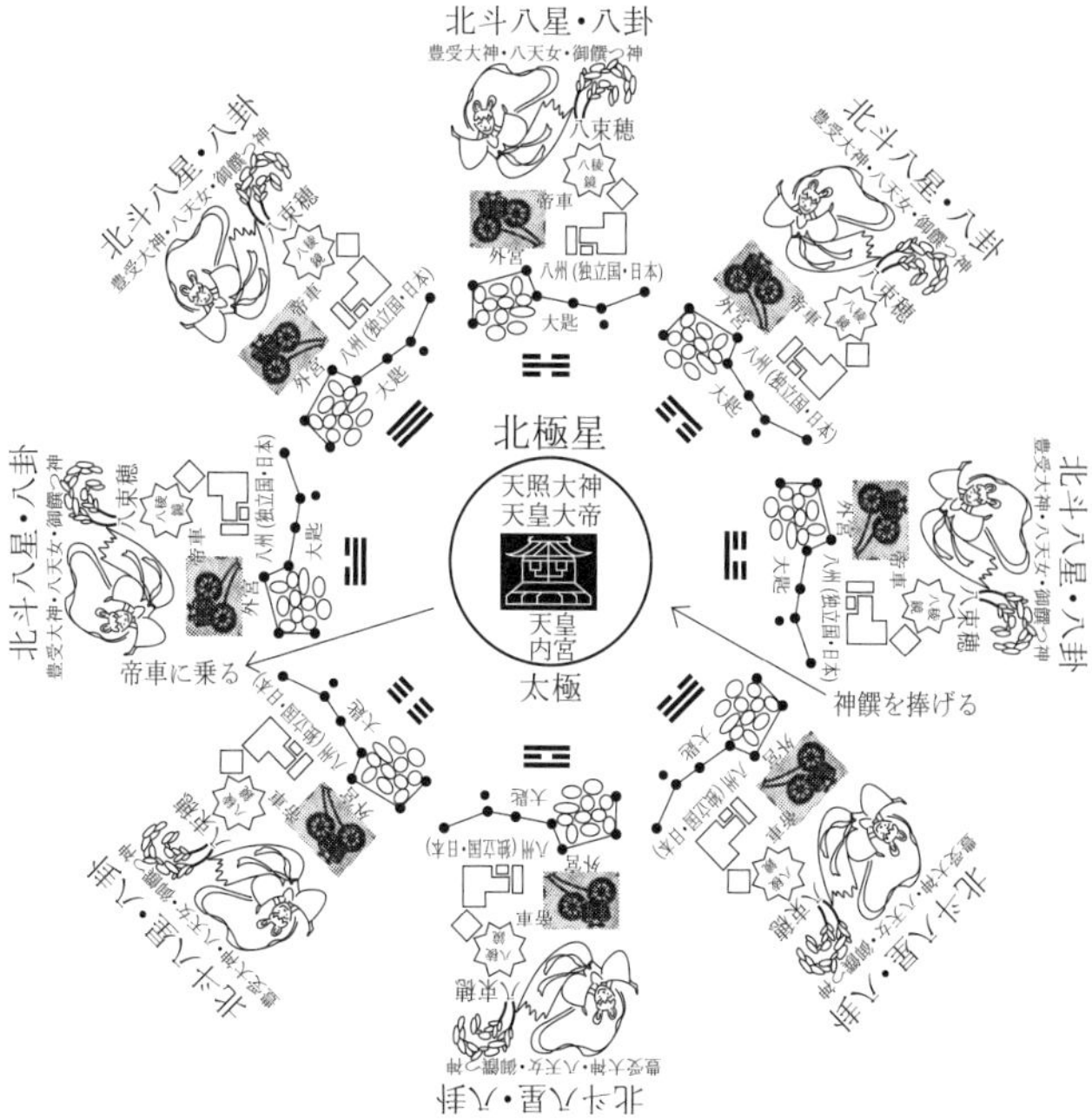

図２－27　神宮・天の「太極（北極星）八卦（北斗八星）」総合図
＊「八篋《はっき》と八鸞《はちらん》＝北斗八星」は省略

15）神宮の夜の森は、格別

伊勢神宮の隠された呪術は、満天の星の中の北辰・北斗に、天照大神《あまてらすおおみかみ》、天皇（天皇大帝《てんこうたいてい》）、豊受大神《とようけのおおかみ》、八天女、八州《やしま》（日本）、そして八束穂《やつかほ》（日本の稲）を描いている。夜空にキラキラと輝く、何と美しい呪術的グランドデザインであることか。この呪術デザインは、内宮と外宮の両方を造ることによって、可能となったものである。内宮だけでは日本の国柄《くにがら》を描けないところに、リニューアル伊勢神宮の特異さがある。

なぜ伊勢神宮は、内宮と外宮とに分かれているのか？　その答えは、漠然《ばくぜん》としていて分からなかった。しかし、いままで述べてきた呪術を考えれば、充分納得がいくことと思う。

我々は、とうとう、伊勢神宮の秘密を知ってしまった。その畏《おそ》れ多さに、身が引き締まる思いである。

16）地の「太極（北極星）八卦（北斗八星）」

天に「太極（北極星）八卦《はっか》（北斗八星）」が描かれていたことを説明してきたが、実は、天ばかりではなく、地にも「太極（北極星）八卦（北斗八星）」が描かれていた。天と地が揃《そろ》ってこそ、この呪術は完結する。

大事な、地の「太極（北極星）八卦（北斗八星）」を詳しく説明したいが、紙幅《しふく》の関係上、割愛《かつあい》せざるをえない。私としても、非常に残念である。

また、内宮と外宮には、太極を表現する心御柱《しんのみはしら》がある。ならば、太極が二つある、ということになる。内宮と外宮は、太極と八卦の関係であるから、ややこしくなる。この問題を、どのように理解したらよいのかも紙幅の関係で省かざるをえない。とにかく、地にも、天と同様、「太極（北極星）八卦《はっか》（北斗八星）」が描かれている、ということなのだ。詳しくは、『古代天皇家「八」の暗号』を参照していただきたい。

17）天と地の「太極（北極星）八卦（北斗八星）」の合体

では、この「天の太極八卦図」と、「地の太極八卦図」が合体したデザイン図を、お見せする。図2―28のような図となる。

この一瞬は、天皇及び古代国家の、呪術的グランドデザインが、初めて明らかになる瞬間でもある。この天地に描くグランドデザインこそが、天武天皇がリニューアルした伊勢神宮の真の隠密裡《おんみつり》の呪術であり、聖なる八の暗号なのだ。

天皇号を正式に採用した天武天皇は、伊勢神宮に「天皇の存在と根拠を証明する、呪術的グランドデザイン」を、描いたのである。

これぞ、１３００年間、封印されてきた、伊勢神宮の呪術的グランドデザインなのだ。初めて、人々の前に、姿を現した、伊勢神宮の、天地に描く、壮大な呪術である。

（4）伊勢神宮の美

伊勢神宮の、隠密の裡《うち》の呪術的グランドデザインは、八州人《やしまびと》の「食（つまり、八束穂）」の安寧《あんねい》を願

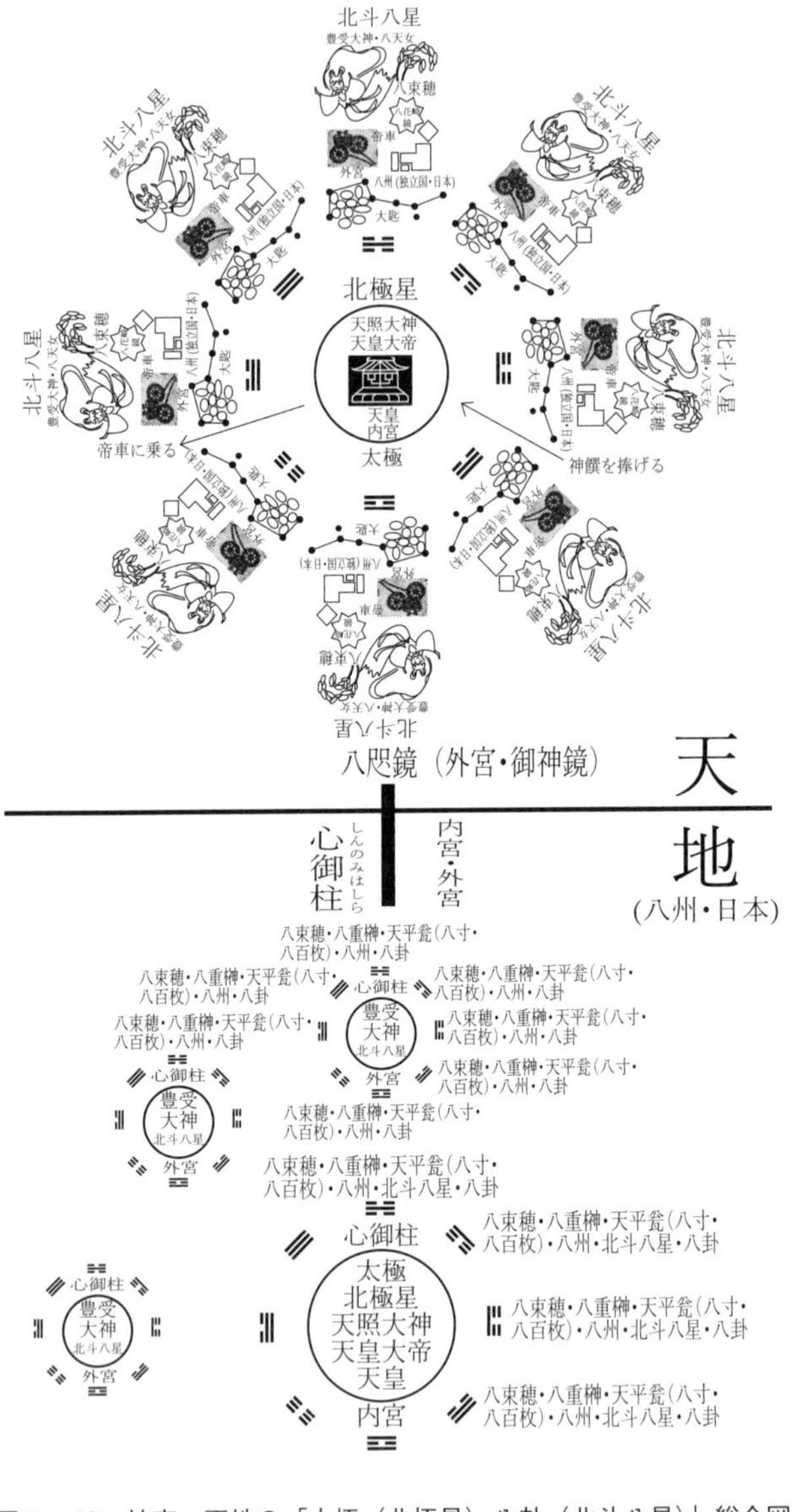

図2—28　神宮・天地の「太極（北極星）八卦（北斗八星）」総合図

う、壮大な宇宙図なのである。同時に、それは、天皇（つまり、天皇大帝）の存在を証明する、凛《りん》とした「独立国家・八州《やしま》・日本」の象徴図でもあった。１３００年もの間、日本国の国柄は、人々に知られることなく、北極星と北斗八星に、描かれていたのだ。

この美的な呪術的グランドデザインが、高松塚古墳にも採用されている。この伊勢神宮の呪術的グランドデザインの発見がなかったら、高松塚古墳壁画の声を聞くことは、永遠に出来なかったはずである。

4　高松塚古墳解明の前提条件❸日光東照宮の八の呪術を知ること

（1）伊勢神宮の呪術の正しさを証明する日光東照宮

ここでは、日光東照宮について、少しだけ、述べる。

日光東照宮のグランドデザイン発見は、伊勢神宮の呪術的グランドデザインの正しさを、証明することになった。なんと、天地の地に、八卦《はっか》紋様の「極秘敷曼陀羅《しきまんだら》」が、敷かれていたのである!!　私の主張してきた「太極八卦」の八卦が、地に描かれていたのだ!!

少なくとも、日光東照宮をデザインした天海大僧正《てんかいだいそうじょう》は、私が想像していた伊勢神宮の呪術を、日光東照宮の呪術的グランドデザインとして、採用していたということである。

もちろん日光東照宮は、北斗八星を祀《まつ》っている。北斗七星ではない。私の喜びは、天海大僧正を抱きしめ、踊り出したい気持ちであった。日光東照宮の呪術的グランドデザインについては、その骨格が、伊勢神宮と同じであるから、ここでは簡単な紹介にとどめる。

(2) 日光東照宮の神廟《しんびょう》も八角形

徳川家康《とくがわいえやす》の墓・神廟《しんびょう》は、日光東照宮の奥社《おくしゃ》にある。神廟は、八角形の基壇になっている(図2―29)。この基壇は、八角形の天皇陵を模《も》したのであろう、と想像できる。

(3) 八角形・御璽《ぎょじ》外箱

ご神体である御璽《ぎょじ》箱を包む箱は、八角形の筒《つつ》型をしている。この八角形の御璽《ぎょじ》外箱は、天皇即位式で使用される、高御座《たかみくら》を想像させる。八角形は、家康が天皇の位として葬《ほうむ》られたことの、証左《しょうさ》となろうか。

(4) 御璽《ぎょじ》内箱に書かれた三種の神器の文言

御璽《ぎょじ》内箱は、家康のご神体といわれる。この御璽《ぎょじ》内箱には、梵字《ぼんじ》で、三種の神器《じんぎ》の文言《もんごん》が書かれている。まさに、天皇として葬《ほうむ》られたことを、図2―32に示す。

図2－29　家康・神廟《しんびょう》

図2－32　御璽《ぎょじ》内箱
『天台密教の本』学習研究社

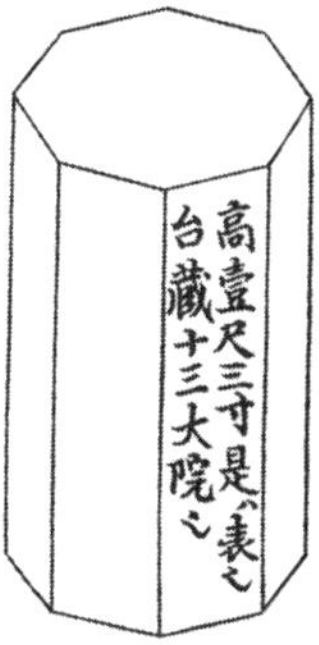

図2－30　八角形・御璽《ぎょじ》箱
『天台密教の本』学習研究社

図2－33　極秘敷曼陀羅《まんだら》（八卦図）
『天台密教の本』学習研究社

図2－31　高御座《たかみくら》『国史大辞典』より転載

（5）極秘敷曼陀羅《ごくひしきまんだら》――自説の正しさを証明

御璽《ぎょじ》内箱には、敷かれている（図2―33）。私は、この極秘敷曼陀羅《まんだら》の紋様を見て、喜びを爆発させた。なんと、この極秘敷曼陀羅《ごくひしきまんだら》が、八卦《はっか》紋様が描かれていたからである!! この八卦紋様は、私の説の正しさを、証明する紋様だったのだ。

伊勢神宮の呪術には、見える形での八卦紋様はなかった。よって、あくまでも推測であった。もちろん、この呪術が存在していることに対しては、自信があったが。

しかし、よく、出てきたものである。まさか、八卦紋様が、直接出てくるとは思わなかった!! しかも、極秘敷曼陀羅《ごくひしきまんだら》は、ズバリ、天地の、地の八卦《はっか》を証明するものである!! 不謹慎《ふきんしん》であるが、天海大僧正《てんかいだいそうじょう》と友達になれたような気持ちでもある。

これで、私の〈伊勢神宮は、天地に「太極（北極星）八卦《はっか》（北斗八星）」を描いている〉という発見は、証明されたのである。

（6）日光東照宮の呪術的グランドデザインは伊勢神宮と同じ

ついでに、日光東照宮の「太極（北極星）八卦（北斗八星）」のグランドデザイン図を、紹介したい（図2―34）。なぜ、このデザインが成立しているかの説明は、割愛《かつあい》させていただく。詳しくは『古代天皇家「八」の暗号』を参照されたい。

徳川家康は、伊勢神宮と同じ呪術的グランドデザインを利用して、天皇の位として祀《まつ》られた。日光東照宮も、結局、天皇の問題なのである。

太極＝北極星・徳川家康・東照大権現・天照大神・
大日如来・太一・天皇
八卦＝北斗八星（山王神＋摩多羅神）

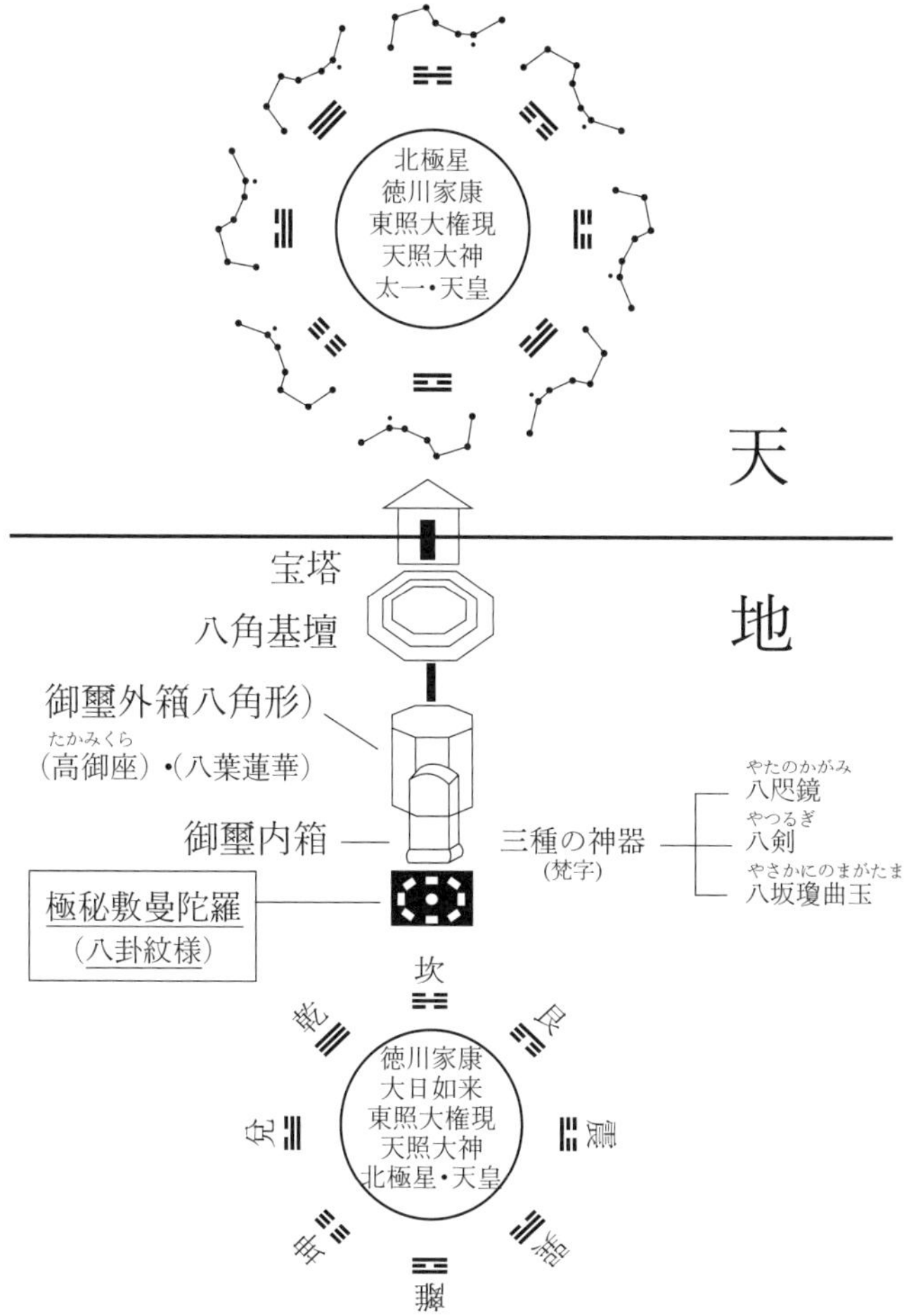

太極＝極秘敷曼陀羅中央）・大日如来・徳川家康・東照大権現・
天照大神・北極星・天皇
八卦＝極秘敷曼陀羅外側）・北斗八星山王神＋摩多羅神）

図２―34　日光東照宮・天地の「太極（北極星）八卦（北斗八星）」図

そして、高松塚古墳も、結局、天皇の問題なのである。天皇の問題である、ということを気づかない限り、高松塚古墳壁画の本質は語れない。つまり、天皇とはどういうものであるのかを、呪術的に理解していないと、高松塚古墳壁画が語っている声を、永遠に聞くことが出来ないのだ。

5　高松塚古墳解明の前提条件❹八角形天皇陵の意義を知ること

最後にもう一件、八角形天皇陵について、知っていただきたい。それは、高松塚古墳の北・約200メートルに、八角形・中尾山《なかおやま》古墳（文武《もんむ》天皇推定）があるからである。天皇陵との指定は受けていないが、八角形であるから天皇陵に間違いない。

秋山日出雄《あきやまひでお》氏は、高松塚古墳は中尾山古墳の陪塚《ばいちょう》である、との説を述べている。網干善教《あぼしよしのり》氏も関係があるだろうと記しているが、それ以上は言及《げんきゅう》していない。

陪塚《ばいちょう》とは、一般的には、大きな古墳のすぐ近くにあり、親近者、臣下を葬《ほうむ》ったとされる小さな古墳のことをいう。中尾山古墳は、高松塚古墳と比べ、大きさはそれほど変わらないが、グレードの高さ（八角形）が違う。

私の説も、秋山氏と同じ陪《ばい》塚《ちょう》説である。私見ながら、高松塚古墳に描かれている壁画は、中尾山古墳を対象としたものである、と思っている。

高松塚古墳が、中尾山古墳の陪塚《ばいちょう》であるならば、当然、陪塚に相応《ふさわ》しい壁画内容になっているはず、である。まさに、その通りであった!!　それは、感動をともなう美学でもあった!!

（１）八角形墳陵《はっかっけいふんりょう》の出現と一覧

前方後円墳は、日本のオリジナルの形式であり、３世紀中頃から出現した。

その前方後円墳も、６世紀末頃に造営停止となる。その後は、方墳、円墳となるが、７世紀の中頃、畿内《きない》の特定の地域に、これも日本のオリジナル形式である八角形の墳丘が、突如出現する。

いずれも天皇陵《てんのうりょう》クラス、と考えられる。この畿内の八角形墳は、舒明《じょめい》天皇陵（６４３年）が最初と言われ、その後、代々の天皇に受け継がれ、文武《もんむ》天皇陵（７０７年）によって終わる。ただし、孝徳《こうとく》天皇陵だけは、円墳と言われている。

しかし、聖徳太子《しょうとくたいし》の墓であったとされる叡福寺《えいふくじ》北古墳が孝徳天皇陵であり、八角形墳ではなかろうか、と推測する説もでてきた（今尾文昭《いまおふみあき》・説）。

八角形墳陵を一覧すると、次の通り。

①段《だん》ノ塚《づか》古墳（奈良県桜井市・舒明《じょめい》天皇陵）
②牽牛子《けんごし》塚古墳（奈良県明日香村・斉明《さいめい》天皇陵の可能性あり）
③御廟野《ごびょうの》古墳（京都市・天智《てんち》天皇陵）

④野口王墓《のぐちおうのはか》古墳（奈良県・明日香村・天武《てんむ》・持統《じとう》天皇合葬陵）
⑤東明神《つかみょうじん》古墳（奈良県高取町・草壁皇子《くさかべのみこ》の伝承あり）
⑥中尾山《なかおやま》古墳（奈良県・明日香村・文武《もんむ》天皇陵推定）
⑦岩屋山《いわややま》古墳（奈良県明日香村・斉明《さいめい》天皇陵の可能性あり）

幸いなことに、次のような八角形陵墓図を、示すことができる。

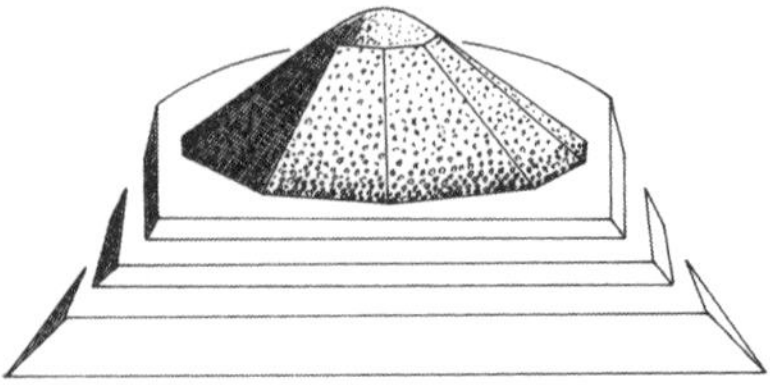

1　舒明天皇陵

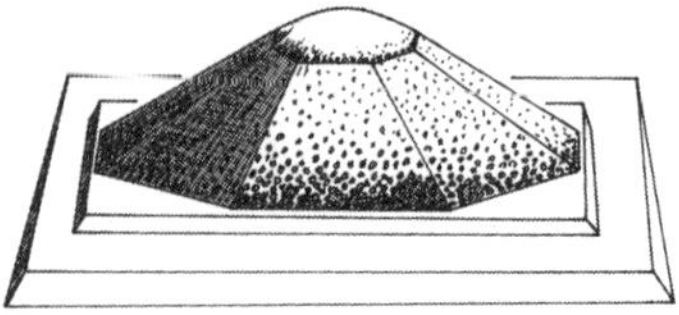

2　天智天皇陵

3　天武・持統天皇合葬陵
（絵・松本百合子 部分）

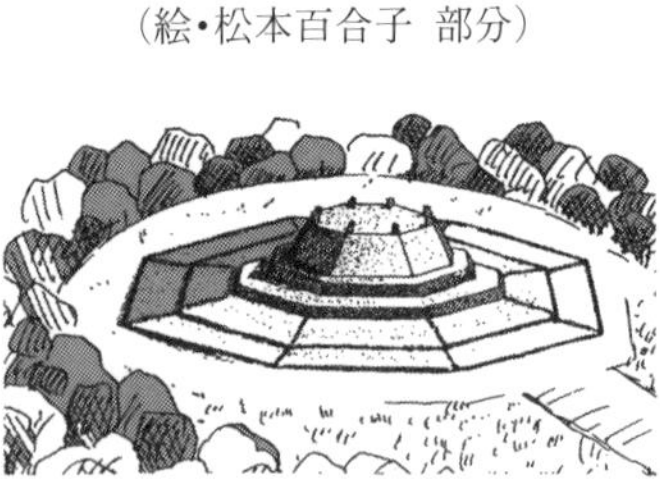

4　中尾山古墳（推定文武天皇陵）
（絵・松本百合子 部分）

図２－35　八角形天皇陵・想像図
『歴史検証天皇陵』別冊歴史読本78・新人物往来社、河上邦彦ほか『飛鳥学総論』1996・人文書院

※八角形の古墳は、畿内地方以外にも存在する。しかし、その造りは、天皇陵に比べ貧弱である。

(2) なぜ八角形なのか？「太極《たいきょく》（北極星）八卦（北斗八星）」説

なぜ八角形なのか、色々な説がある。大きくは、仏教説と道教説《どうきょう》に、分けられる。仏教説によれば、八葉蓮華《はちようれんげ》の世界を描いたとされる（田村圓澄《えんちょう》・説）。

私の説は、道教説である。天皇陵の八角形は、ズバリ、「道教」の「太極《たいきょく》（北極星）八卦《はっか》（北斗八星）」を表現している、と思う。「太極＝北極星＝天皇」「八卦《はっか》＝北斗八星（七星）」とする、道教的な宇宙観である。

北斗八星に八卦を配していたかは、多少疑問であったが、皇極《こうぎょく》天皇と斉明《さいめい》天皇の名称から、首肯《しゅこう》できると思われる。

皇極《こうぎょく》天皇の皇極は、太極を表現しており、北極星をも意味している。皇極天皇は重祚《ちょうそ》して斉明《さいめい》天皇となるが、斉明は、北斗七星（八星）をも意味していると言われている（吉野裕子《ひろこ》・説）。ならば、なんと、一人の天皇（皇極天皇・斉明天皇）が、北極星と北斗七星（八星）を表現していることになるのだ。

このようなことから、八角形天皇陵は、当初（舒明《じょめい》天皇陵・６４３年）から、「太極（北極星・天皇）八卦（北斗八星）」と意味付けられていた、と推測できる。

（3）さらに、重大な意味も含んでいる

八角形天皇陵の意味するところは、これだけではない。案外、これから述べることが、重要になってくる、と思われる。

1）日本独自の呪術

八角形は、一辺、あるいは一角が一州を表している。そして、八辺と八角で、八州《はっしゅう》、即ち八州《やしま》（日本）をイメージしていた。八角形天皇陵は、八州《やしま》（日本）の八方を知ろしめす意味である、「八隅知之《やすみしし》大君（天皇）」の意味をも含んでいるのである。

よって、八角形天皇陵の呪術内容の骨格は、次の通り。

太極＝北極星＝天皇＝八隅知之《やすみしし》大君＝八角形天皇陵中心部
八卦《はっか》＝北斗八星（七星）＝八角形天皇陵の八辺・八角＝八州《やしま》（日本）

ならば、皇極《こうぎょく》（北極星）天皇と、斉明《さいめい》（北斗八星）天皇の諡号《しごう》の意味は、八角形天皇陵を作った初めての天皇、という意味にもなる。

初めての八角形天皇陵は舒明《じょめい》天皇であるが、作ったのは、皇極《こうぎょく》天皇（斉明《さいめい》天皇）の強い意志であろう。

2）天皇号を称《しょう》する状況

八角形天皇陵が作られたということは、舒明《じょめい》天皇の頃から「太極（北極星・天皇）八卦（北斗八星）」の哲理は存在していたことになり、「天皇号」を称《しょう》する状況は、既にあった、との推察が可能である。

やはり、天武天皇以前に、天皇号は慣用的に称されていたのであろう、と思われる。制度として、正式に天皇号を採用したのは、天武天皇であるが。

（4）八角形天皇陵デザイン図と天皇号

６０８年、聖徳太子《しょうとくたいし》が、隋《ずい》の煬帝《ようだい》に送った国書の文面には、〈東《やまと》の天皇、敬《つつし》みて西《もろこし》の皇帝《きみ》に白《まう》す〉と書かれていた。その35年後の皇極二年（６４３年）、初めての八角形天皇陵・舒明《じょめい》天皇陵が作られた。

このことから、次のようなことが言える。

６０８年、国書で「天皇号」を称したが、その「天皇号」の具体的な表現として、初めての八角形の天皇陵が造られた、と。

「八角形墳陵」の形を採用したことは、陵形に天皇大帝《てんこう》（天皇）の証《あかし》を含ませることで、暗に、中国皇帝に対する属国拒否、即ち独立国の意思表示をしていたのだ。もちろん八角形天皇陵は、一辺が一州と一卦《か》を表し、八辺で八州《やしま》（日本）と八卦《はっか》を表していることは、既に述べている通り。

また、それは、天下をおさめている天皇の表現、「八隅知之大君《やすみしし》」でもあった。これらの意味付けも、独立国（八州・日本）としての、意思表示であった。

このように、先人たちは、いかに独立国としての日本を形作っていこうか、知恵を絞っていたのである。

八角形天皇陵の呪術を、図に示すと、次の通り（図2―36、図2―37）。なお、当時の八州（日本）には、北海道は含まれていない。

図2－36　中尾山古墳・八角形陵
（図2－35に記載の図を転載）

太極＝八角形墳陵・北極星・太一・
天皇大帝・天皇・天照大神・
八隅知之《やすみしし》大君
八卦＝北斗八星・八州（独立国・日本）

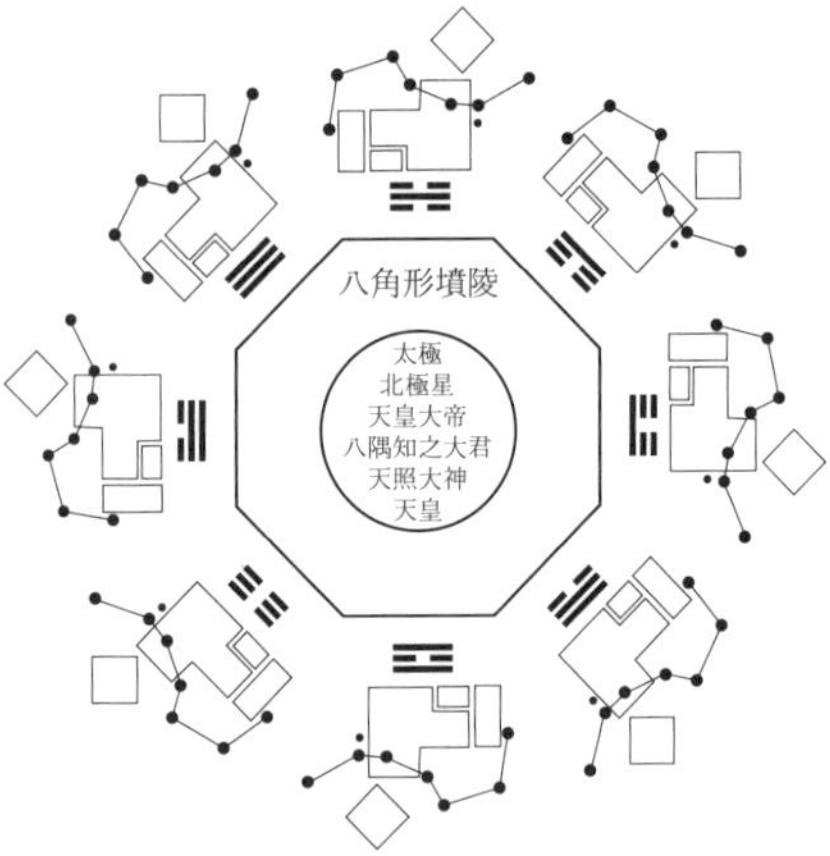

一辺・一角＝一州＝北斗一星＝一卦
八辺・八角＝八州（日本）＝北斗八星＝八卦

図2－37　八角形陵「太極（北極星）八卦（北斗八星）」図

中国の道教文化を採り入れ、日本独自に作り替えたのが、八角形天皇陵であった。後ほど述べるが、高松塚古墳は、八角形天皇陵と同じ呪術「太極（北極星・天皇）八卦（北斗八星）」を、採用している。ならば、すぐ近くの八角形中尾山古墳（文武天皇・推定）の呪術と、同じである。この同じ呪術により、高松塚古墳は、中尾山古墳の陪塚《ばいちょう》であることが、証明される。八角形天皇陵の呪術を知らずして、高松塚古墳の本義を知ることは、出来ないのだ。

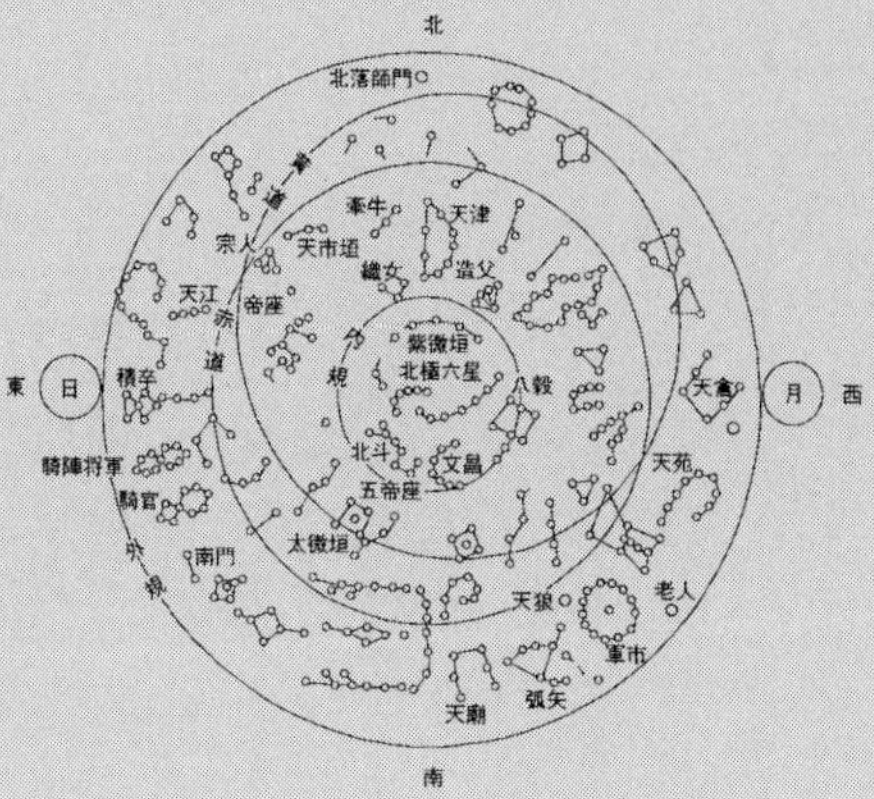

第3章　高松塚古墳の壁画を解読する

前提条件を知っていただくための説明は、遂《つい》に終わった。これから、高松塚古墳の謎解き作業を開始する。随分と遠回りをさせてしまい、大変申し訳なく思っている。

高松塚古墳壁画（石槨《せっかく》内）に描かれているセット図・「天文図（星宿図《せいしゅくず》＋日月図《じつげつず》）＋四神図《ししんず》」は、中国、朝鮮半島にも見られないものであり、世界的にみても類《たぐ》い希《まれ》な価値がある。このセット図・「天文図（星宿図＋日月図）＋四神図」を、天皇図《てんのうず》そのものとして解釈し、それならば、なぜ、この古墳の被葬者は天皇ではないのか？　という疑問に答えることが出発点になる、と確信している。

1　壁画解読作業❶なぜ被葬者は天皇でもないのに天皇図を描けたのか？

（1）素朴な疑問

最近、高松塚古墳とキトラ古墳について、ますます不思議に思っていることがある。冷静に、考えれば考えるほど、おかしい。

高松塚古墳とキトラ古墳の被葬者は、天皇ではない（当時の天皇陵は八角形）。なのに、被葬者は、描けるはずのない天皇図《てんのうず》・「天文図（星宿《せいしゅく》図＋日月《じつげつ》図）＋四神《ししん》図のセット図」を、壁画として描いている。これって、大逆罪ではないのか？　という疑問である。ならば、このようなとんでもない壁画が二つも存在するなんて、ありえないではないか？　というさらなる疑問である。疑問と同時に不安に思うのは、高松塚とキトラ古墳の関係書物を読むと、どうやら私一人だけがそう思っているようなのだ!!

高松塚古墳発掘以来、50年も経《た》ってしまった。なのに、誰一人、このような仮説も立てずに今日まで来ていることは、やはり取るに足らない疑問なのであろうか？

私の説を間接的にサポートしてくれている、秋山日出雄《あきやまひでお》氏の説（陪塚説《ばいちょうせつ》）もある。しかし、秋山氏は、この疑問について何も述べていない。この件は、高松塚古墳とキトラ古墳の、本質論に関係してくる根本的な問題のはずなのにである。

高松塚古墳の「天皇図《てんのうず》（天文図）」に対する、先学の説を紹介する。

（2）直木孝次郎・説（天文図）

直木孝次郎《なおきこうじろう》氏は、次のように述べている（『直木孝次郎　古代を語る　9』吉川弘文館）。

北極星をふくむ二八宿《しゅく》の星座は宇宙を象徴する。これにさらに日、月・四神をあわせて墓室の装飾とすることは、常人には許されることとは思われない。本来、皇帝、日本でなら天皇にふさわしい図様である。被葬者の身分は天皇または天皇に準ずる高い地位の皇子《みこ》と考えるのが妥当《だとう》であろう。そのほか、百済《くだら》・高句麗《こうくり》の滅亡の前後、朝鮮から日本に亡命してきた王族の可能性もある。いずれにせよ、天皇・国王ないし、その近親者という線が強く浮かんでくる。

直木氏は、「本来、皇帝、日本でなら天皇にふさわしい図様《ずよう》である」と述べている。なのに、皇子《みこ》、百済《くだら》・高句麗《こうくり》の王族を、候補者としている。

つまり、この天皇図・「天文図（星宿図＋日月図）＋四神図のセット図」は、本来、天皇にふさわしい図様である、と記しているのに、その限りではない、と述べているに等しい。直木氏は本来を本来として処理しなかった。

被葬者は忍壁皇子《おさかべのみこ》とし、皇子《みこ》の中から選んでいる。

（3）有坂隆道・説（天文図）

有坂隆道《ありさかたかみち》氏は、次のように述べている（『古代史を解く鍵』講談社）。

高松塚の星は、天帝が全天を支配しているシンボルマークであり、それはまた、地上における皇帝＝天皇が全国土を支配しているというシンボルマークになる、といわねばなりません。天皇のことを「治天下（あめのしたしろしめす）天皇」と申しますが、まさにこれは「治天下」を象徴するシンボルマークと言えましょう。これは被葬者の尊貴性を物語るものに外ならない。

と、言いながら、有坂氏は被葬者を皇子《みこ》としている。不思議である。天皇のシンボルマークを、勝手に理由もなく皇子《みこ》（被葬者推定・蚊屋皇子《かやのみこ》）が使用している、ということになるのだ。ちょっと、ちょっと、待って欲しい。なぜ、ここまで言いながら、つまり、天皇を象徴する図と言いながら、理由もなく、天皇でもない皇子《みこ》に当てはめるの？　それは話が違うのではないの？　と茶々《ちゃちゃ》を入れたくなる。

（４）天皇図の扱い

すべての高松塚古墳探究者は、天皇図・「天文図（星宿《せいしゅく》図＋日月《じつげつ》図）＋四神《ししん》図のセット図」を、理由もなく、皇子《みこ》（忍壁皇子・高市皇子・弓削皇子・等々）、高級官僚（石上麻呂《いそのかみのまろ》）、百済《くだら》・高句麗《こうくり》の王族に当てている。

私は、ここが、分からない。

「天文図（星宿図＋日月図）＋四神図のセット図」は、ズバリ天皇の表現である。

天を支配する王とは、天帝＝天皇のことである。王ではない。大王でもない。厳しく言えば、皇帝（天子）でもない。ならば、セット図は「天皇大帝《てんこうたいてい》＝北極星神＝天皇（天帝）」を表現している、と理解するほかない。

このセット図が、天皇を表現していない、とするならば、被葬者は、皇子《みこ》で何ら問題はない。いやいや、天皇図であっても、皇子《みこ》ならば勝手に使ってもかまわない、という正当な理由付けが出来るならば、それはそれで了解する。

一つの石槨《せっかく》（石室）内に描かれた「天文図（星宿図＋日月図）＋四神図のセット図」は、皇帝の国・中国においても、見あたらない。それほど完全な天皇（天帝）図なのだ。

この完全天皇図は、天皇の意味にしか使えない。高貴な皇子《みこ》だからといって、理由もなく使えるわけがない。

（5）当時の日本の状況

当時の日本の状況を、考察してみよう。

『日本書紀』の天武紀《てんむき》に、次のような呪術《じゅじゅつ》に関する言葉が、記されている。

「親《みづか》ら式《ちく》を乗《と》りて、占《うらな》ひて曰《のたま》はく」「天文・遁甲《とんこう》に能《よ》し」「陰陽寮《おむやうのつかさ》」「始《はじ》めて占星台《せむせいだい》を興《た》つ」

式（ちく・ちょく・栻）とは、式盤（しきばん）と呼ばれる、回転して吉凶《きっきょう》を占《うらな》う陰陽道《おんみょうどう》の道具。式盤は天地盤と呼ばれることもあり、天盤と呼ばれる円形の盤と地盤と呼ばれる方形の盤を組み合わせたものが基本形で、北斗七星が描かれている円形の天盤が回転する構造となっている（図3―1）。

遁甲（とんこう）は中国の占術《せんじゅつ》。「式占《しきせん》」の一種である。遁甲《とんこう》盤の構成要素の一つである八門を重要視することから、八門遁甲《はちもんとんこう》とも呼ばれる。

天武天皇自身が、占《うらな》い、呪術に長《た》けていた。その呪術は、「陰陽寮《おむやうのつかさ》」を作ったということから、中国の呪術であることが分かる。天武天皇は、呪術の専門家であった。この天武天皇の呪術好きな資質は、天武朝の性格に大きな影響を及ぼしている、と考えざるをえない。

673年、天武《てんむ》天皇は、天皇号を正式に採用した（私見ながら）。

天武天皇、持統《じとう》天皇、文武《もんむ》天皇は、天皇とは何たるかを、人々に知らしめようと、躍起《やっき》になっていた。

文武《もんむ》天皇の元旦朝賀《ちょうが》が、大宝《たいほう》元年（701年）にあった。『続日本紀《しょくにほんぎ》』（新日本古典文学大系12・岩波書店）によると、次のように記してある。

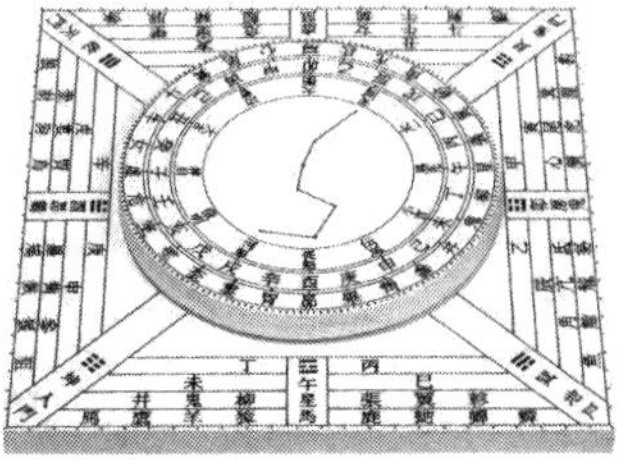

図3－1　六壬式盤《りくじんしきばん》復元模型
（京都文化博物館蔵）

天皇《すめらみこと》、大極殿《だいごくでん》にて御《おは》しまして朝《でう》を受けたまふ。その儀《ぎ》、正門《せいもん》に烏形《うけい》の幢《はた》を樹《た》つ。左は日像《じつしやう》・青龍《せいりよう》・朱雀《しゆじやく》の幡《はた》。右は月像《ぐあつしやう》・玄武《ぐあんぶ》・白虎《はくこ》の幡《はた》なり。蕃夷《ばんい》の使者左右《さいう》に陳列《ちんれつ》す。文物《ぶんぶつ》の儀、是《ここ》に備《そなは》れり。

文武天皇は、北極星を意味する大極殿《だいごくでん》内で、八角形の高御座《たかみくら》（北極星と北斗八星を意味する）に坐《ざ》し、烏形《うけい》の幢《はた》を樹《た》て、さらに日像《じつぞう》・月像《がつぞう》・玄武《げんぶ》・青龍《せいりゅう》・朱雀《すざく》・白虎《びゃっこ》の幡《はた》を樹《た》てた、というのである。

そして「文物《ぶんぶつ》の儀、是《ここ》に備《そなは》れり」と記してある通り、江戸時代まで続いた元旦朝賀《ちょうが》、そして即位式などの儀式――大極殿《だいごくでん》内に高御座《たかみくら》を設け、庭に、日月《じつげつ》・四神の幡《はた》、そして烏形《うけい》の幢《はた》を樹《た》つ制度――が、ここからはじまった。

高松塚古墳の「天文図（星宿図＋日月図）＋四神図」のセット図は、まさに前述の朝賀の儀と同じように、天皇の意味を持つ。

文武《もんむ》天皇の朝賀（７０１年）において、「文物《ぶんぶつ》の儀、是《ここ》に備《そなは》れり」となった。その完成があって、高松塚古墳壁画（天皇図）が描かれた（７１７年）、とも考えられるのだ。

このことは、キトラ古墳の壁画にも、言える。ならば、７０１年、「文物《ぶんぶつ》の儀、是《ここ》に備《そなは》れり」であったからこそ、その延長線上でキトラ古墳壁画（天皇図）が描かれた（７０３年）、とも推測できる。

これらのことを考慮するならば、高松塚古墳とキトラ古墳の築造年代は、７００年以前説よりは、７

01年以降説の方が、蓋然性《がいぜんせい》が高くなる、とも言えるのだ。

天武《てんむ》天皇は、「天皇とは北極星（天皇大帝《てんこうたいてい》）であることを証明する場所と時」を、創作した。私見によれば、それが伊勢神宮のリニューアルであり、大嘗祭《だいじょうさい》の創設であった。そこに、天皇の証明たる呪術的グランドデザインを、施《ほどこ》した。天皇とは、天皇大帝《てんこうたいてい》＝北極星神であることを、人々に知らしめた。

ただし、伊勢神宮の呪術（北極星と北斗八星）は、秘中の秘であった。それは、古代より伊勢神宮は、天照大神を前面に出して祀《まつ》ってきたからである。

同時に、「天皇号は、対中国属国拒否の気概をも含んでいる」ことを、理解して欲しい。八州《やしま》（日本）は、大王と称している限りは、中国皇帝の属国なのだ。よって、〈伊勢神宮は、永遠の独立記念神社〉ともいえる。そして〈大嘗祭《だいじょうさい》は、永遠の独立記念祭〉ともいえるのである。

このような、当時の世相状況を理解しなければ、高松塚古墳とキトラ古墳の本質・本義は、見えてこない。

当時の状況からして、この天皇図・「天文図（星宿図＋日月図）＋四神図のセット図」は、天皇のみが使用できた、と推測するしかない。

被葬者は天皇ではありえないから、理由もなく次の位の人物に当てはめよう、という姿勢は、あまりにも短絡《たんらく》すぎる。被葬者は天皇でもないのに、なぜ、天皇を表現している壁画を描けたのか？　このように考えるのが、物事を考える順序、というものであろう。

（6）遂に発見!!　天皇図を描ける場合がある

実は、私も、「被葬者は天皇でもないのに、なぜ、天皇図を描けたのか？」を最初に考えることが順序である、ということには、気がついていなかった。結果として、いま整理して述べているにすぎない。整理して、初めてこの重大な順序というものに、気づいたのだ。

被葬者が天皇でもないのに、天皇図を描ける方法が、一つある。

それは、死後においても、壁画（古墳）に天皇図・「天文図（星宿《せいしゅく》図＋日月《じつげつ》図）＋四神《ししん》図のセット図」を描き、天皇を永遠に崇敬《すうけい》守護していこうという、気概を示した場合である。

柿本人麻呂《かきのもとのひとまろ》は、「大君《おおきみ》は　神にし　坐《ま》せば」と、言祝《ことほ》いでいる。宮廷《きゅうてい》歌人・柿本人麻呂は、和歌によって、天皇を神として言祝《ことほ》いだ。

これと同じように、被葬者は、壁画（古墳）において、天皇を神（北極星）として言祝《ことほ》いだのだ。こういう条件ならば、天皇図を、堂々と描ける。

高松塚古墳壁画とキトラ古墳壁画は、陪塚《ばいちょう》的な表現であった。それは、天皇に対する、臣下《しんか》としての精華《せいか》された美的な表現でもあり、美学でもある。この陪塚《ばいちょう》的な行為は、臣下である高級官僚が最もふさわしい。

高松塚古墳の被葬者は、天皇の臣下最高位の官僚であった、左大臣・石上麻呂《いそのかみのまろ》（７１７年薨去《こうきょ》）である。

キトラ古墳の被葬者は、天皇の臣下最高位の官僚であった、右大臣・阿倍御主人《あべのみうし》（７０３年薨去）である。なぜ、そのように言えるのか、多くの事例をとりあげ、じっくりと証明したいと思う。

2　壁画解読作業❷なぜ北斗八星（七星＋輔星《ほせい》）は描かれていなかったのか？

（1）高松塚の天文図に、北斗八星が描かれていないことの不思議

北極星が描かれている場合は、通常、ペアとして北斗七星（八星）が描かれる。北斗八星とは、北斗七星に輔星《ほせい》（アルコル）を加えた場合をいう。北斗八星と解することで、高松塚古墳の呪術は解読される。

高松塚古墳の天文図には、多くの星が描かれている。

なのに、北斗七星（八星）が描かれていないのは、きわめて異常、と言わざるをえない。

これほど不思議な事例に、高松塚探究者は、何も反応を示していない。

しかし、私の勉強不足を棚に上げ論ずるのは礼を欠くことであるが、そのような前例はないであろう、

と断言できるのだ。ならば、そこに何らかの特別な意味を含んでいた、と考えるのが常道、というものであろう。

1）北斗七星を描いていないこと――大問題ではないのか？

私の知る限り、この件に関して、正面から論考したのは、吉野裕子《よしのひろこ》氏だけである。

有坂隆道《ありさかたかみち》氏は、「北斗七星は政治的解釈では天帝の乗る車を意味するにすぎないから、その有無にはこだわる必要はない」、と述べている。

詳しくは、次の通り。

また、中央部（紫微垣《しびえん》）に北斗七星がありますが、北斗七星は天文学上、占星術《せんせいじゅつ》上ないし信仰上とくに重要な星で、およそ星を描く場合にはまっ先に描かれるといってよいほどのものです。ただし、私の申します政治的解釈では天帝の乗る車を意味するにすぎませんから、高松塚の場合のように描いていなくてもかまわないと思います。むしろ、高松塚の場合は北斗七星がないから、政治的象徴と解すべきだという私の論拠の一つとなったわけです。とにかく、今の場合、その有無にこだわる必要はありません。ここで問題なのは、天の中心である天極部の表現です。

（『古代史を解く鍵』有坂隆道・講談社）

確かに天極部が問題である。それは天帝（天皇）を表現している、という意味において。でも、それでは、そこで思考停止となってしまう。

北斗七星は、どういう解釈であれ、「天帝の乗る車を意味するにすぎません」と突っぱねられたら、高松塚古墳の真実は、見えてこない。

私の説にとっては、「天帝の乗る車を意味する」ことこそが、最重要なのである。

私は、北斗七星（八星）を描かなかった、その呪術的な意味こそが、高松塚の本義を表現している、と確信している。

このようなことは、吉野裕子《ひろこ》氏を除いて、誰も述べていない。

2）伊勢神宮の呪術、そして皇極《こうぎょく》・斉明《さいめい》の天皇号からして、北斗八星が描かれていないのは大問題である

私は、先述のように伊勢神宮の呪術的グランドデザインを、発見した。

その伊勢神宮の呪術は、天地に北極星（天照大神・天皇）と北斗八星（豊受大神《とようけのおおかみ》）を、描いている。

また、内宮《ないくう》を北極星、外宮《げくう》を北斗八星としている。

このような伊勢神宮の呪術を施《ほどこ》していた当時の状況を鑑《かんが》みるならば、多くの星座が描かれた天文図に、北斗八星を描かないことは、普通、ありえないことであろう。ましてや、高松塚古墳壁画は、伊勢神宮の呪術（天武天皇が施《ほどこ》した呪術）を採用しているのである。

描かれなかったことは、それなりに特別な意味がある、と思わざるをえない。

後ほど詳しく述べるが、結果は、まさにその通りであった。

さらに、前述しているが、皇極《こうぎょく》・斉明《さいめい》の天皇諡号《しごう》を、思い出していただきたい。

皇極天皇は、重祚《ちょうそ》して斉明《さいめい》天皇になった。

なんと、皇極は北極星、斉明は北斗八星（七星）を、意味しているのである。

皇極《こうぎょく》（北極星）天皇と斉明《さいめい》（北斗八星）天皇の諡号《しごう》の意味を考慮するならば、北極星と北斗八星は、当時（皇極天皇在位６４２―６４５、斉明天皇在位６５５―６６１）から、ペアであることが重要視されていたことが、理解できる。

よって、高松塚古墳に北斗八星（七星）が描かれていなかったことを問題とせず、スルーしてよし、とする論は、天皇に対する当時の世相状況を無視した、乱暴な論ともいえるのだ。

（２）北斗七星を描いていないこと――その重大な意味

「なぜ北斗七星（八星）が描かれていなかったのか」の件について、私は、ただ一人と言っても過言ではないと思うが、解明することができた、と思う。

ただし、吉野裕子《ひろこ》氏のヒントがあったればこそ、である。吉野氏の説を紹介しよう。

１）吉野裕子《ひろこ》説

北極星（天帝・天皇）は、輔弼《ほひつ》の意味としての北斗七星を、必要とする。

北斗七星は、太極としての北極星の周りを、一日に一周する。一年で、その柄杓《ひしゃく》の柄《え》は、十二方位を指す。したがって、北斗七星は、絶対に止まらない天の大時計、なのである。

吉野裕子氏は、次のように述べている。（『持統天皇』吉野裕子・人文書院）

※吉野氏は、伊勢神宮のときの解釈と同様、私と違って、北斗七星として捉《とら》えている（私は北斗八星）。

> 中国古代哲学は天帝を北極星になぞらえられるから、この動けない天帝は、その周りを規則正しく回転する北斗七星をその輔弼《ほひつ》として絶対に必要とする。日本の天皇はこの天帝に重ね合わされているから、北斗七星に象《かたど》られた墓は太子の墓として最もふさわしい。

いずれにしてもこの墓の主は、北斗七星の車に乗り得るほどの高位の人、天皇、もしくはそれに準ずる人でなければならない。草壁皇子《くさかべのみこ》はこの世で既に皇太子といっても、並の太子ではなく、天皇の称号を追贈されている。しかも、母の持統天皇はこの皇太子の来世のために、呪術の限りをつくした。北斗七星の車は天井の壁画からは隠されているが、実は墓そのものが北斗七星なのであろう。

この八人の婦人がもし北斗の精であるならば、この墓はまさに北斗の車そのものである。

このように吉野裕子氏は、〈高松塚古墳に、北斗七星が描かれていないのは、墓そのものを北斗七星としているからである〉と述べている。

卓見《たっけん》である!! 私は、吉野裕子氏の閃《ひらめ》きに、諸手《もろて》を挙《あ》げて賛成する!!

ただ、吉野氏は、高松塚古墳そのものを北斗七星に擬《なぞら》えたと述べ、被葬者を北斗七星という帝車《ていしゃ》に乗る人物・草壁皇子《くさかべのみこ》と、推論している。

つまり、

「高松塚=被葬者=北斗七星（帝車）に乗る人物=草壁皇子《くさかべのみこ》」としている。

ならば、吉野氏は、高松塚古墳そのものを北斗七星に擬《なぞら》えたと記しながら、被葬者を北斗七星に乗る人物、としていることから、「高松塚古墳≠北斗七星」と、解釈したことになる。

ここに、吉野氏の矛盾があり、訂正の必要が生じてくる。

前述しているが、帝車《ていしゃ》とは、天帝（北極星）が乗る北斗七星（八星）の車のことをいう。中国の伝承によると、天帝（北極星）は北斗七星（八星）という車に乗り、宇宙を駆《か》け巡《めぐ》る、とされている。

伊勢神宮は、この中国の伝承を採り入れた。

日本においては、天帝=天皇であり、天皇（北極星・内宮）は北斗八星（外宮）という車に乗って、宇宙を駆け巡る、ということになる。

つまり、「天皇専用・北斗八星・自家用車」なのである。

漢代に描かれた帝車図と、伊勢神宮の帝車図を比較してみよう（図3―2）。

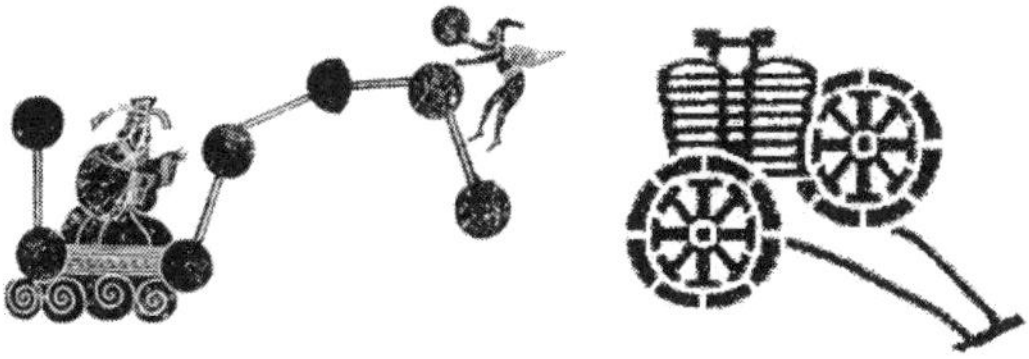

図３－２　漢代・帝車（左）と伊勢神宮・帝車（右）
『日光東照宮の謎』高藤晴俊・講談社現代新書、『易と日本祭祀』吉野裕子・人文書院

伊勢神宮の帝車図は、ご遷宮《せんぐう》の際、門外不出《もんがいふしゅつ》とされていた、み正体《しょうたい》を蔽《おお》う錦《にしき》の刺車紋《さしくるま》（外宮）として、描かれている（現在は見ることが出来る）。

日本風に変更され、天皇（北極星・内宮）の乗る帝車（北斗八星）は、御所車《ごしょぐるま》（牛車《ぎっしゃ》）のデザイン、となっている。

※実際には、天皇は鳳凰《ほうおう》の飾りがついた輿《こし》に乗っていた。遠出の場合は牛車《ぎっしゃ》もあり。

2）畑説の発見

私は、高松塚古墳そのものを北斗八星、とするならば、

「高松塚古墳＝被葬者＝北斗八星＝帝車《ていしゃ》」

としなければならない、と思う。

私は、「高松塚古墳＝北斗八星」と解釈することが、高松塚古墳壁画の呪術解明の基本である、と思う。このように解釈することによって、高松塚古墳壁画のすべての呪術（暗号）の謎が、瞬時に解ける。

高松塚の被葬者が北斗八星で帝車《ていしゃ》となれば、被葬者は北極星（天皇）を輔弼《ほひつ》する人物ということになる。ならば、天皇（北極星）を、北斗八星となって輔弼《ほひつ》する人物とは？　被葬者捜しの第一歩が、始まることとなる。じっくりと、解読作業を進めていきたいと思う。

これまで述べた、高松塚古墳と北斗八星の関係を、二つの図にしてみた。

①「高松塚古墳＝北斗八星＝被葬者」のグランドデザイン図（図３—３）

北斗八星が描かれていないのは、高松塚古墳全体を、北斗八星としたからなのだ。これが、高松塚古墳の基本呪術なのである。

②「高松塚古墳＝北斗八星＝被葬者＝帝車」のグランドデザイン図（図３—４）

北極星（天帝・天皇）は、北斗八星（帝車）を必要とする。その様子を、漢時代の画像石の拓本《たくほん》（図２—25参照）を利用して描いてみよう。

北斗八星（被葬者）が、天皇（北極星・天帝）を乗せて、宇宙を駆《か》け巡《めぐ》るというイメージが湧《わ》いてくる。

私が、即座に、高松塚古墳壁画の呪術を解いてしまった、というのはこのことなのである（ただし、被葬者・石上麻呂《いそのかみのまろ》の名前が分かったのは、先学の貴重な研究データによる）。

高松塚古墳には、伊勢神宮と同様な「太極（北極星）・八卦《はっか》（北斗八星）」の呪術が、施《ほどこ》されていたのだ。読者の皆さんも、閃《ひらめ》いたことであろう。

さらなる考察の前に、ぜひとも、中国、朝鮮半島における、北斗七星（八星）の事例について記しておきたい。

なぜ、北斗七星（八星）が描かれていなかったのか。この疑問を簡単に無視されてしまっている状況

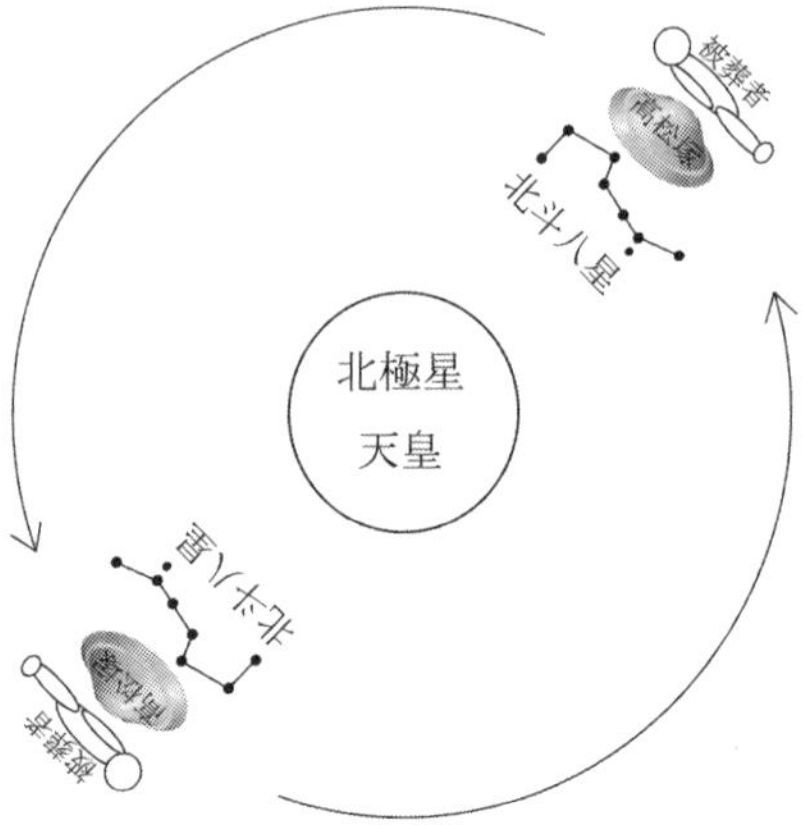

図3－3　高松塚・北斗八星・グランドデザイン

高松塚(北斗八星)と北極星

高松塚北斗八星帝車

＝

天皇を輔弼《ほひつ》する人物

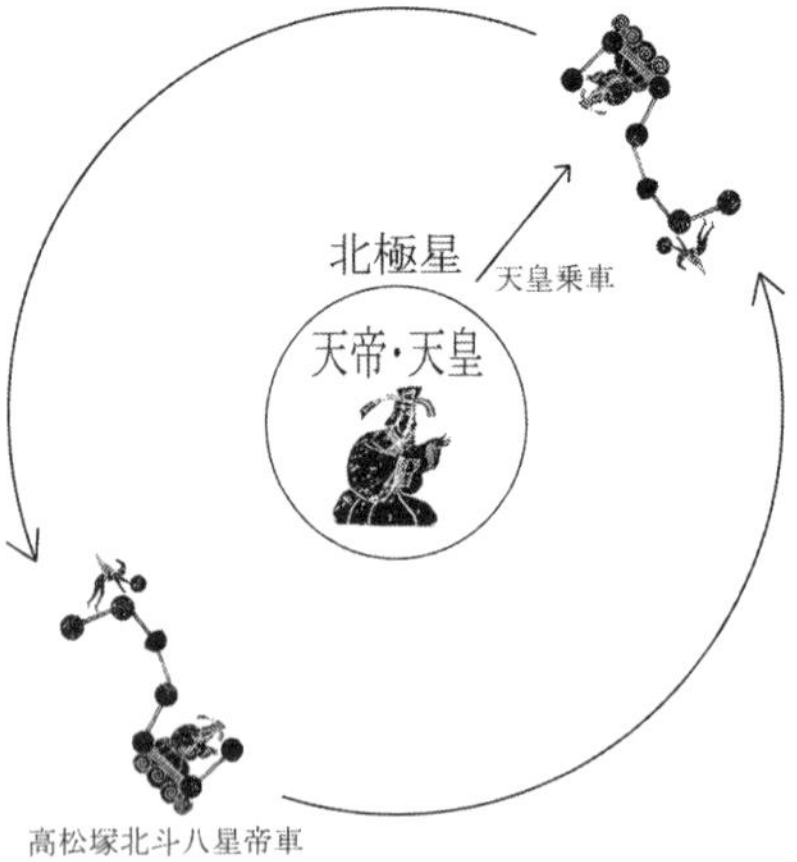

図3－4　高松塚・北斗八星帝車・グランドデザイン

に対する、反論的な事例説明でもある。

（3）北斗七星（八星）の存在事例

北斗七星（八星）が、いかに大切にされ描かれていたかを、過去の事例をとりあげ、お知らせしたい。北斗七星（八星）が描かれていないことを、軽く見られては、たまったものではない、という私の心境からである。

前述しているように、天武天皇は、「親《みづか》ら式《ちく》を秉《と》りて、占《うらな》ひて曰《のたま》はく」と『日本書紀』に記されている。式（ちく）には、北斗七星が中央に大きく描かれていたことを、思い出していただきたい（図3―1）。

このように、北斗七星は、重要な意味を持っていた。これから、北斗七星（八星）がいかに重要視されていたのか、の事例を述べることとする。

1）高松塚古墳天文図とキトラ古墳天文図

高松塚古墳壁画に描かれていた天文図は、次の通り（図3―5の灰色の星）。

天皇（天帝）親族と臣下が住んでいる中央の紫微垣《しびえん》には、北極五星と四輔四星《しほよんせい》だけが描かれている。その周りには、二十八宿《しゅく》が描かれている（相当数の星が剥落《はくらく》している）。

この紫微垣《しびえん》と二十八宿との間は、スペースが空けられている。本来ならば、ここに、北斗八星が描かれているべきである。

北斗八星が描かれていなかったのは、「高松塚古墳そのものを北斗八星」と、意味付けしていたからである。この重大な呪術は、既に述べている。

試しに、北斗八星の位置を、当てはめてみよう。次のように、描ける。充分なスペースがあり、描けることが分かる（図3―5）。

キトラ古墳の天文図（図6―18）を、参照してほしい。紫微垣《しびえん》内（図3―6）には、多くの星が描かれている。ここには、はっきりと、北斗八星（七星）が描かれている。

キトラ古墳の天文図には、北斗七星に輔星《ほせい》が加わり、北斗八星として描かれている。このことは、高松塚古墳の天文図には、あえて描かれていなかった北斗七星も、輔星を加えて北斗八星であった可能性を、示している。

北極星が描かれていたら、そのペアである北斗七星（八星）は、描かれていなければならない、のである。

2）高句麗《こうくり》古墳壁画に描かれている、北斗七星を見てみよう

高松塚古墳が発掘された当時は、盛んに高句麗《こうくり》古墳壁画の影響が、述べられていた。しかし、直接的な影響は考えられず、むしろ、中国古墳壁画からの影響を考慮すべきである。

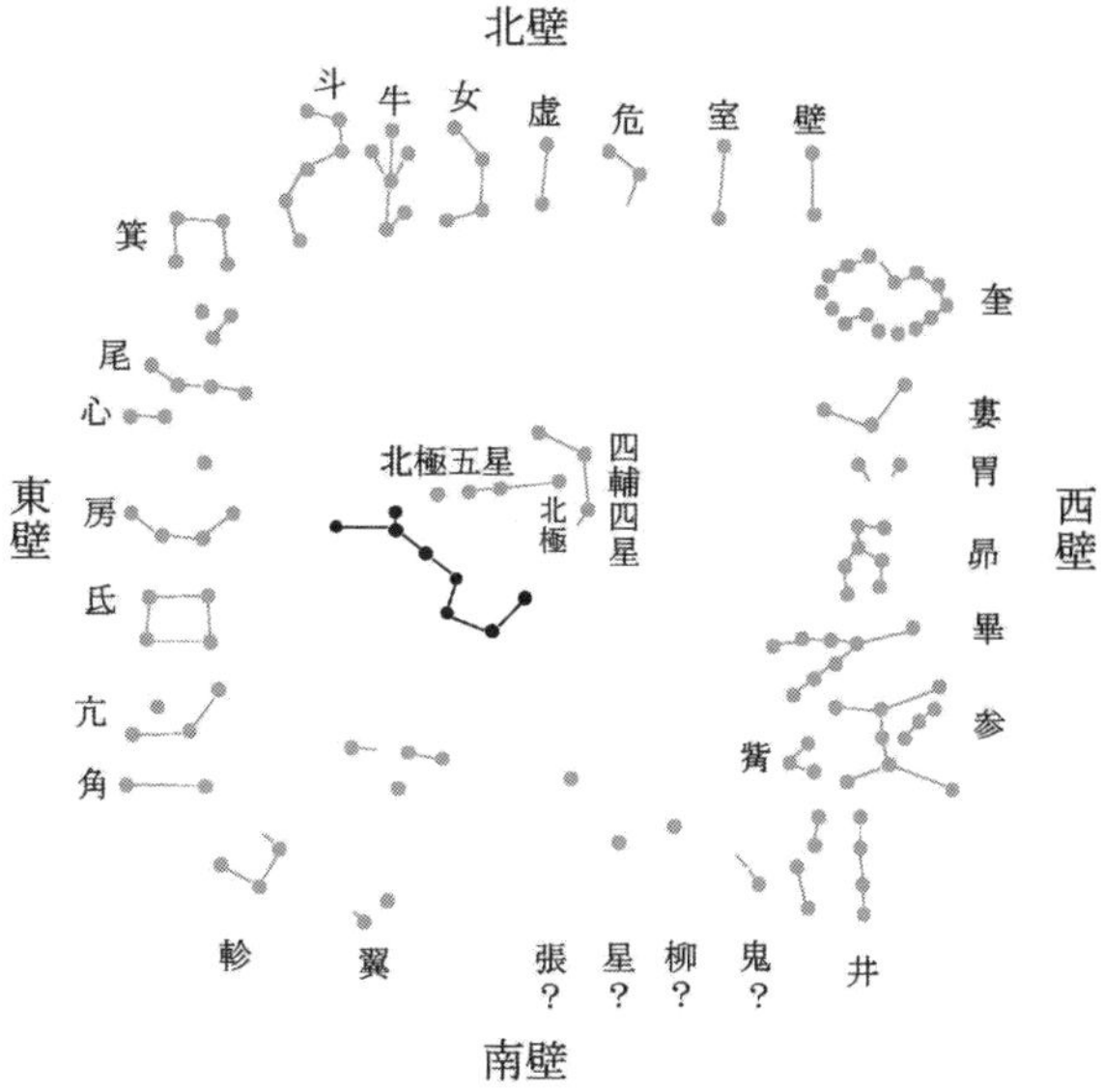

図３－５　高松塚・北斗八星位置想像図
『キトラ古墳と壁画』（飛鳥古京顕彰会編集）

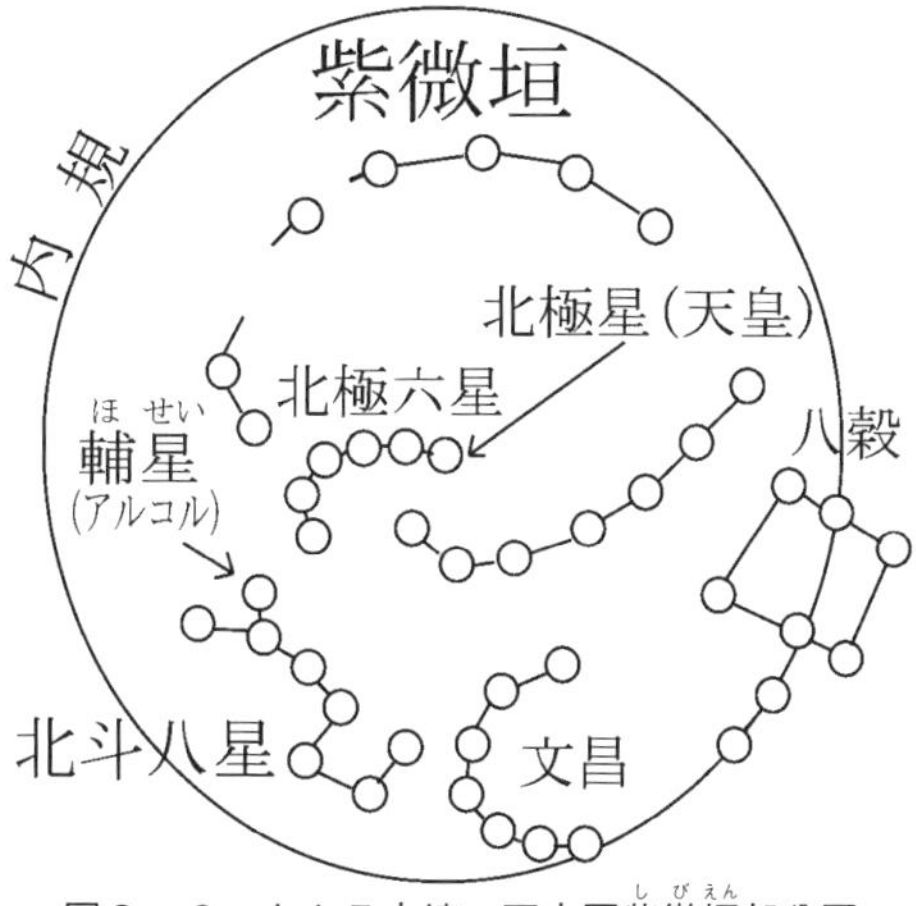

図３－６　キトラ古墳・天文図紫微垣《しびえん》部分図
『高松塚とキトラ』来村多加史・講談社

一室の石槨《せっかく》内に、「天文図（星宿《せいしゅく》図＋日月《じつげつ》図）＋四神図のセット図」が描かれていた例は、中国、朝鮮半島にも存在しない。よって、日本独自の、類《たぐ》い希《まれ》な表現方法である、と思われる。

それはさておき、高句麗の古墳壁画を見てみよう。多くの古墳壁画に、北斗七星が、好んで描かれている。

北極星が描かれていないのに、北斗七星だけは、描かれている場合が多い。この事例を列挙してみることとする。

北斗七星は、舞踏《ぶとう》塚（四世紀末～五世紀初）、角抵《かくてい》塚（四世紀末）、徳花《とっか》里第二号墳（五世紀末～六世紀初）、真坡《しんは》里第四号墳（五世紀末～六世紀初）等々に描かれている。まるで、北斗七星がなくてはならないもののように、描かれている。

真坡《しんは》里第四号墳の天井部星象《せいしょう》図（図３―10）は、多くの星座を並べているだけである。星と星とを繋ぐ線はなく、分かりにくい（掲載している図は、分かりやすくするために、線で繋いである）。

統一した概念で描いたという意図は、希薄と思われる。この中で、北斗七星のみが大きく描かれていて、主のようである。北極星（それに付随する北極五星）も描かれているようであるが、まるで存在感がない。

3）高麗《こうらい》王第二十代神宗《しんそう》陽陵の墓室に描かれていた星辰《せいしん》図

神宗《しんそう》の在位期間は、１１９７年～１２０４年。この星辰《せいしん》図（図３―11）には、二十八宿《しゅく》は描かれているが、

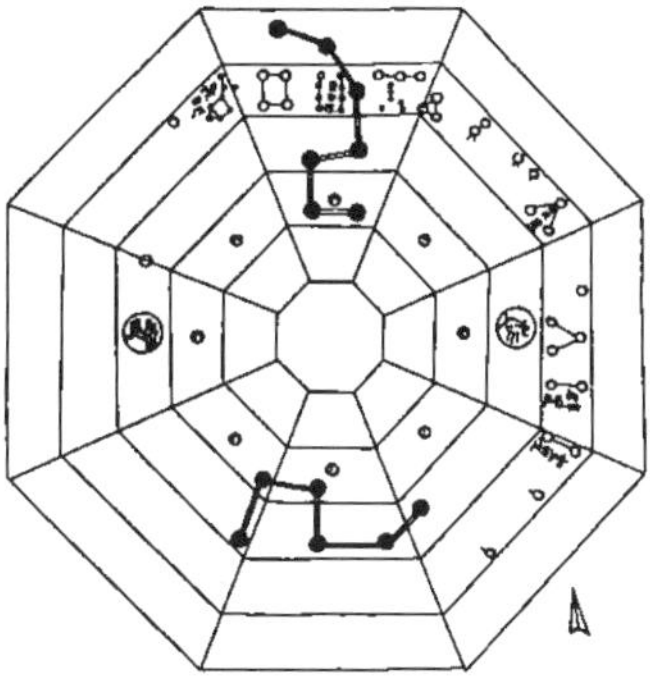

図３－９　徳花里《とっかり》第二号墳天井部星象図

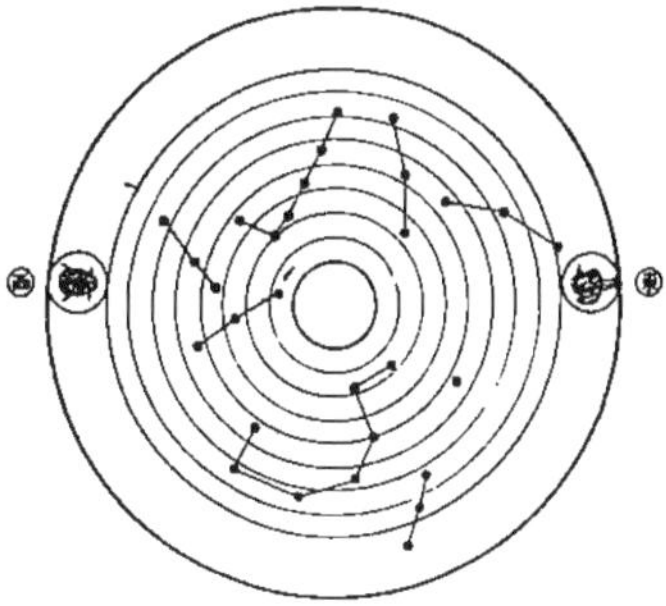

図３－７　舞踏《ぶとう》塚天井部星象《せいしょう》図

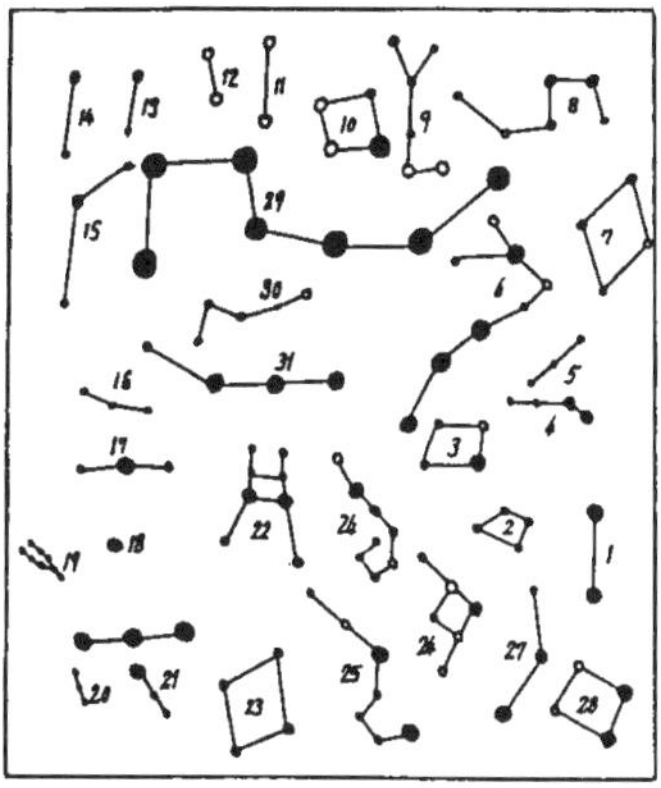

図３－10　真坡里《しんはり》第四号墳天井部星象図

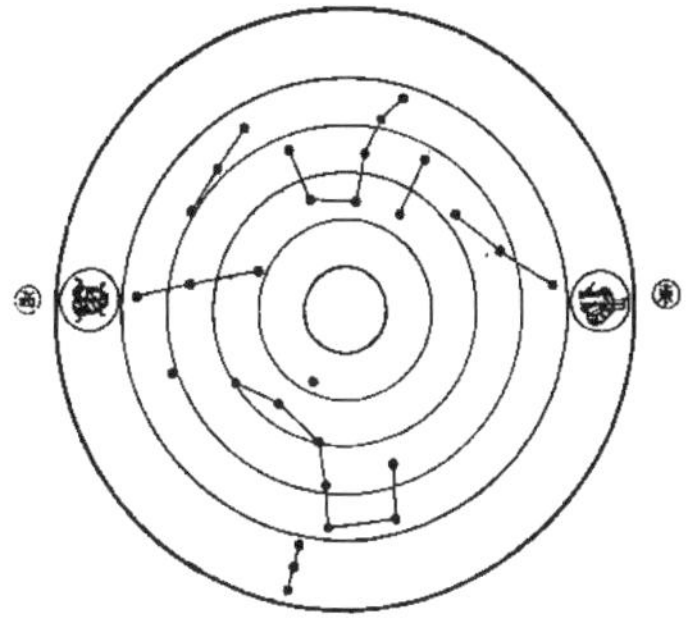

図３－８　角抵《かくてい》塚天井部星象図

『壁画古墳の研究』網干善教・学生社

何と、中央には、北極五星は描かれていなくて、北斗八星だけが描かれている。何とも不思議な感じがする。

北斗七星の第一星の天枢《てんすう》は、北極星と同様に見なされる場合もあるから、北極五星に代えたということも考えられると、網干《あぼし》氏は述べている。

私の見解は、高麗王は皇帝の制でないため、北極星は描かれなかった、と推測する。
※日像《じつぞう》が描かれていて、月像《がつぞう》が描かれていないのは不思議である。剥落《はくらく》していた?

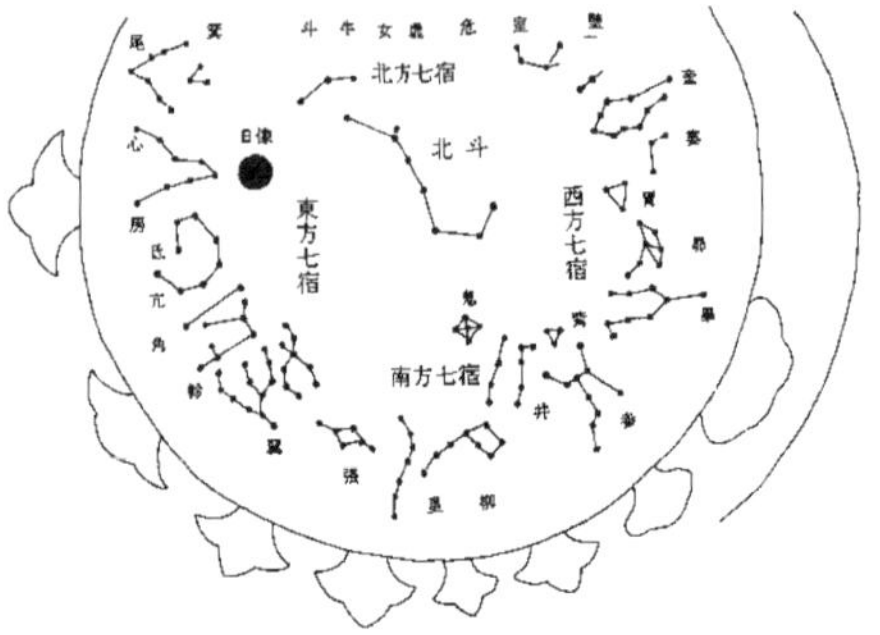

図３－11　高麗《こうらい》王第二十代神宗《しんそう》陽陵星辰《せいしん》図
『壁画古墳の研究』網干善教・学生社

4）中国の天文図と鏡を見てみよう

中国の天文図と天象鏡《てんしょう》を見てみよう。興味深い、星宿図《せいしゅく》と天象鏡《てんしょう》が、存在している。

①南宋淳祐《じゅんゆう》天文図

南宋淳祐《じゅんゆう》天文図（図３―12、図３―13）は、淳祐七年（１２４７年）に石刻《せっこく》されたもの。１４３４星を刻んだ詳細な星図である。現在、最古の天文学的星図である、とされる。

中央の円内の紫微垣《しびえん》は、天帝と天子一家、およびその政府関係者を象徴している場所である。

この紫微垣《しびえん》内には、北極五星《ほっきょくごせい》と北斗八星が描かれている。つまり、北斗七星には、輔星《ほせい》も描かれている。

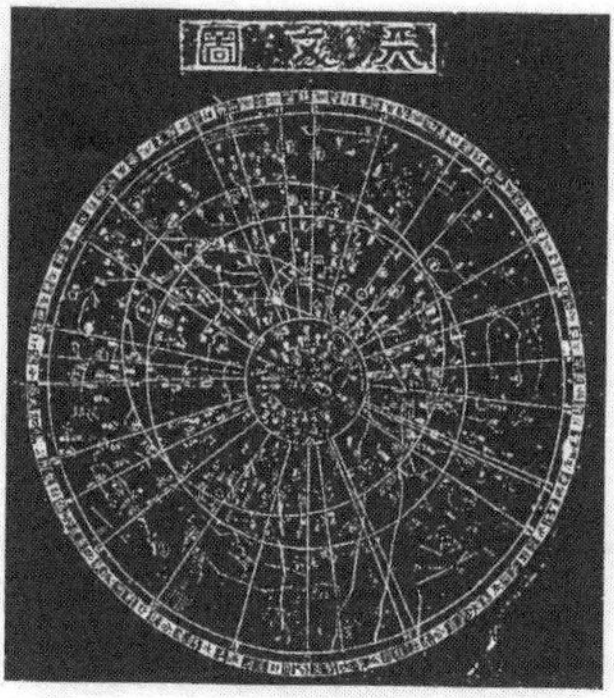

図３―12　南宋淳祐《じゅんゆう》天文図拓影
『壁画古墳の研究』・網干善教・学生社

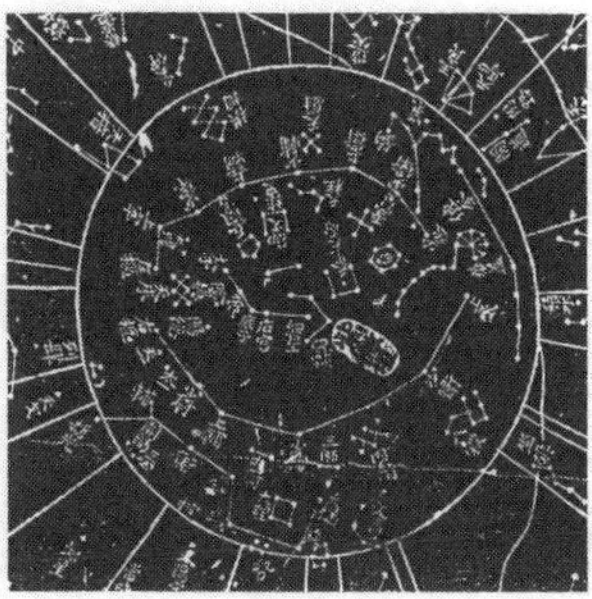

図３―13　南宋淳祐《じゅんゆう》天文図紫微垣《しびえん》
『壁画古墳の研究』・網干善教・学生社

北朝鮮国立博物館に展示されている、有名な「天象列次分野之図《てんしょうれつじぶんやのず》」には、もちろん、北斗七星が描かれている。しかし、輔星《ほせい》が描かれているのかどうか、その複写図を見ても分からない。私は、多分、描かれていないと判断した。ならば、北斗八星を描いてあるキトラ古墳は、この「天象列次分野之図《てんしょうれつじぶんやのず》」系の原図は参考にしなかった、と言える。

高松塚古墳は、北斗八星を描かないことで、墓全体を北斗八星とした。八人ずつの男女が、それを証明している。よって、高松塚古墳も、この「天象列次分野之図《てんしょうれつじぶんやのず》」系の原図を参考にしなかった、とも言えるのだ。

②唐代の天象鏡《てんしょうきょう》（浙江《せっこう》省出土）

網干《あぼし》氏は、唐代の天象鏡《てんしょうきょう》（浙江《せっこう》省出土）について、興味深く紹介している（『地下に歴史を掘る』網干善教・共著・朝日新聞社）。

鏡には、「四神・日月《じつげつ》・文字の二十八宿《しゅく》・十干《じっかん》十二支・吉祥名《きっしょうめい》・八卦《はっか》・北斗七星・北極星・二人の人物」が描かれている（図3—14）。ここにおいても、北極星と北斗七星がペアとして表現されている。

網干善教《あぼしよしのり》氏は、この鏡は、高松塚の壁画とそっくりであり驚いた、と述べている。ただ、違うのは、人物は高松塚の16人にくらべ2人である、と。

まさに、その通り。この天象鏡《てんしょうきょう》に描かれている呪術は、当時（唐・飛鳥奈良時代）の呪術を網羅《もうら》している、と思われる。

高松塚古墳に施《ほどこ》されている呪術も、そしてキトラ古墳に施されている呪術も、この天象《てんしょう》鏡に描かれている呪術の中に含まれる。当時の呪術を具体的に探究しないで、高松塚古墳とキトラ古墳を語ることは出来ないのだ。

私は、この天象鏡を別な視点で見たい、と思う。やはり、ここにも、北極星と北斗七星が、ペアとして描かれている。ならば、なぜ、高松塚古墳の場合、北極星と北斗七星（八星）はペアで描かれなかったのであろうか？　と疑問を持つのは当然なことなのだ。

※網干《あぼし》氏は、ここではこの件について、なぜか言及していない。

図３－14　中国浙江省出土・唐代天象《てんしょう》鏡
『地下に歴史を掘る－日本の考古学100年』
網干善教・共著・朝日新聞社
（『考古』1976年第4期による）

③呉越《ごえつ》国の星象《せいしょう》図

呉越国文穆《ぶんぼく》王銭元瓘《せんげんかん》墓に、星象《せいしょう》図が存在する（図3―15）。有坂隆道氏はこの図を見て、思わずバンザイを叫んだという。

私には、その気持ちが充分に分かる。私も遅まきながら、バンザイを叫びたい。この星象《せいしょう》図が、「高松塚古墳天文図・キトラ古墳天文図」と、そっくりだからである。

呉越国は、十世紀の五代十国のうちの一国。揚子江《ようすこう》下流の浙江《せっこう》省を中心に建国。杭州に都をたてた。942年陵墓が築造された。この墓の中に、星象《せいしょう》図が描かれていた。

また、呉越国文穆《ぶんぼく》王銭元瓘《せんげんかん》の妃である呉漢月の墓（図3―16）は、925年に築造された。

呉越国王は、地方政権にもかかわらず、中国伝統の天子の制を採用していた、ことになる。この両古墳の壁画の星象《せいしょう》図は、高松塚古墳より約200年も新しいが、高松塚古墳・キトラ古墳の天文図と似ており、大変、参考になる。

まず、両図を見ていただきたい。

この両天文図であるが、被葬者は国王と妃なのに、天子の制（皇帝）を表現している図である、ということが分かる。

北極五星（北極・后・庶子・帝・太子）、北斗八星、そして二十八宿が描かれているからである。

※高松塚古墳とキトラ古墳には、一つの石槨《せっかく》内に日月図《じつげつ》と四神図《しじん》が加わっているのであるから、完璧に天皇（天帝）そのものを描いている、と断定できる。

この呉越国王の墓と妃《きさき》の墓には、北斗八星が描かれている。

キトラ古墳の北斗七星にも輔星《ほせい》が加えてあり、北斗八星となっている。

この図を見たのちでも、なお、高松塚古墳の天文図に北斗七星（八星）が描かれていないのは、不思

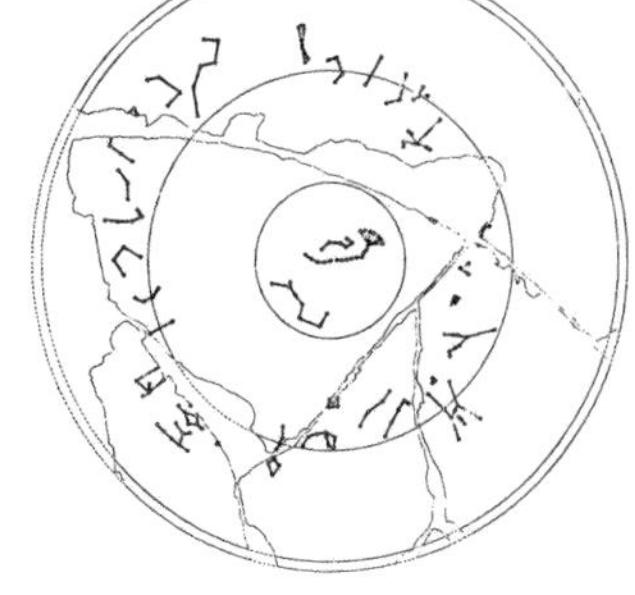

図３－15　呉越国王銭元瓘《せんげんかん》墓の石刻星象図
『壁画古墳の研究』網干善教・学生社

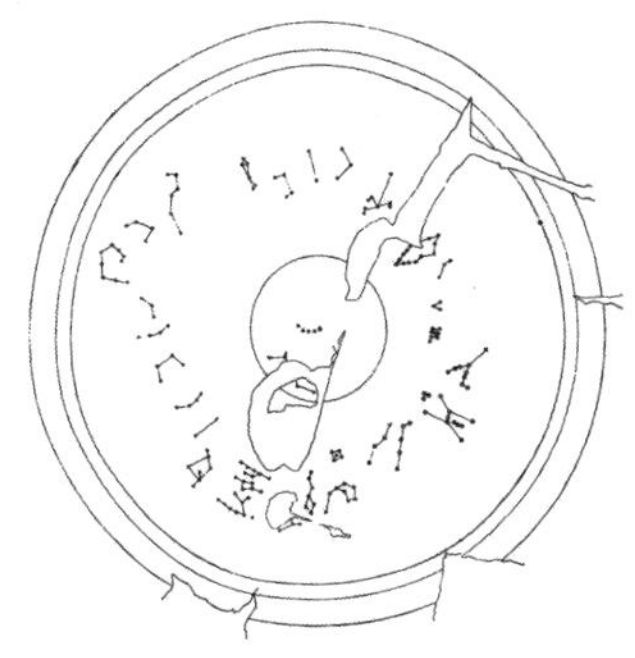

図３－16　呉越国王銭元瓘《せんげんかん》妃の石刻星象図
『壁画古墳の研究』網干善教・学生社

議ではない、といえるのであろうか？

5）北斗八星の重要性

これまで、壁画（古墳）に描かれた、北斗七星（八星）の事例を見てきた。このことにより、北斗七星（八星）の重要性を、分かっていただけたと思う。

なのに、高松塚古墳の天文図に北斗七星（八星）が描かれていないことに対して、ほとんど誰もが、疑問を呈していない（吉野裕子氏は言及している）。

私は、これが不思議でならない。

網干善教《あぼしよしのり》氏も、北斗七星（八星）については、八人ずつの男女ほど、疑問を呈していない。

私は、ただただ、大きなため息を、つくほかない。

高松塚古墳の場合、北斗八星（七星）を描くスペースが充分にあるのに、なぜか描かれていない。スペースが充分あるのは、まるで、描かなかったことを、強調しているかのようでもある。

石槨《せっかく》内全体を見れば、ホワイトスペースだらけだ。

ならば、つまり、ホワイトスペースは、「描かれていない北斗八星＝高松塚古墳全体」を表現している、とも推測できる。

高松塚古墳壁画は、天皇図・「天文図（星宿図《せいしゅく》＋日月図《じつげつ》）＋四神図のセット図」と、八人ずつの男女を、描いているのみである。余分なものは、一切描いていない。このような例は、中国、朝鮮半島にもない。

キトラ古墳も、同様である。それは、言いたいことだけをはっきりと述べる、という姿勢であろう。

以上、長々と北斗七星（八星）にこだわって、記してきた。北斗七星（八星）が描かれていなかったのは、尋常《じんじょう》でないことを、知っていただきたかったからである。単に、描き忘れたのでは？　なんてことは、もちろん、口にすべきことでは、ない。

3　壁画解読作業❸なぜ八人ずつの男女が描かれているのか？

（1）吉野裕子《ひろこ》氏の卓見《たっけん》――八人ずつの男女の意味

なぜ八人ずつの男女が、描かれているのか？　なぜ、五人ずつ、七人ずつの男女ではないのか？

高松塚古墳発掘者の一人であった、網干善教《あぼしよしのり》氏は、三十数年この問題を考えてきたが、どうしても、分からなかった、と嘆いていた。将来においても、解けることはないだろうとまで、悲観していた。高松塚古墳の探究者は、なぜ八人ずつの男女が描かれていたのか、の問題については、全くのスルーと言ってもよい。

ただ、吉野裕子《ひろこ》氏のみが、八人の女性は、北斗の精《せい》を意味して、北斗の車を表現している、と推測している。つまり、八人の女性は、北斗七星の精であり、帝車《ていしゃ》（天帝を乗せる車）を意味している、と述べている。

まさに、慧眼《けいがん》である!! この閃《ひらめ》きには、感服するほかない!!

ただ、男の八人については、言及していない。

吉野氏が述べているように、壁画に描かれた八人の女性は、北斗の精《せい》としての八天女であろう。あるいは、北斗の精として奉仕する「八乙女《やおとめ》」ではなかろうか。

では、男子像も八人であるが、このことはどのように解釈したらよいのだろうか。吉野氏は、この件については、述べていない。

(2) 男女八人ずつの解釈

八人ずつの男女については、「吉野の盟《ちかい》」と「伊勢神宮の八天女」が、参考になる。

天武天皇は、八人に関心を持っていた。天武天皇は、わざわざ身内の八人を吉野に呼び集め(679年)、「吉野の盟《ちかい》」をたてさせたのだ。それは、兄弟仲良くやってくれ、との天武天皇の願いでもあった。

八人を集めることにより、八仙《はっせん》になぞらえたのである(福永光司《みつじ》・説)。

※吉野の盟《ちかい》の八人……天武天皇・鸕野讃良《うののさらら》皇后(後の持統《じとう》天皇)・草壁皇子尊《くさかべのみこのみこと》・大津皇子《おおつのみこ》・高市皇子《たけちのみこ》・河嶋皇子《かわしまのみこ》・忍壁皇子《おさかべのみこ》・芝基皇子《しきのみこ》

※八仙は男七人と女一人。

また、伊勢神宮の豊受大神《とようけのおおかみ》は、八天女の一人として迎えられた。この八天女の伝承を、伊勢神宮において、より発展させ確定させたのは、天武天皇である。このような当時の背景からも、男女八人ずつが描かれた高松塚古墳壁画は、八天女（あるいは八乙女《やおとめ》）と八仙（あるいは八男《やおとこ》）であろう、と思われる。

もちろん、八乙女、八男《やおとこ》は、八天女と八仙ではないが、そのように擬《なぞら》えられていたのだ。

※高松塚の場合、男だけの八仙（男装した女性が一人か二人いる、との説もある）。

八天女（八乙女）、八仙（八男）であるからして、八州《やしま》をも表現している。

それは、八州《やしま》のそれぞれの州《くに》の代表が集まって奉仕する八人ずつの男女、という意味を持つからである。

八人ずつの男女は、陰陽《いんよう》を表現していて、陰陽の北斗八星、陰陽の帝車をも意味している。いやいや、八人ずつの男女に擬《なぞら》えられているすべてが、陰陽を表現していることになる。次のように言える。

八人ずつの男女＝北斗の精（陰陽）＝八乙女《やおとめ》（八天女）・八男《やおとこ》（八仙）

＝八州《やしま》（陰陽）＝北斗八星（陰陽）＝帝車（陰陽）

※八男《やおとこ》……大嘗祭《だいじょうさい》・新嘗祭《にいなめさい》・神今食祭《じんこんじき》などの、天皇が皇祖神および天神地祇《てんじんちぎ》に飯を供しみずからも食する神事に、八少女《やおとめ》とともに神祇官《じんぎかん》の卜定《ぼくじょう》によって奉仕した八人の男。（『日本国語大辞典』小学館）

(3)八人ずつの男女と伊勢神宮の呪術

北斗八星が描かれていないのは、描かないことで高松塚古墳そのものを北斗八星としたからだ、ということは前述している。そして、「高松塚古墳＝被葬者＝北斗八星＝帝車《ていしゃ》」であることを、既に記している。

これに、八人ずつの男女を加えてみよう。

高松塚古墳＝被葬者＝北斗八星＝帝車《ていしゃ》
＝八人ずつの男女＝北斗の精《せい》
＝八乙女《やおとめ》（八天女）・八男《やおとこ》（八仙）＝八州《やしま》

「北斗八星と八人の女性（八人ずつの男女）」――覚えていて、くれたであろうか。そうである、伊勢神宮の呪術的グランドデザインと、同じである。

伊勢神宮の場合は、「北斗八星＝八天女（豊受大神《とようけのおおかみ》）＝外宮《げくう》」であった。
高松塚古墳の場合は、「北斗八星＝八人ずつの男女＝高松塚古墳」である。

北斗八星は、中心軸の北極星を必要とする。北極星は、北斗八星を輔弼《ほひつ》として必要とする。ならば、高松塚古墳も、伊勢神宮と同様に、「太極（北極星）八卦《はっか》（北斗八星）」の呪術であることが、推測できる。よって、「北斗八星＝八人ずつの男女」には、「八卦《はっか》」が配されている。

高松塚古墳の呪術は、伊勢神宮、日光東照宮、そして八角形天皇陵の呪術的グランドデザインと同様と考えられるから、やはり、「八卦」も配されている、と見るべきであろう。

そして、北極星には、太極が配される、こととなる。となると、高松塚古墳の呪術は、次のようにいえる。

高松塚古墳＝被葬者＝北斗八星＝帝車
＝八人ずつの男女＝北斗の精《せい》
＝八乙女《やおとめ》（八天女）・八男《やおとこ》（八仙）＝八州《やしま》
＝八卦《はっか》

（４）八人ずつの男女と八佾舞《やつらのまい》（はちいつの舞《まい》ともいう）

八佾舞《やつらのまい》については、前述している。中国の雅楽《ががく》に用いられた舞の一つで、八人ずつ八列、即ち六十四人が舞うもの。天子の舞であり、皇帝しか使うことの出来ない舞である。日本においては、この「天子の舞」を「天皇の舞」とした。

『論語』の「八佾《はちいつ》」の記述の中に、大夫《たいふ》の李氏が「八佾《はちいつ》」を舞ったことに対して、孔子《こうし》は大きな怒りを抱《いだ》いた、とある。「八佾《はちいつ》」とは、天子しか使うことの出来ない舞であったからである。
諸侯は「六佾《いつ》」で、六列・8×6＝48人、大夫は「四佾《いつ》」で、四列・8×4＝32人で舞うしきたりであった。8を基準にしていることが分かる。

似た話が、日本にもある。
『日本書紀』の皇極《こうぎょく》紀に、〈蘇我大臣蝦夷《そがのおほおみえみし》、己《おの》が祖廟《おやのまつりや》を葛城《かつらぎ》の高宮に立てて、八佾《やつら》の儛《まひ》をす〉とあり、蘇我氏は非難をあびている。

蘇我《そが》氏は、李氏の真似《まね》をしたのか。当時としても、この『論語』の有名な話を知らぬわけはない。蘇我氏を非難するため、あえて『論語』の記事から借用した、と考えられないでもない。

中国では、九が最も重んじられている。なぜ九佾《いつ》が、最高の舞ではないのか。

この場合の八は、八卦《はっか》の影響であろう。八×八＝六十四卦は『易経《えききょう》』そのものである。すなわち、「八佾舞《やつらのまい》」は、「易経の舞」「易の舞」と言ってもよい。
私見ながら、高松塚の八人ずつの男女は、北斗八星に擬《なぞら》えられ、天に八佾舞《やつらのまい》を演じている、と思われる。「北斗八星＝八人ずつの男女」を描くと、図3—17の通り。

高松塚古墳においては、北極星を中心として、北斗八星（八人ずつの男女）が、八方に配されている。
八方に配されるということは、陰陽《いんよう》それぞれの「八×八＝六十四人」が、天に描かれる、ということに

図３－17　「北斗八星＝八人ずつの男女」

なる。このように、八方に配することによって、さらなる天皇の制が表現される。

高松塚古墳においては、陰陽（男女）それぞれの六十四人が、つまり、陰陽の八佾舞《やつらのまい》が天に描かれている、ということになる。


『易経』は、八卦×八の六十四卦を、解説している書である。

ならば「八佾舞《やつらのまい》」は、「易経《えききょう》の舞」、そして「六十四卦《か》の舞」ともいえる。

つまり、次のように言える。

天の八方に配された八人ずつの男女＝陰陽・北斗六十四星
＝陰陽・八佾舞《やつらのまい》
＝陰陽・易経《えききょう》の舞
＝陰陽・六十四卦《か》の舞
＝天皇の制

壁画に描かれた八人ずつの男女が、天に、陰陽の「八佾舞《やつらのまい》」・「易経《えききょう》の舞」を演じている。

もちろん、高松塚古墳の被葬者・石上麻呂《いそのかみのまろ》も八人ずつの男女（北斗八星）となり、天において陰陽の「八佾舞《やつらのまい》」を舞い、天皇（北極星）に対して言祝《ことほ》いでいるのだ。

北斗八星は、一日に一周する。よって、１２８人の舞が、毎日、演じられている、ということになる。

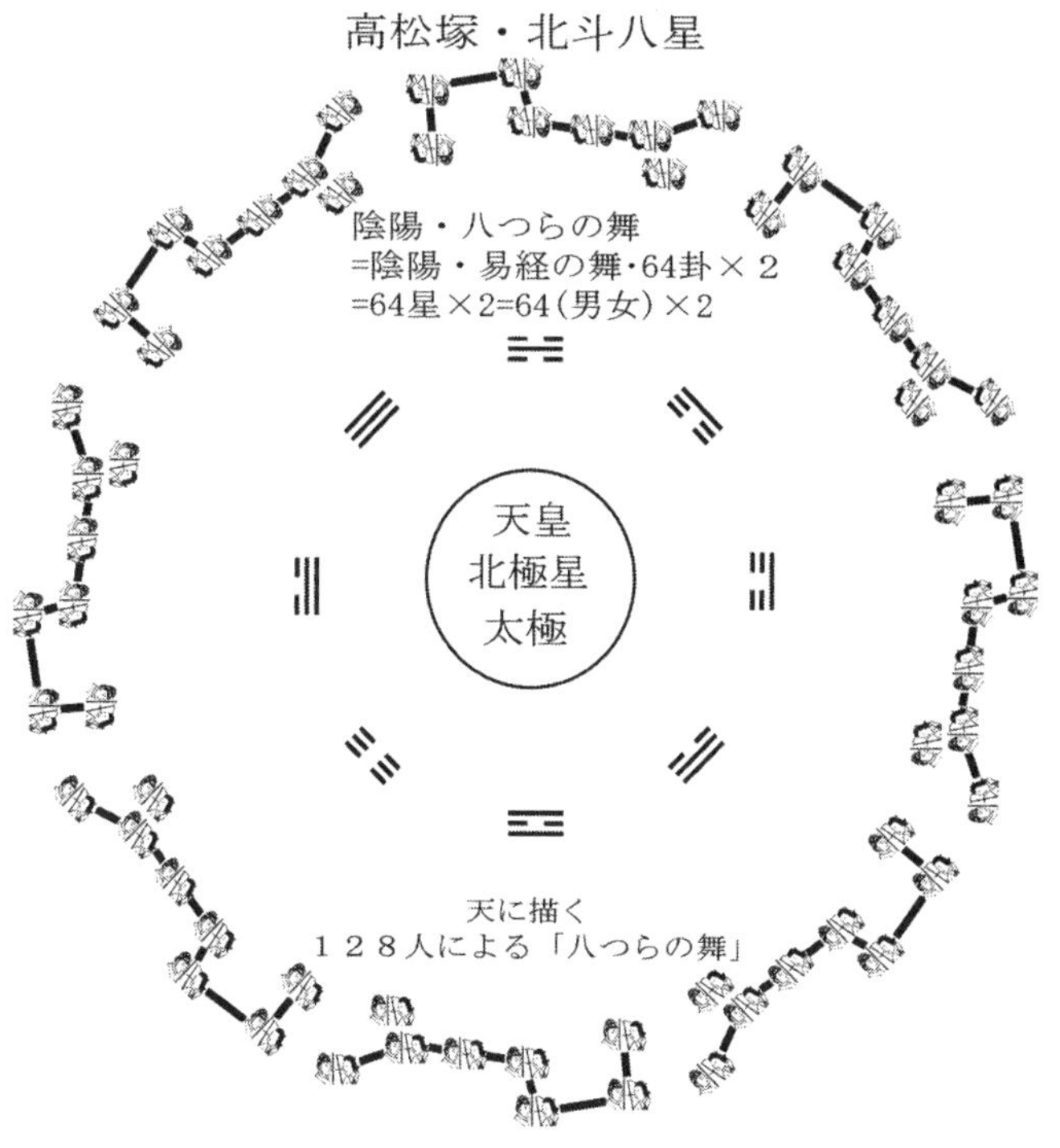

図３－18　天に描く「八佾舞《やつらのまい》」・「易経《えききょう》の舞」

しかも、永遠に。『易経』の本家・中国にもない、日本独自の表現方法であろう。

私は、あまりにも美しすぎる舞に、言葉を失う。図に描くと、次のようになる（図3―18）。

（5）八人ずつの男女と八鸞《はちらん》

天子（皇帝）を象徴する八鸞《はちらん》については、既に二度も記している。

天子が乗る車は、四頭の馬で引き、合計八個の鸞をつけることになる。このことから、八鸞《はちらん》は、天子が乗る馬車を象徴する言葉、となっている。

八鸞をつけた天子が乗る車は、北斗八星の帝車《ていしゃ》に擬《なぞら》えられる。

ならば、八人ずつの男女は、北斗八星として帝車を象徴しているから、次のように言える。

「八人ずつの男女＝高松塚古墳＝北斗八星＝帝車《ていしゃ》＝八鸞《はちらん》」

八人ずつの男女は、それぞれ一つずつの鸞に象徴され、陰陽の北斗八星帝車を構成している。

中国の天子（皇帝）の制を、日本独自の天皇の制として、積極的に採り入れた当時の世相を考慮するならば、このように想定していたと推測できる。

八鸞《はちらん》の鸞は、上向きに取り付ける。次のように描く事が出来る（図3―19）。

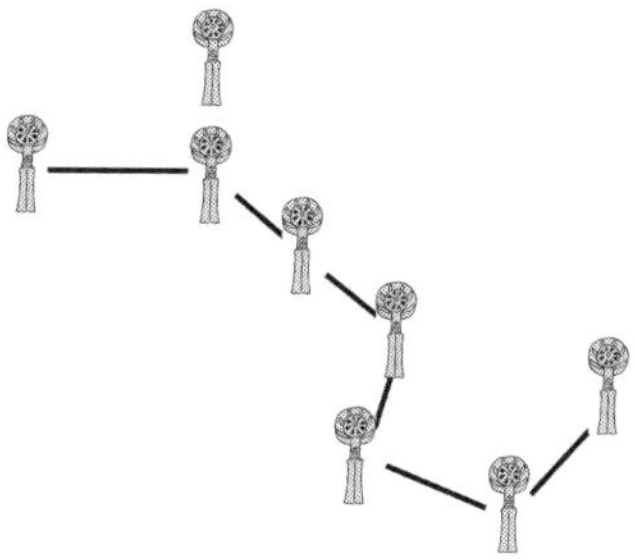

図３－19　「北斗八星＝八鸞《はちらん》」帝車

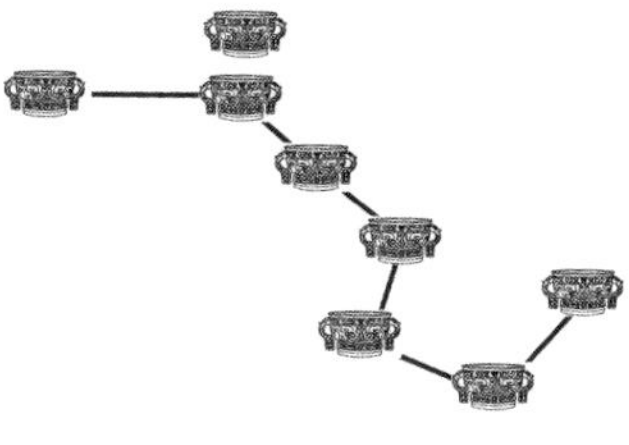

図３－20　「北斗八星＝八簋《はっき》」の図

（6）八人ずつの男女と大匙《おおさじ》（北斗八星）、そして八簋《はっき》

◎大匙《おおさじ》

古代中国の伝承によると、北斗七星（八星）は、形が匙《さじ》に似ていることから、大匙《おおさじ》の意味を持つ。すなわち、北斗八星である大匙《おおさじ》は、升《ます》の中に神饌《しんせん》を入れ、それを北極星（天皇）に届ける、という意味を持つのである。

伊勢神宮においては、神饌《しんせん》は、外宮の豊受大神《とようけのおおかみ》（八天女・北斗八星）を経由して、内宮の天照大神《あまてらすおおみかみ》（北極星）に、捧《ささ》げられている。

高松塚古墳の場合も、この意味を含んでいるのだ。よって、高松塚古墳（北斗八星）は、大匙《おおさじ》として、神饌《しんせん》を天皇（北極星）に届ける役目を担《にな》っている、と考えられる。

伊勢神宮の説明のとき述べたように、神饌《しんせん》は、八束穂《やつかほ》（八州穂《やしまほ》）に代表される。よって、「大匙《おおさじ》（北斗八星）＝八束穂（米）」と言えよう。

◎八簋《はっき》

中国の天子は、祭祀《さいし》をするときは八つの簋《き》、つまり「八簋《はっき》」を使わなければならない。簋《き》とは、酒食で神を祀《まつ》るときに黍稷《しょしょく》（もちきび・うるちきび）を盛るのに使う、円筒形の容器のこと。

よって、「八簺《はっき》」は、天子の制を象徴する。

この件は、既に伊勢神宮の呪術解読のとき、その内容を記している。

私は、「八簺《はっき》」は八つの食器ということで、北斗八星の匙《さじ》と同様な意味を含んでいるのでは、と推測している。

当時の飛鳥・奈良時代においては、中国の天子の制を、天皇の制として積極的に採り入れることが、多かった。ならば、八簺《はっき》も八鑾《はちらん》と同様に、北斗八星に配された。

八人ずつの男女は、匙《さじ》と八簺《はっき》を意味する北斗八星となり、北極星（天皇）に、神饌《しんせん》を届ける、という役目を負《お》っていたのである。すなわち、次のように記すことが出来る。

「高松塚古墳＝八人ずつの男女＝北斗八星＝八簺《はっき》＝大匙《おおさじ》（八束穂《やつかほ》・米）」

さらに、一星を一簺《き》、とすれば「八星＝八簺《はっき》」となり、図３―20のように描くことが出来る。

八人の男女が大匙《おおさじ》・八簺《はっき》として、北極星（天皇）に神饌《しんせん》を捧《ささ》げる図を描くと、図３―21のようになる。

なお、この図においては、被葬者を石上麻呂《いそのかみのまろ》とし、天皇を文武《もんむ》天皇とした。

真の文武天皇の陵は、高松塚古墳近くに位置している中尾山古墳である、と確信している（宮内庁指定とは違う）。

後ほど詳しく述べるが、高松塚古墳（石上麻呂）と中尾山古墳（文武天皇）の関係は、北斗八星と北極星の関係になる。

このことを前提として、このグランドデザインをながめると、高松塚古墳がどのような性格を持ったものか、具体的によく分かる。

(7) 八人ずつの男女と蓋《きぬがさ》の色

壁画には、蓋《きぬがさ》が描かれている。

描かれている蓋《きぬがさ》は、唯一、身分を表している一級の資料である。この蓋《きぬがさ》の色は深緑であり、大宝《たいほう》令《りょう》(701年)においては一位の臣下を示している。

親王(皇子《みこ》)の蓋《きぬがさ》の色は、紫である。私は、この深緑色の蓋《きぬがさ》には、北斗八星(被葬者)に擬《なぞら》えられるに相応《ふさわ》しい蓋《きぬがさ》(一位)であるぞ、という主張が込められている、と思う。蓋《きぬがさ》を持っている人物は、それを知っているかのように、誇らしげに、「垂直」に蓋《きぬがさ》を掲《かか》げている。

被葬者自身が北斗八星(八人ずつの男女)となり、北極星(天皇)を守護出来る資格のある者は、臣下最高位の官僚(一位)しかいない(多分、二番目の臣下官僚では無理であろう)。ならば、高松塚古墳被葬者は、臣下最高位の官僚・従《じゅ》一位を追贈《ついぞう》された左大臣・石上麻呂《いそのかみのまろ》(717年薨去《こうきょ》)しか、存在しないのだ。

この件については、後ほど述べる。ここでは、蓋《きぬがさ》が表現しているグランドデザインを、描いてみよう。

まず、蓋《きぬがさ》の色であるが、養老律令《ようろうりつりょう》(701年制定の大宝令も同様と考えられる)によると、皇太子と親王(皇子《みこ》)は紫で、一位の者は深緑である。

天皇の蓋《きぬがさ》の色も紫と推測されるが、儀制令《ぎせいりょう》の蓋《きぬがさ》条には、皇太子以下が記されていて、天皇のこと

八人ずつの男女＝北斗八星

＝大匙(八束穂・八簋《き》)

＝高松塚古墳

＝被葬者(石上麻呂)

＝八つらの舞

＝帝車(八鸞)

＝八州(日本)

＝八卦

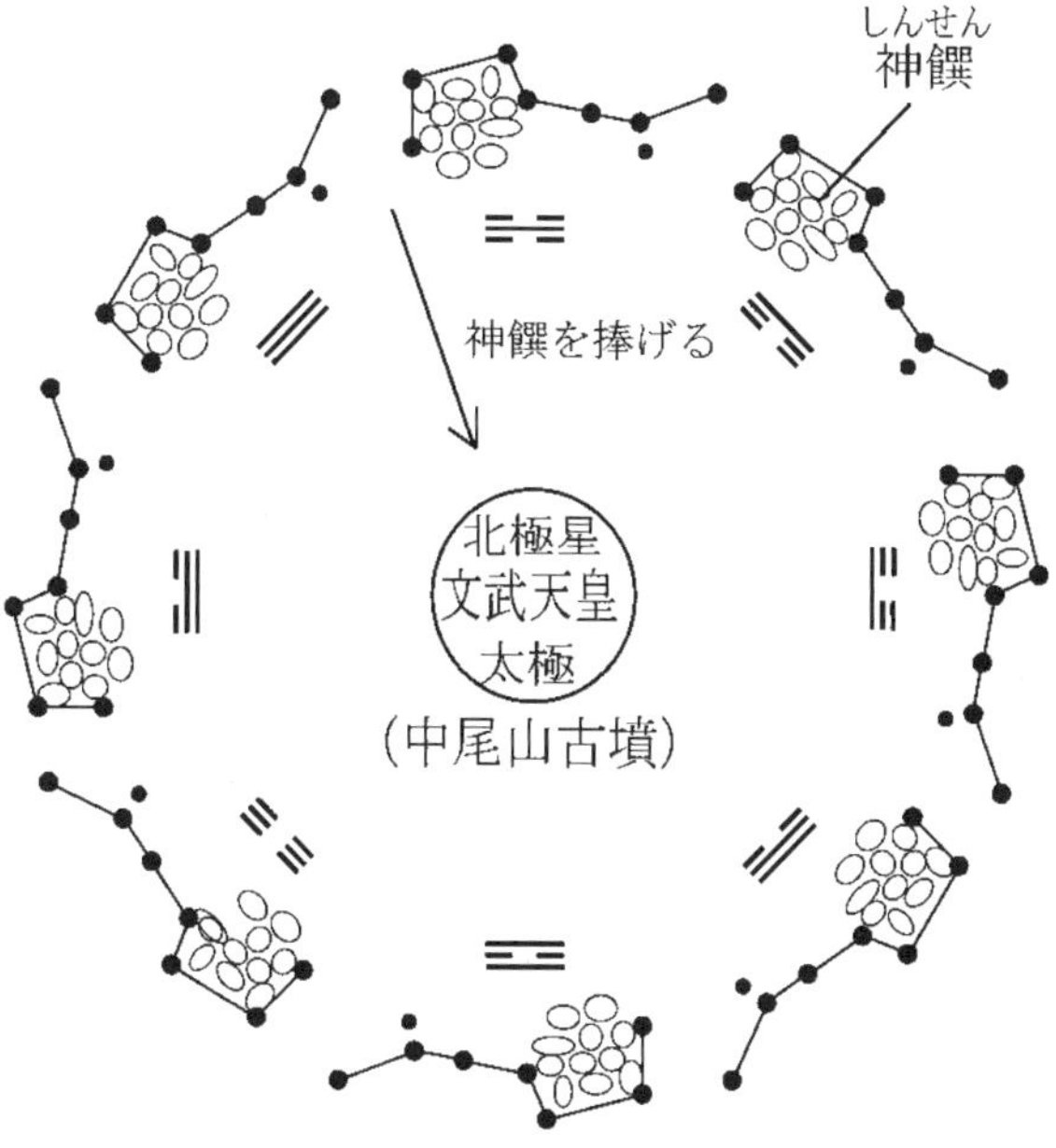

図３－21　高松塚・八人ずつの男女と大匙《おおさじ》グランドデザイン

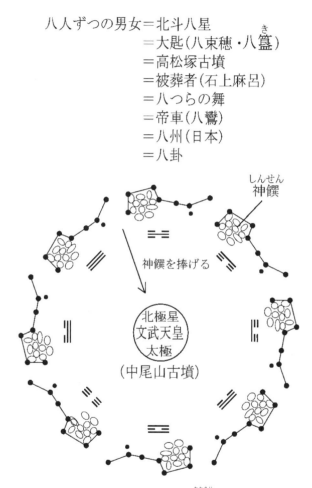

は記されていない。

しかし、天皇を象徴する北極星は、紫が相応《ふさわ》しい。

天皇（北極星・天帝）とその親族、臣下が住むと言われる星座の場所は紫微垣《しびえん》と言われている。その他にも諸事例があり、天皇（北極星）は、紫が適切。

ならば、次のように言える。

北極星（天皇）の色は紫で、北斗八星（石上麻呂《いそのかみのまろ》）の色は、深緑である、と。よって、高松塚古墳の呪術的グランドデザインは、図3―22のように描ける。

※この図においては、天皇を文武《もんむ》天皇とした。蓋《きぬがさ》の白の部分と総《ふさ》の部分が深緑色となる。

高松塚古墳についていえば、我々は、天に描く、「紫色の北極星」と「深緑色の北斗八星」を、眺《なが》めることとなる。

そして、一位の位《くらい》を示している深緑色の蓋《きぬがさ》が、つまり、石上麻呂《いそのかみのまろ》が北斗八星（八人ずつの男女）となり、北極星である天皇（文武）を輔弼《ほひつ》（守護）しているのである。

夜空に描くその姿は、高松塚古墳の、ロマンの一つであろう。

（8）八人ずつの男女と北斗八星が意味しているグランドデザイン図

北斗八星を象徴している八人ずつの男女は、多くの意味を持っている。

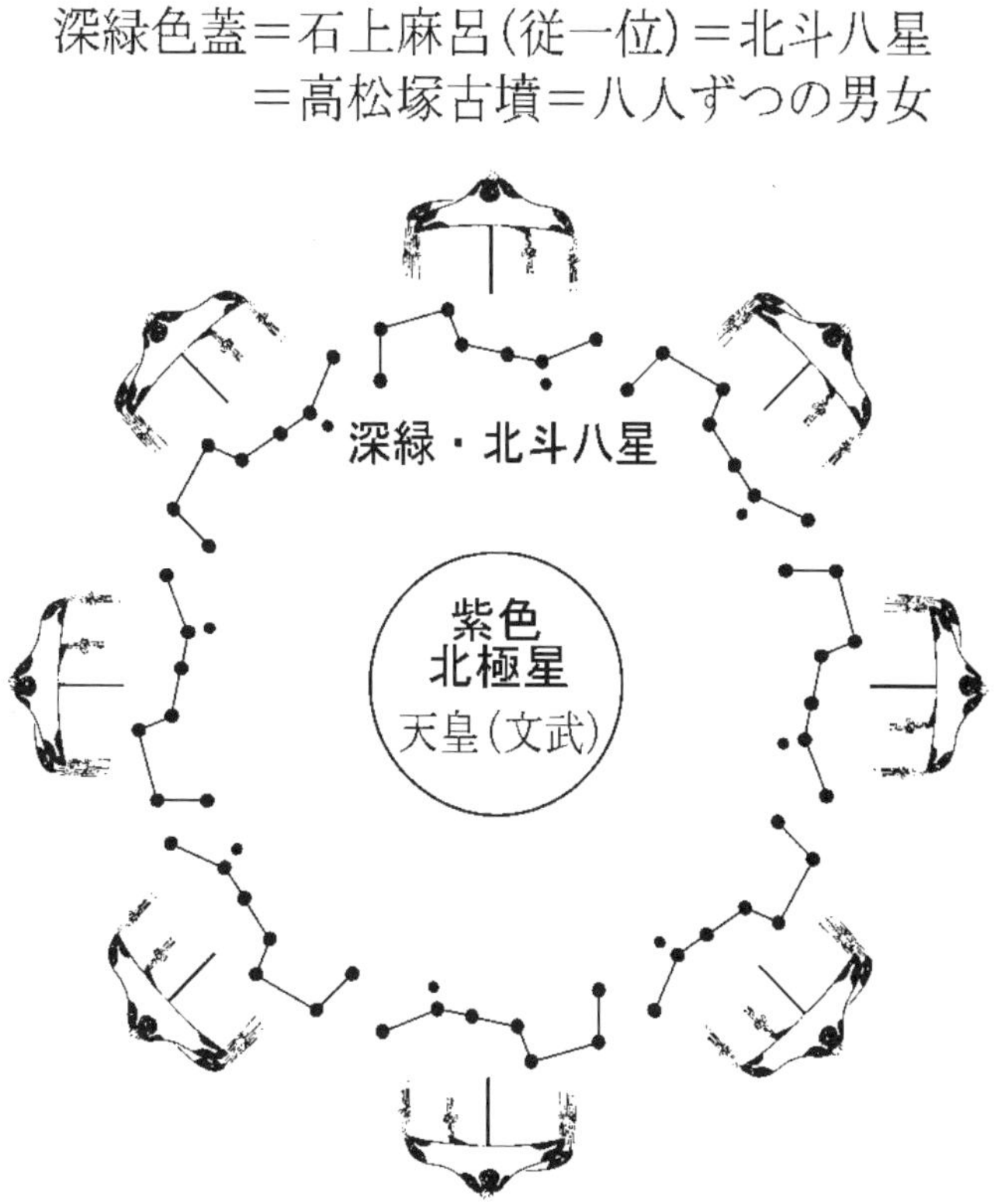

図３－22　高松塚・天に描く北極星色と蓋《きぬがさ》色

もし、伊勢神宮の呪術を知らなかったならば、高松塚古墳に描かれていた「八人ずつの男女＝北斗八星」が含んでいる意味は、全く知りえなかった、ということを分かっていただけたと思う。

これまで述べてきた、八人ずつの男女が意味しているすべてを、絵的なグランドデザインとして表現してみる。

当時の最高グレードの呪術を駆使《くし》して、描いていたことが分かる。

次のように描ける（図3―23）。

（9）八人ずつの男女が含んでいる意味

なぜ、「八人ずつの男女が描かれていたのか」との問いに対しては、前述している。しかし、次のことも、ぜひ付け加えておきたい。

八人ずつの男女は、さらなる八の意味の影響を受けている、と思われるからである。

宮中を守る神様は、八柱《やはしら》の神様である。この神様を「御巫《みかんなぎ》八神《はっしん》」、あるいは「宮中《きゅうちゅう》八神《はっしん》」という。

大嘗祭《だいじょうさい》においては、「御膳八神《みけはっしん》」が祭を守護している。

私は、八人ずつの男女は、このような「八神」という形で守護するという、その数の影響を受けていた、とも想像する。

『古事記』においては、神様の誕生は、八柱《やはしら》の神様として誕生することが多い。このことは、神と「八（や）」の深い関係を、示唆《しさ》しているとも思われる。

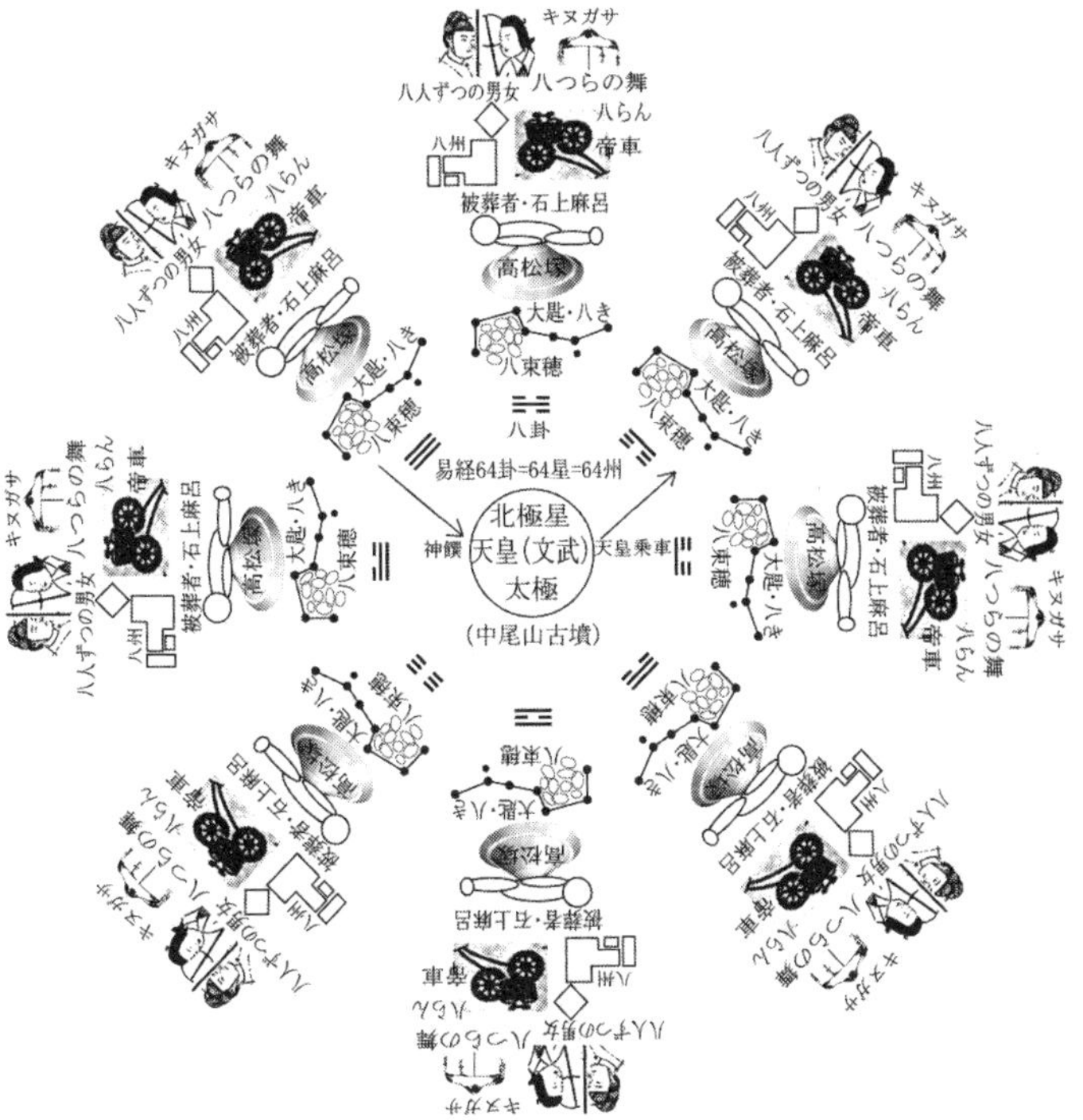

図3－23　高松塚・八人ずつの男女と北斗八星の総合グランドデザイン

いやいや、これだけではない。
八人ずつの男女は、第2章で述べた、八に関するすべての意味も含んでいるのではなかろうか。
八の事例を列挙してみよう（本章で前述しているものは除く）。

そもそも「八」は古代日本の聖数。言霊《ことだま》の霊威が最もある言葉の「八・や」。「弥栄《いやさか》」の弥（八・や）。「八隅知之《やすみしし》大君《おおきみ》」の八。「八咫鏡《やたのかがみ》・八剣《やつるぎ》（草薙剣《くさなぎのつるぎ》・天叢雲剣《あめのむらくものつるぎ》）・八坂瓊曲玉《やさかにのまがたま》」に表現されている八。最も丁寧な儀礼作法「八開手《やひらで》・八度拝《はちどはい》」の八。大嘗祭《だいじょうさい》で最も重要な場所の「八重畳《やえだたみ》」の八。「八百万《やおよろずの》神《かみ》」の八。「魔方陣《まほうじん》」の八方に広がる八。「九星図」の八方に広がる八。「八葉《はちよう》の峰《みね》」の八。「八角形天皇陵」の八。「高御座《たかみくら》（八角形）」の八。

高松塚古墳に描かれた八人ずつの男女は、このような「八の世界」の意味をも含んでいるものと、思われる。八人ずつの男女の意味深さを知っていただければ、幸いである。

※「八」については、『古代天皇家「八」の暗号』（徳間書店／ヒカルランド）において、多くの事例をとりあげ詳しく記している。ぜひとも目を通していただきたい。

4　壁画解読作業❹天皇図（北極星・太極・天皇）は二つ存在する

高松塚古墳が、北斗八星（八卦）そのものであるとしたら、北極星（太極・天皇）は、どこに求められるのか？　北極星と北斗八星は、ペアとして存在しなければならない、のであるから。

もちろん、北極星（天皇）は、存在する。高松塚古墳においては、二つの北極星（天皇）の存在が、確認される。

①高松塚古墳の天井《てんじょう》に描かれた、北極星（天皇）
②高松塚古墳の近くに存在する、八角形天皇陵（北極星・中尾山《なかおやま》古墳・文武天皇推定）

この二つの北極星（天皇）を、精査してみよう。

（1）天井《てんじょう》に描かれた北極星（天皇）の場合の呪術

高松塚古墳天井《てんじょう》には、北極星が描かれている（もちろん、キトラ古墳にもある）。ならば、当然、天井に描かれた北極星を、天皇（太極）とした。

何度も述べているように、北斗八星を天井に描かないことで、高松塚古墳全体を北斗八星と意味付けた。そして、その証拠として、八人ずつの男女を描いた。

壁画には、「天文図（星宿《せいしゅく》図＋日月《じつげつ》図）＋四神図のセット図」の完璧《かんぺき》な天皇図が、描かれている。

天皇とはどのようなものなのかを、最高の表現方法と技術で、描いている。

被葬者（石上麻呂《いそのかみのまろ》）は、天皇を北極星神として、言祝《ことほ》ぎしている。そして、被葬者（石上麻呂）は、死後も永遠に、北斗八星となり、北極星である天皇を崇敬守護《すうけいしゅご》していこうとした。天井《てんじょう》に描かれた北極星（天皇）を中心とする壁画は、このような意味を含んでいたのである。

いままで、高松塚古墳（石上麻呂・北斗八星）に対する天皇（北極星）は、文武天皇として記してきた。つまり、天井に描かれた北極星（天皇）の名は、文武天皇だとしてきた。しかし、まだ、天皇名を推定した経緯《けいい》は、述べていない。

それは、秋山日出雄《ひでお》氏の陪塚《ばいちょう》説を、知ってからである。高松塚古墳は、「太極（北極星）八卦《はっか》（北斗八星）」の呪術を採用していた。よって、このことから、北極星（天皇）を輔弼《ほひつ》する北斗八星の人物は、石上麻呂《いそのかみのまろ》と推定できた（白石太一郎《たいちろう》説により）。

しかし、北極星（天皇）の名は、特定できなかった。天井に描かれた北極星では、分からなかった。

その天皇の名を特定してくれたのが、秋山日出雄氏の、陪塚《ばいちょう》説である。

※陪塚《ばいちょう》とは、主人の墓に伴う従者の墓の意。

（2）近くにある中尾山古墳を北極星（天皇）とした場合の陪塚《ばいちょう》呪術

高松塚古墳のほぼ真北200メートルの位置に、真の文武《もんむ》天皇陵といわれている、中尾山《なかおやま》古墳がある。

この八角形中尾山《なかおやま》古墳は、文武天皇陵であるとすべての学者が認めている、と言っても過言ではない（宮内庁比定《ひてい》の文武天皇陵は、高松塚古墳の東南・約200メートル先にある）。

立派な八角形墳であり、火葬されていることが、決め手となっている。よって、中尾山古墳の築造は、７０７年と推定される（図４―３）。

高松塚古墳は近くに位置するこの中尾山古墳（文武《もんむ》天皇）の陪塚《ばいちょう》である――というのが秋山氏の陪塚《ばいちょう》説である。

高松塚古墳には「太極（北極星）八卦（北斗八星）」の呪術が施《ほどこ》されている。つまり、北極星が中尾山古墳で、北斗八星が高松塚古墳、という関係である。

ならば、高松塚古墳は、北極星の中尾山古墳に対して「北斗八星陪塚《ばいちょう》」という意味づけとなる。

よって、高松塚古墳の天井に描かれている北極星の天皇名は、北極星としての中尾山古墳の被葬者・文武《もんむ》天皇である、ということが分かる。

高松塚古墳被葬者（石上麻呂《いそのかみのまろ》）は、陪塚《ばいちょう》の表現――死後も永遠に天皇を崇敬守護していく――として、この八角形中尾山古墳（文武《もんむ》天皇陵）を北極星とし、高松塚古墳を北斗八星としたのだ!!

それが、陪塚《ばいちょう》としての呪術であったのだ。

ここにおいて、高松塚古墳の天井《てんじょう》に描かれている北極星（天皇）は、お仕えした文武《もんむ》天皇であることが、初めて判明・確定する!!

陪塚《ばいちょう》であるからには、当然、高松塚古墳の築造は、中尾山古墳築造（７０７年）より、後《あと》ということなる。なぜ、このような呪術を施《ほどこ》したのか？

結論を先に述べよう。

それは、石上麻呂《いそのかみのまろ》が、文武《もんむ》天皇を帝車（北斗八星・高松塚）にお乗せして、高松塚から宇宙に向けて出行《しゅっこう》するという、究極の天皇崇敬守護の呪術を施《ほどこ》したい、と願ったからである。

出向の件は、後で詳しく述べる。まずは、陪塚説《ばいちょうせつ》について、さらなる探究をしてみたいと思う。

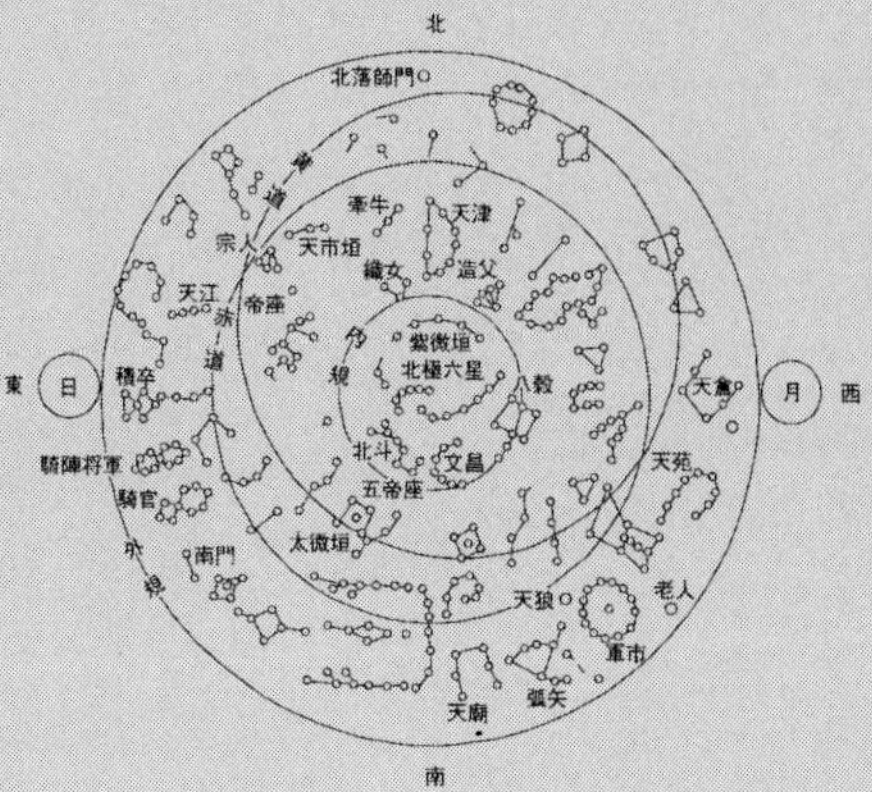

第4章　高松塚古墳の被葬者は石上《いそのかみ》麻呂《まろ》だった

1　壁画解読作業❺秋山日出雄氏の陪塚《ばいちょう》説

秋山日出雄《あきやまひでお》氏の陪塚《ばいちょう》説を紹介する前に、河上邦彦《かわかみくにひこ》氏の説を、紹介したい。陪塚説に近い説であり、当時の墓制のあり方を示している、と思われるからだ。

（1）河上邦彦氏の陪《ばい》陵《りょう》制・陵《りょう》園《えん》説

河上邦彦氏は、『末永《すえなが》先生米壽《べいじゅ》記念獻呈《けんてい》論文集』のなかで「凝《ぎょう》灰岩《かいがん》使用の古墳」について述べている。ここで、天武陵を中心とする陪《ばい》陵《りょう》制と陵《りょう》園《えん》の可能性について、論考している。

天武朝の人々にとって中国の陪陵制度は一族の結束と律令制度の維持に不可欠の制度であったのではないか。つまり、天武天皇陵を中心として彼の皇子・皇女等の墓を周辺に配置することによって一大陵園を形成する。つまり、天武陵に対して他の墓は陪葬墓といった性格があったのではないか。

周囲約10キロメートルに及ぶ天武の陵園とその陪陵墓群という想定ができる。これは当時の里にして六里と四里である。そしてこの規模は藤原京の規模と一致するのも興味深い。

河上邦彦氏が述べている、天武《てんむ》天皇の陵園の範囲を描くと、図４－１の通り。確かに、藤原京の規模と陵園の規模が、ほぼ同じ、とも考えられる。

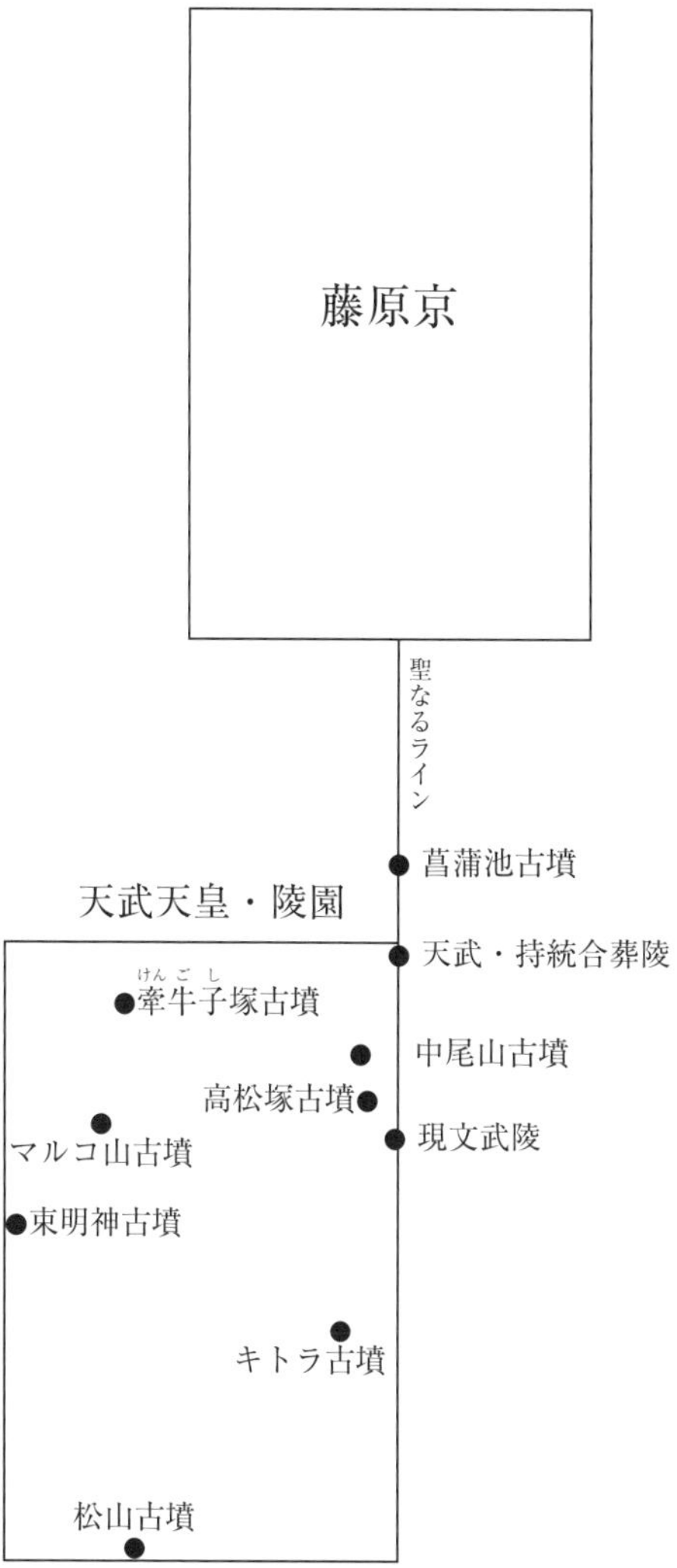

図４－１　天武天皇陵園制度とその範囲

河上氏は、「皇子・皇女等の墓を周辺に配置」と述べているが、私は、臣下も含めたいと思う。実際、中国の陪陵《ばいりょう》制度においても、高級官僚は陪葬《ばいそう》墓として葬られている。私は、高松塚古墳とキトラ古墳は、天武朝の陪葬墓《ばいそうぼ》であると確信している。

また、河上氏は、次のように述べている。

ただし、大津皇子《おおつのみこ》は反逆罪であるからこの陵園内に墓地は築かれない。また高市皇子《たけちのみこ》は、天皇とする動きもなくはなく、持統《じとう》はやむを得ず彼を太政大臣《だじょう》にしたが、持統にとっては好ましくない人物であり、陵園に陪葬《ばいそう》墓として葬《ほうむ》るわけにはいかなかったのである。彼は『延喜式《えんぎしき》』の記述を信じるとすれば、大和国広瀬郡三立岡《ひろせのこおりみたちのおか》墓に葬《ほうむ》られた。

大津皇子《おおつのみこ》と高市皇子《たけちのみこ》が、なぜ、陵園内に葬《ほうむ》られなかったかの疑問は、陪葬墓となる資格がなかったと理解すれば、納得のいく説といえよう。

河上氏の説を、さらに一歩進めた論考が、秋山氏の説である。私は、正直、この秋山説を知り、胸が熱くなった。

（2）秋山日出雄氏の陪塚《ばいちょう》説の存在

高松塚古墳は、陪塚《ばいちょう》だと述べたが、実は、それに気づいたのは、高松塚古墳の呪術を解いて、被葬者を石上麻呂《いそのかみのまろ》と推定した後だった。

秋山氏の陪塚説があることは、不覚にも知らなかった。陪塚《ばいちょう》説を知らなくても、呪術からして、「被葬者は、死後も天皇を崇敬《すうけい》守護しようとした人物である」、ということは解《と》けていた。

そして白石太一郎《しらいしたいちろう》氏の説によって、被葬者は石上麻呂《いそのかみのまろ》と推定した。ところが、私の仮説をさらに後押しする説「陪塚《ばいちょう》説」が存在していた、ということが分かった。それは、『末永《すえなが》先生米壽《べいじゅ》記念獻呈《けんてい》論文集』のなかで論じられている。さっそくそれを入手し、拝読した。まさにその通り!!　私は、嬉しさで、思わずガッツポーズが出た。

今は亡き、秋山日出雄氏の陪塚説を、紹介したいと思う。

（３）秋山日出雄氏の画期的な高松塚古墳・陪塚《ばいちょう》説

秋山日出雄説は、高松塚古墳は中尾山古墳（文武《もんむ》天皇）の陪塚《ばいちょう》である、という仮説である。

高松塚古墳の発掘調査に参加した一人であった秋山日出雄氏は、『末永先生米壽《べいじゅ》記念獻呈《けんてい》論文集』のなかで、大変興味深いことを記している。

『延喜式《えんぎしき》』に〈文武天皇陵（檜隈安古岡上陵《ひのくまあこのおかのうえ》）は、在大和高市郡　兆域《ちょういき》（墓域）東西三町　南北三町〉と記してあることから、次のように推測している。

要旨《ようし》を抜粋する。

もし、中尾山古墳が、文武天皇陵（檜隈《ひのくま》安古岡上《あこのおかのうえ》陵）とするならば、方三町の兆域《ちょういき》（墓域）は高松塚古墳を含む。よって、高松塚古墳は、文武天皇陵（檜隈《ひのくま》安古岡上陵）の陪塚《ばいちょう》にあたると考えられる。ならば、高松塚は、文武天皇陵の陪塚であるがゆえ、707年に築造された文武天皇陵を遡《さかのぼ》ることはあり得ない。即ち、高松塚古墳の築造の上限を年代的に決定し得ることになる。

ならば、私の「太極（北極星）八卦《はっか》（北斗八星）」説は、陪塚《ばいちょう》説として成立する!!

やったぜ!! というのが、このときの正直な気持ちである。

高松塚古墳発掘者の一人であった秋山氏が、被葬者の名前を推定したのは、よくよくのことであったろう。墓誌が出土しない限り被葬者を特定できないから、考古学者は被葬者を推定するのは差し控えるべきだ、という風潮がある。ましてや、発掘担当者は被葬者名をあげるべきではない、と高松塚古墳発掘者であった網干善教《あぼしよしのり》氏は、発言している。

高松塚古墳の発掘を指揮した末永雅雄《すえながまさお》氏も、最後まで被葬者名を口にしなかった。

こうしたなか、高松塚古墳発掘担当者・秋山氏があえて被葬者を推測したのは、重みがある。よほどの覚悟があって、論じたことなのであろう。そして、発言しなければならないという、事の重大さに気づいていたのでは、なかろうか。

※文武《もんむ》天皇……文武天皇は、名を軽皇子《かるのみこ》といい、草壁《くさかべ》皇太子（天武《てんむ》天皇第二皇子、母は持統《じとう》天皇）の長男。母は阿閉皇女《あへのひめみこ》（元明《げんめい》天皇）。697年立太子、同年持統《じとう》天皇の譲位を受けて文武天皇となった。藤原不比等《ふひと》の娘宮子を夫人《ぶにん》として、首親王《おびと》（聖武天皇）をもうけた。当時15歳という先例のない若さだったため、持統が初めて太上《だいじょう》天皇を称し、後見役についた。

707年、崩御《ほうぎょ》。

（4）自説「太極（北極星）八卦《はっか》（北斗八星）」を証明する秋山氏の陪塚《ばいちょう》説

1）世界一美しい陪塚《ばいちょう》

秋山氏の陪塚《ばいちょう》説は、「高松塚古墳は、中尾山古墳（文武天皇陵・推定）の陪塚《ばいちょう》である」という説である。

この陪塚《ばいちょう》説と私の「太極（北極星）八卦（北斗八星）」説は、一致する。それは、私の仮説「死後・天皇崇敬《すうけい》守護説」を、補強してくれる。

高松塚古墳が陪塚《ばいちょう》であったならば、私の仮説、〈高松塚古墳壁画は、「太極（北極星）八卦（北斗八星）」の呪術により、死後も、お仕えした天皇を崇敬守護していこうとした、石上麻呂《いそのかみのまろ》のロマンの所産である〉の正しさが証明されたことになる。

両古墳の関係を分かりやすく書くと、次の通り。

中尾山古墳（被葬者文武《もんむ》天皇）707年＝北極星古墳（北斗八星も含む）
高松塚古墳（被葬者石上麻呂《いそのかみのまろ》）717年＝北斗八星古墳＝陪塚《ばいちょう》

つまり、何度も述べるが、高松塚古墳（被葬者・石上麻呂《いそのかみのまろ》）は、北斗八星（帝車《ていしゃ》・八人ずつの男女）となり、北極星（文武天皇）の中尾山古墳を、言祝《ことほ》ぎ守護（輔弼《ほひつ》）しているのである。ならば、陪塚《ばいちょう》であることが、完璧《かんぺき》に証明されたことになる!! しかも、北極星の周りを毎日一周する「北斗八星・陪塚《ばいちょう》」とならば、世界一美しい陪塚であろう!!

私は、高松塚古墳のことを、「北斗八星陪塚《ばいちょう》」と名づけたい。

さらに言えば、蓋《きぬがさ》の色が深緑（一位）であるから、高松塚古墳は、「深緑色の北斗八星陪塚《ばいちょう》」といえるのだ。高松塚古墳壁画は、「陪塚表現図《ばいちょう》」であった。陪塚《ばいちょう》グランドデザインを表現すると、次の通り（図4―2）。

2) 中尾山古墳兆域《ちょういき》と高松塚古墳兆域の妙《みょう》

ここで、中尾山古墳の兆域《ちょういき》（墓域）について、述べておきたい。兆域《ちょういき》（墓域）「東西三町　南北三町」とは、約300メートル四方の兆域（墓域）のことである。

私は、拙著『古代天皇家「八」の暗号』において、大きなミスをした。兆域《ちょういき》、「東西三町　南北三町」ならば、中尾山古墳の中心点から、東に約150メートル、西に約150メートル、北に約150メートル、南に約150メートル、ということであった。私はそれを間違って、中心点から約300メートルとして理解した。よって、高松塚古墳もその中にすっぽり入ってしまう、と理解した。恥ずかしい間違いである。

ありがたくも、この件は、白石太一郎《たいちろう》先生からご教示いただいた。よって、これから述べる考察は、

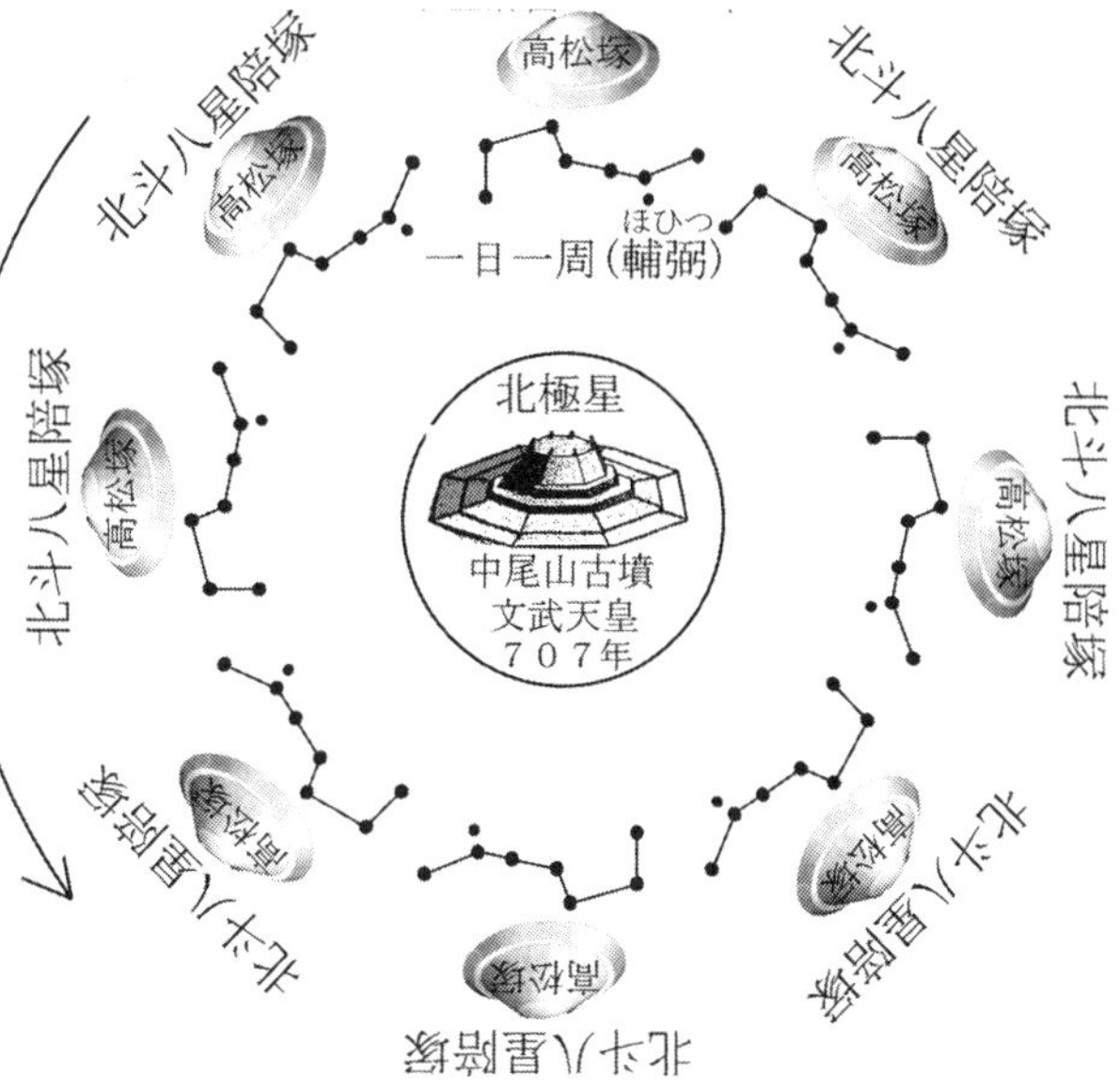

図４－２　高松塚・北斗八星陪塚《ばいちょう》グランドデザイン
※中尾山古墳の絵・松本百合子・部分

白石先生のおかげと言える。

ならば、次のように解釈できる。

中尾山古墳（文武天皇陵推定）と高松塚古墳は、南北約200メートル離れている。

中尾山古墳（文武天皇陵推定）の兆域《ちょういき》は、中心点から約150メートルであるから、残り約50メートルが高松塚古墳の兆域（墓域）、と考えられよう。つまり、中尾山古墳と高松塚古墳は、兆域（墓域）で接している、と考えられる。ならば、中尾山古墳の兆域辺と、高松塚古墳の兆域辺が接していることは、「中尾山・北極星古墳（北斗八星も含む）」と、「高松塚・北斗八星古墳」が接している、ということになる。

八角形天皇陵については、前提条件として、既に述べている。その呪術は、高松塚古墳と同じ、「太極（北極星）八卦（北斗八星）」であった。意味していることは、次の通り。

八角形天皇陵の中心部＝太極＝北極星＝天皇
八角形天皇陵の周辺部八角・八辺＝八卦《はっか》＝北斗八星＝八州《やしま》（日本）

とするならば、中尾山古墳の兆域辺は、北斗八星を意味していることになる。ならば、中尾山古墳と高松塚古墳は、北斗八星（八角形辺と高松塚）が共通となり、陪塚《ばいちょう》関係として一体化している、とも言えるのだ。図で表現したら、次のようになる（図4—3）。

高松塚古墳は、高度な呪術を施《ほどこ》した「北斗八星陪塚《ばいちょう》」であることが、これで証明できた。そして、高松塚古墳壁画は、「陪塚《ばいちょう》表現図」であったことも、証明された。

秋山日出雄氏は、呪術のことは一切述べていない。

これほど洗練された「北斗八星陪塚《ばいちょう》図」は、全世界を探してもないであろう。

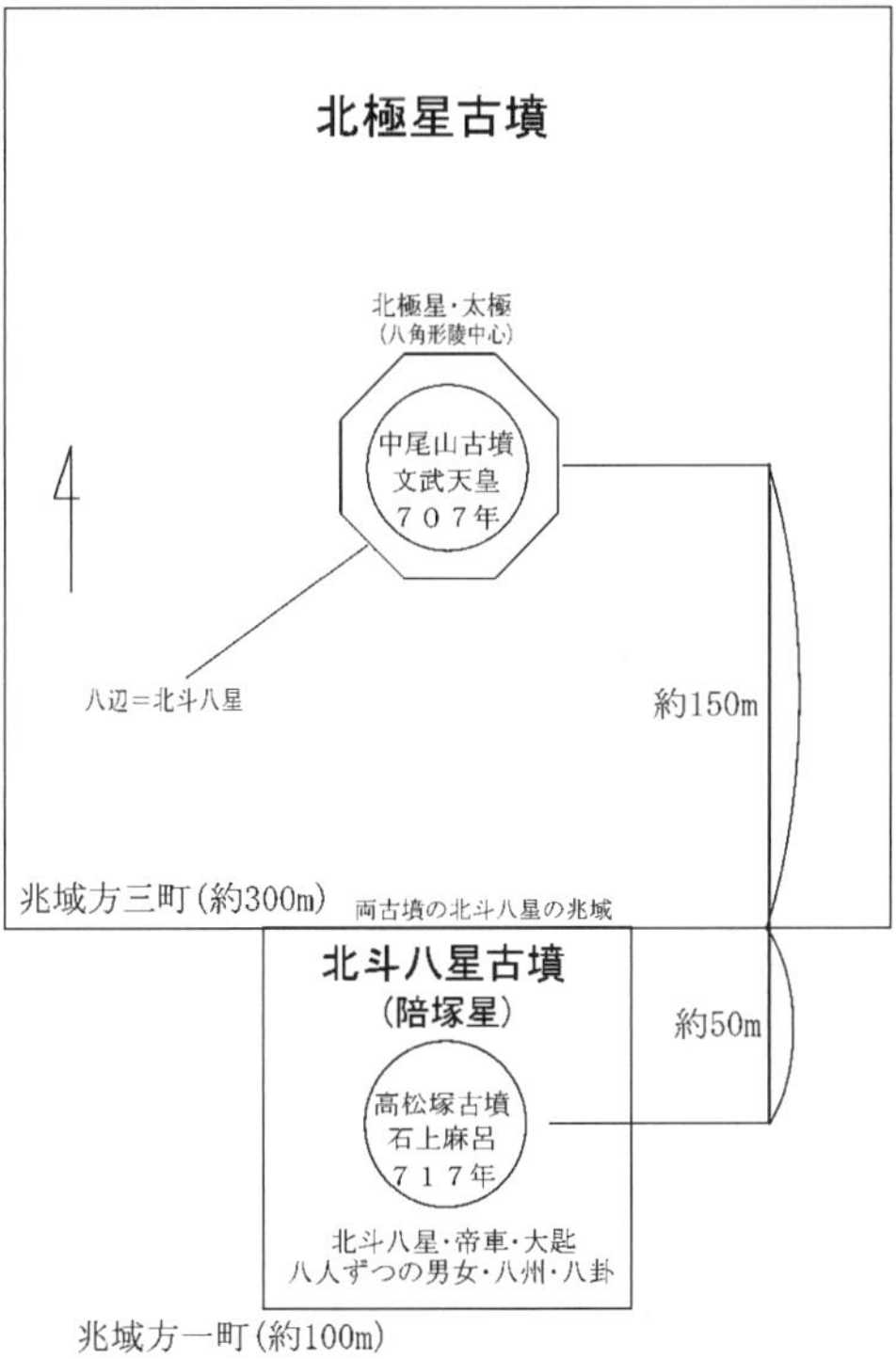

図４－３　北極星古墳と北斗八星陪塚《ばいちょう》・その位置

2　壁画解読作業❻高松塚古墳の呪術的グランドデザイン

（1）高松塚周辺で、「太極（北極星）八卦（北斗八星）」を表現している天皇陵

私は、高松塚古墳全体を北斗八星（八卦《はっか》）とし、北極星（太極・天皇）を求めた。

北極星（太極・天皇）は、①天井《てんじょう》に描かれたものと、②近くに存在する中尾山古墳、であった。しかし、北極星（天皇・太極）は、これだけであろうか？

私は、高松塚古墳からやや東寄り北方・約700メートル離れている「天武持統《てんむじとう》陵」、そして南西に約2000メートル離れている束明神《つかみょうじん》古墳（草壁《くさかべ》陵推定）も、高松塚古墳の北極星（天皇・太極）として認識されていた、と推測する。

つまり、高松塚古墳の被葬者・石上麻呂《いそのかみのまろ》は、お仕えしたすべての天皇（北極星）に対して、北斗八星・八卦《はっか》として守護しようとしていた、と推測する。

石上麻呂《いそのかみのまろ》は、天智《てんち》天皇、大友《おおとも》皇子（天皇）、天武《てんむ》天皇、持統《じとう》天皇、草壁皇子《くさかべのみこ》（天皇号追贈）、文武《もんむ》天皇、元明《げんめい》天皇、元正《げんしょう》天皇にお仕えした。なんと8人!!　ずいぶんと多くの天皇、皇太子に仕えたものである。

高松塚古墳の近くに存在する天皇陵を北極星とし、自らは北斗八星として高松塚古墳（717年）を築造したのであろう。その正式な手続きを、中尾山古墳（文武天皇陵・707年）との間で行ったのだ。中尾山古墳ばかりではなく、天武（686年）・持統（702年）天皇陵と、草壁皇太子《くさかべ》（689年）の陵（天皇号追贈）とされている束明神古墳《つかみょうじん》の関係を、描けば、図4―4の通り。

高松塚古墳の北西に存在する、斉明天皇《さいめい》（661）陵とされる牽牛子塚古墳《けんごしづか》も、含まれるであろう。

（２）天地に描く「太極（北極星）八卦（北斗八星）」図

では、天井《てんじょう》に描かれている北極星は、どのように考えられるのか？

天井（横壁も含む）に描かれた天皇図、つまり北極星は、天井に描かれていたということで、天の「太極（北極星）八卦《はっか》（北斗八星）」を表現していたのではなかろうか。

そして、この天井の北極星（天皇）には、今までお仕えしてきた天皇が含まれることとなる。私はそのように考えたい。

近くの天皇陵、つまり北極星は、地下に葬《ほうむ》られていたということで、地の「太極（北極星）八卦（北斗八星）」を表現していたと思われる。

つまり、次のようにいえる。

天井画の北極星＝天の「太極（北極星）八卦《はっか》（北斗八星）」

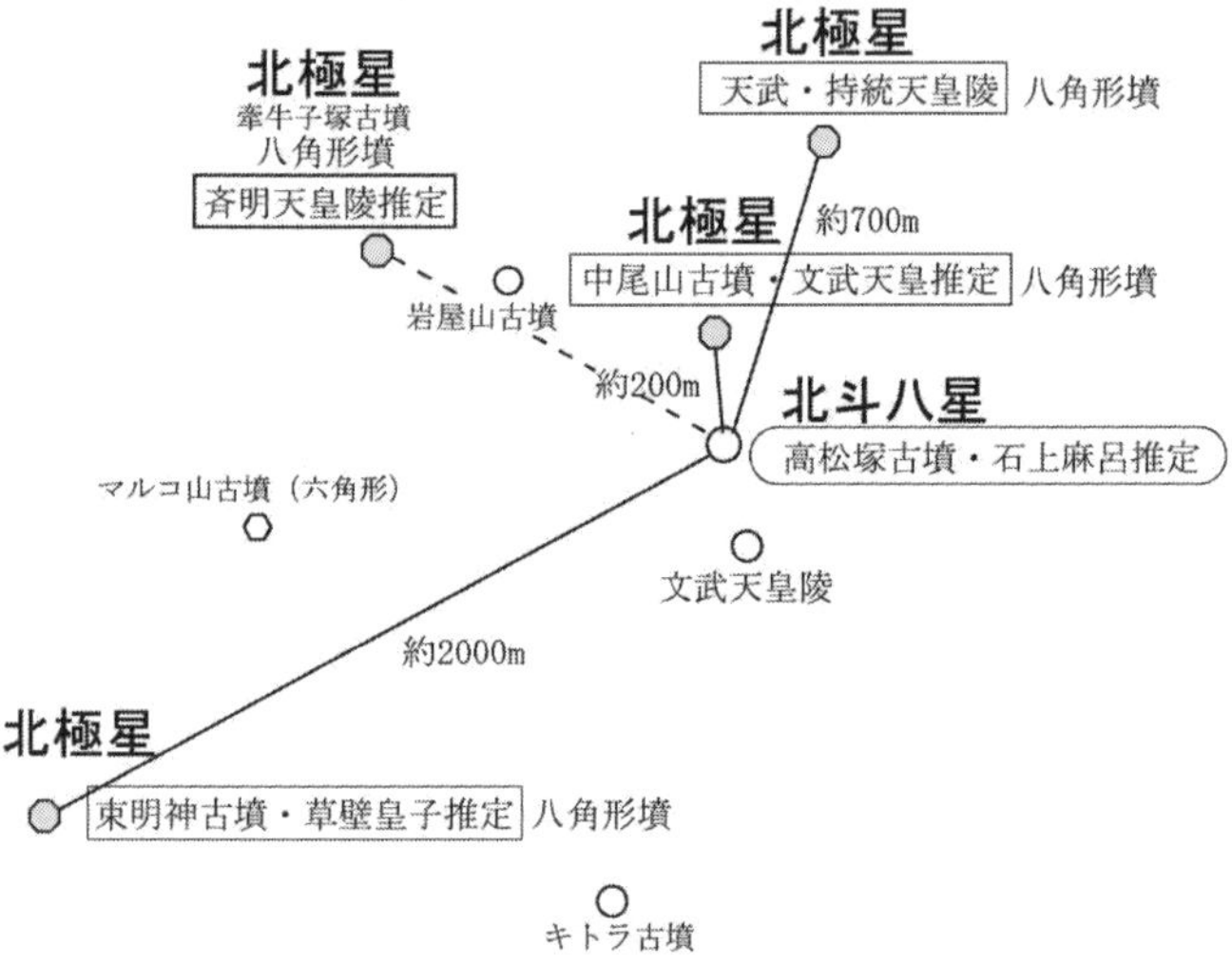

図４－４　高松塚北斗八星陪塚《ばいちょう》と周辺の北極星古墳

近くに存在する天皇陵＝地の「太極（北極星）八卦（北斗八星）」

伊勢神宮、日光東照宮においては、天地に「太極（北極星）八卦（北斗八星）」の呪術的グランドデザインが、描かれていた。

高松塚古墳も、伊勢神宮・日光東照宮と同様に、天地に「太極（北極星）八卦（北斗八星）」の呪術的グランドデザインが、描かれていたのである。

では、天の「太極（北極星）八卦（北斗八星）」の呪術的グランドデザインを、図式化してみよう。

次に、地の「太極（北極星）八卦《はっか》（北斗八星）」の呪術的グランドデザインを、図式化してみよう。

斉明《さいめい》天皇陵と推定される牽牛子塚古墳《けんごしづか》であるが、この図の中には入れなかった。しかし、石上麻呂《いそのかみのまろ》の気持ちは、陵園内の天皇はすべて含んでいた、と推測される（図４―５、図４―６）。

この天と地の「太極（北極星）八卦（北斗八星）」の呪術的グランドデザインを、一つに纏《まと》めてみよう（図４―７）。

伊勢神宮・日光東照宮と同様な、天地の「太極（北極星）八卦（北斗八星）」の呪術的グランドデザインの誕生となる。

またしても、新発見とも言える、高松塚古墳の天地の「太極（北極星）八卦（北斗八星）」の呪術的

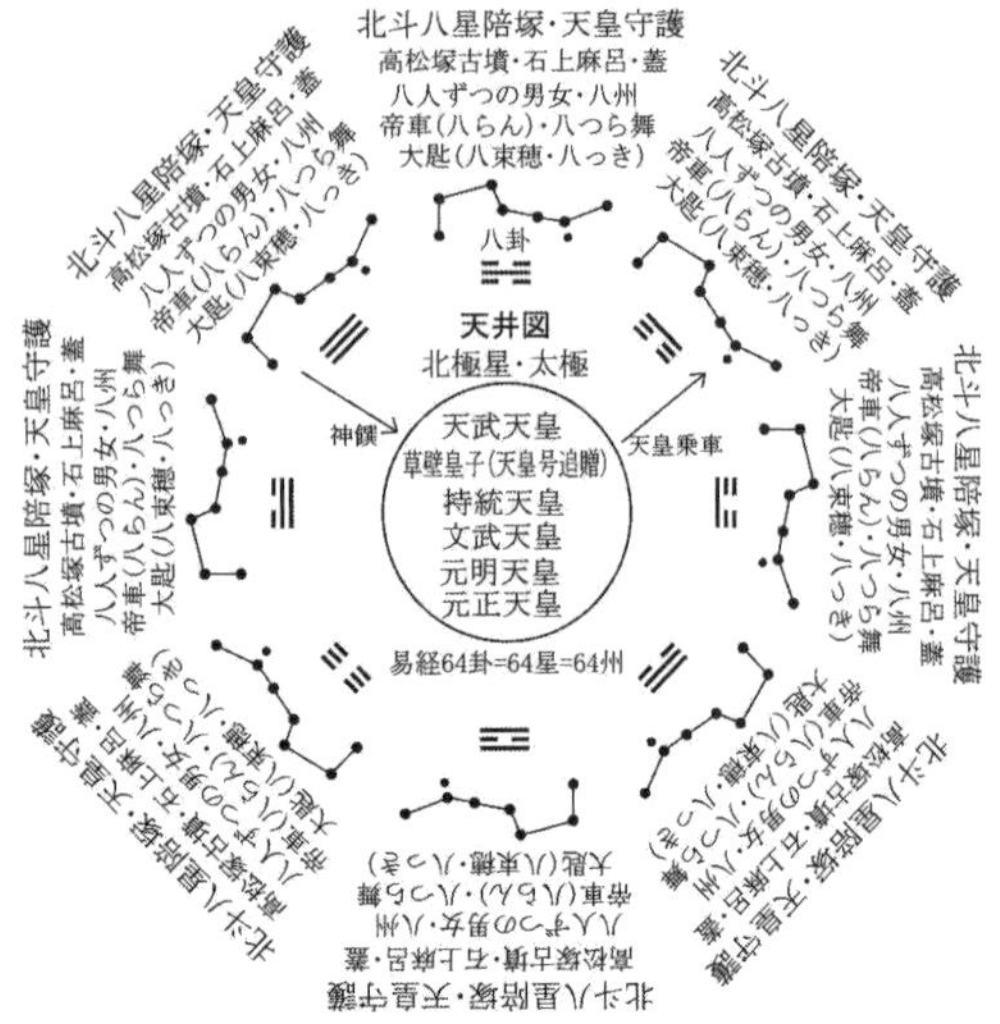

図４－５　高松塚・天の「太極(北極星)八卦(北斗八星)」グランドデザイン

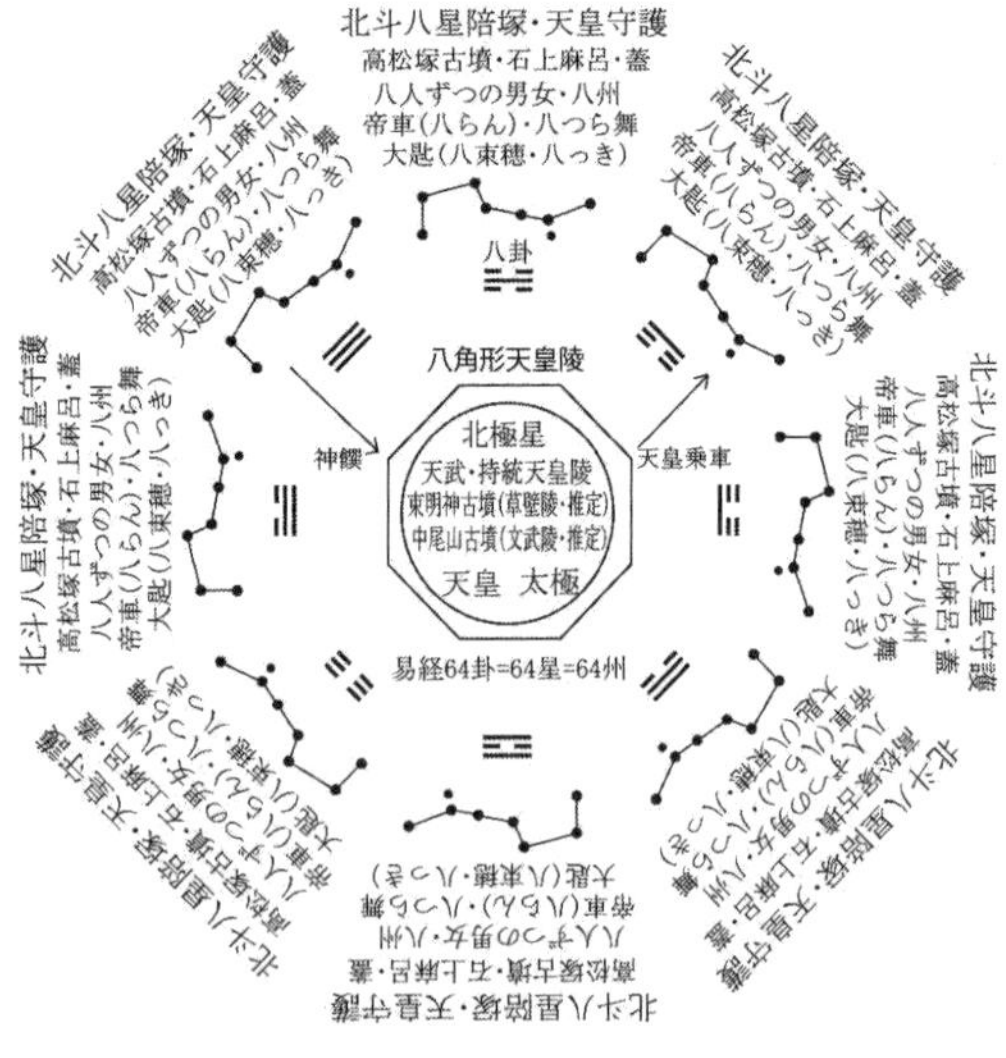

図４－６　高松塚・地の「太極(北極星)八卦(北斗八星)」グランドデザイン

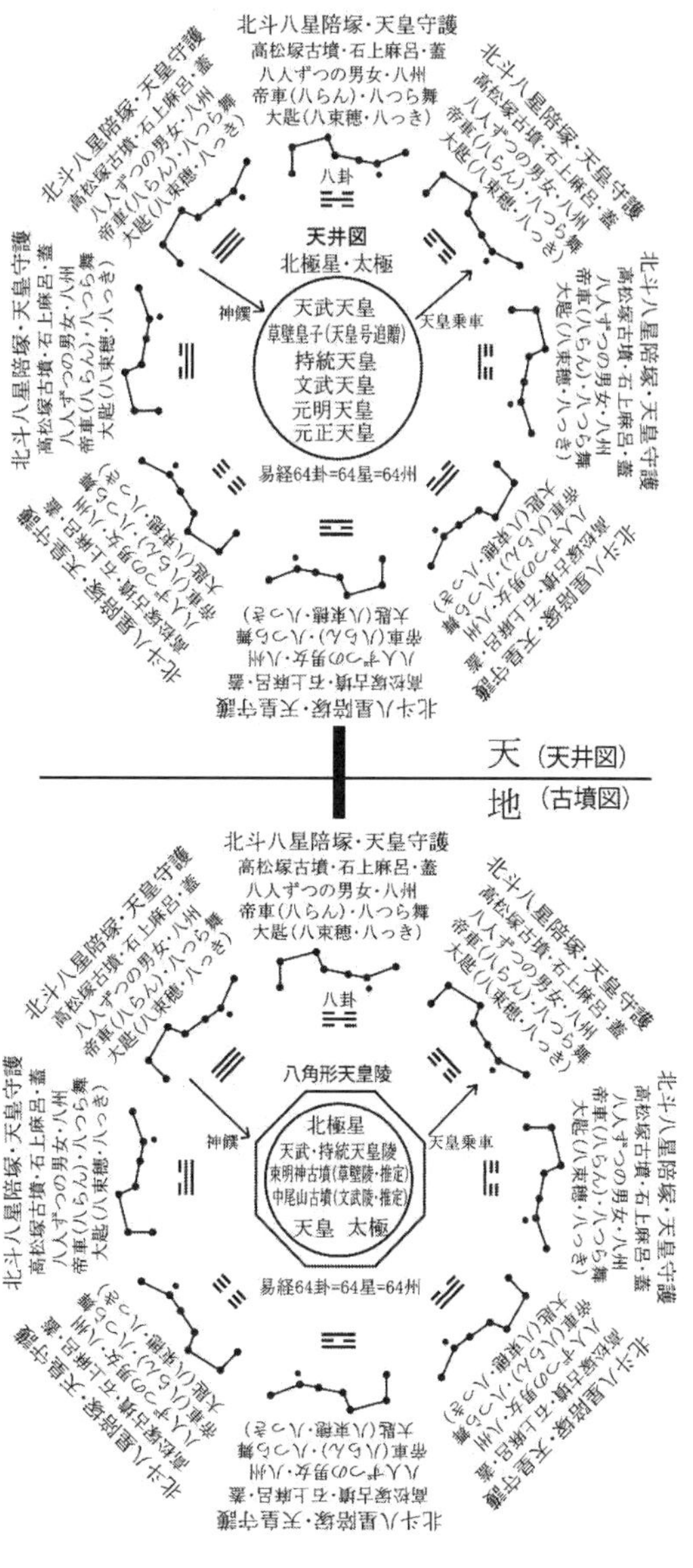

図４－７　高松塚・天地の「太極（北極星）八卦（北斗八星）」グランドデザイン

デザイン図を、描くことができた。
私が思い描いていた石上麻呂《いそのかみのまろ》のロマンは、「北斗八星陪塚《ばいちょう》説」によって、さらなる姿を見せてくれた。文武天皇陵（推定）、すなわち中尾山古墳の兆域《ちょういき》（墓域）と、陪塚《ばいちょう》・高松塚古墳は、かくも重大な意味を含んでいたのである。この呪術的グランドデザインは、中国の呪術形式を借りてはいるが、日本独自の呪術作品であろう。

（3）北斗八星の呪術内容一覧表（本義一覧）

伊勢神宮、高松塚古墳、大嘗祭《だいじょうさい》、日光東照宮、そして八角形天皇陵に施《ほどこ》されている呪術は、共通している。この共通した呪術は、「太極（北極星）八卦《はっか》（北斗八星）」の呪術である。共通した呪術ということは、呪術の存在の確かさの、証明にもなる。

この共通の呪術は、中国の呪術を採用しながら、日本独自の意味を加えている。「北斗八星」に、日本独自の意味を持たせた。それは、「八・や」を聖数としている、日本（八州《やしま》）に相応《ふさわ》しい呪術、といえよう。

伊勢神宮・大嘗祭《だいじょうさい》・日光東照宮・八角形天皇陵・高松塚古墳に採用されている、「北斗八星」の呪術内容を、一覧してみよう。

◎伊勢神宮は、「北斗八星」に、多くの意味をもたせた。それは、まさに日本の国柄《くにがら》を、適切に表現している。

◎大嘗祭《だいじょうさい》については、本書において記さなかったが、多くの意味を持たせている。ここでは、適用されている事例だけを記す。詳しくは、拙著『古代天皇家「八」の暗号』を参照していただきたい。

◎日光東照宮については、本書においても簡単に述べている。八卦紋様が実際に使われており、「太極（北極星）八卦（北斗八星）」の呪術の確かさが、証明された。

◎八角形天皇陵については、前述している。この一覧の中で、最も早く「太極（北極星）八卦（北斗八星）」の呪術を、採用している。

◎高松塚古墳については、前述の通りである。

「北斗八星」の呪術内容の一覧表

①伊勢神宮の「北斗八星」＝八天女（豊受大神《とようけのおおかみ》）＝外宮《げくう》＝八卦《はっか》＝八州《やしま》（日本独立）

（６７４年頃～）＝八束穂《やつかほ》（大甞《おおさじ》・米・八簋《はっき》・神饌《しんせん》）＝帝車《ていしゃ》＝刺車紋《さしくるまもん》＝八鸞《はちらん》＝八佾舞《やつらのまい》

②大嘗祭《だいじょうさい》の「北斗八星」＝八天女（豊受大神・天《あめ》の羽衣《はごろも》）＝外宮＝八卦《はっか》＝八州《やしま》（日本独立）

（６７４年頃～）＝御膳《みけ》八神＝八束穂《やつかほ》＝大甞《おおさじ》＝八鸞《はちらん》＝八佾舞《やつらのまい》

③日光東照宮の「北斗八星」＝山王《さんのう》神＋摩多羅神《またらじん》＝八卦《はっか》（極秘敷曼陀羅《ごくひしきまんだら》）＝八州《やしま》（日本独立）
（1617年頃〜）

④八角形天皇陵の「北斗八星」＝八州《やしま》（日本独立）＝八卦《はっか》＝八隅知之《やすみしし》（大君）
（643年〜）

⑤高松塚古墳の「北斗八星」＝高松塚古墳＝石上麻呂《いそのかみのまろ》＝八人ずつの男女（陰陽）＝帝車（八鸞《はちらん》）
＝八卦＝陪塚星《ばいちょうぼし》＝深緑色の蓋《きぬがさ》＝大匙《おおさじ》（八束穂《やつかほ》・神饌《しんせん》・八篋《はっき》）
＝八州《やしま》（日本独立）＝八佾舞《やつらのまい》
（717年〜）

日本を代表する、神社（伊勢神宮）と祭り（大嘗祭《だいじょうさい》）に、「北斗八星」の呪術が使われている。そして、日本一煌《きら》びやかな神社・日光東照宮にも。また、日本の象徴でもある天皇の墓、八角形天皇陵（八《や》隅知之《すみしし》大君《おおきみ》）にも。さらに、世界一美的な陪塚《ばいちょう》壁画を描いている、高松塚古墳にも使われている。

五事例とも、すべて天皇に関係しており、天皇とは何かを、物語っている。私は、この呪術の重大な秘密を知ってしまい、畏《おそ》れ多い気持ちでもある。

「北斗八星」が表現している、呪術の壮大さ、意味深さに、圧倒されてしまう。

天皇を表現している、これらの呪術的グランドデザインを語らずして、伊勢神宮、大嘗祭《だいじょうさい》、日光東照宮、八角形天皇陵、高松塚古墳の本義は語れない、ということが、お分かりいただけたと思う。

3　壁画解読作業❼高松塚古墳と中尾山古墳の宇宙軸は、伊勢神宮と同じ

高松塚古墳と中尾山古墳の関係は、伊勢神宮の内宮《ないくう》と外宮《げくう》の関係に、似ている。

高松塚古墳の被葬者・石上麻呂《いそのかみのまろ》が、伊勢神宮の呪術を真似《まね》したのであるから、当然であるが。

伊勢神宮は、二つの宇宙軸によって、天と地が繋《つな》がっている。

◎第一の宇宙軸は、内宮の心御柱《しんのみはしら》からその真上にある八咫鏡《やたのかがみ》を貫き、北極星へと続く宇宙軸。
◎第二の宇宙軸は、外宮の心御柱《しんのみはしら》からその真上にある御神鏡《ごしんきょう》を貫き、北斗八星へと続く宇宙軸。

この伊勢神宮の宇宙軸は、高松塚古墳と中尾山古墳の関係にも、見られる。

高松塚古墳と中尾山古墳の関係を、伊勢神宮の呪術に擬《なぞら》えると、次の通り。

内宮（北極星）＝中尾山古墳
外宮（北斗八星）＝高松塚古墳（陪塚《ばいちょう》）

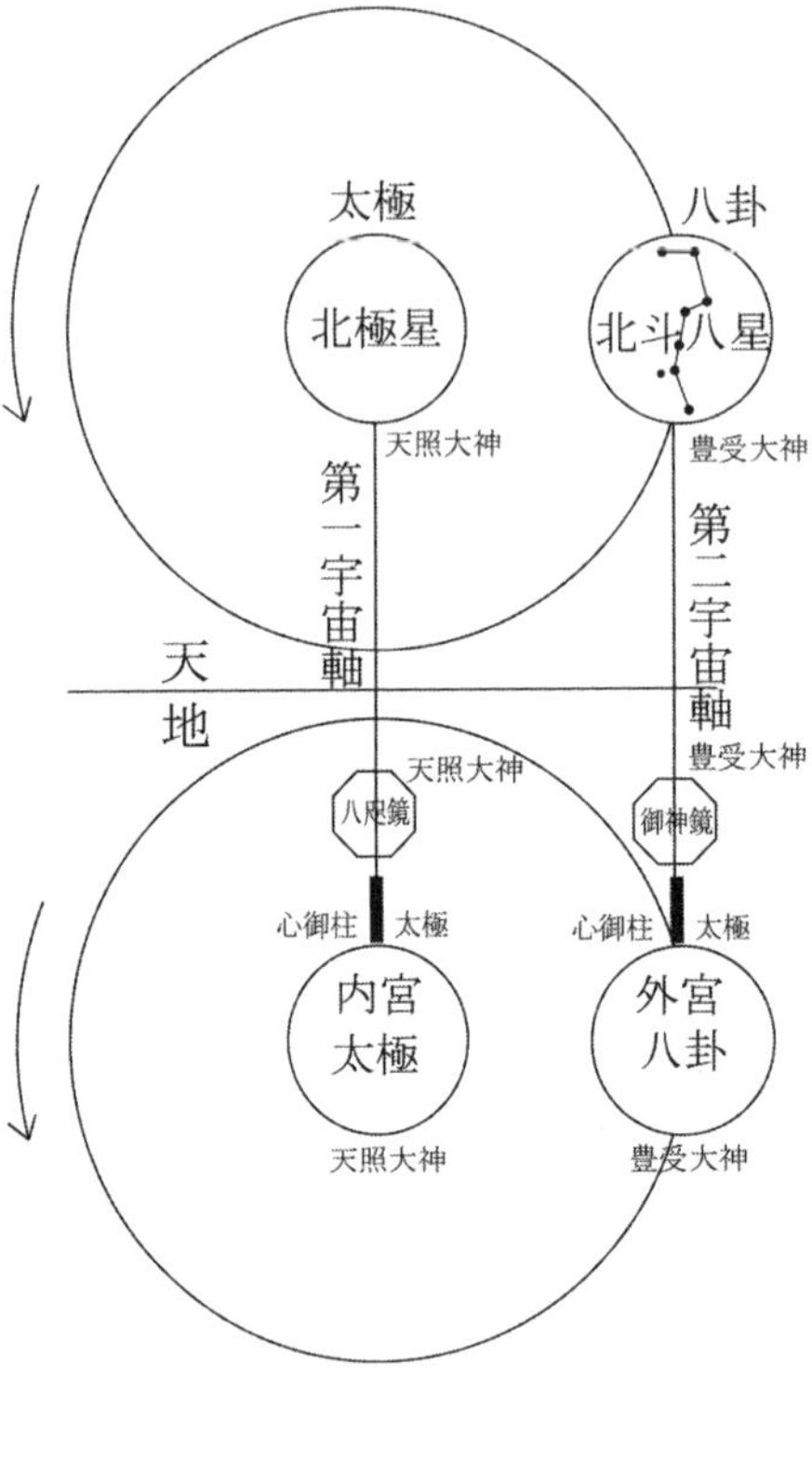
太極
八卦
北極星
北斗八星
天照大神
豊受大神
第一宇宙軸
第二宇宙軸
天
地
天照大神
豊受大神
八咫鏡
御神鏡
心御柱
太極
心御柱
太極
内宮
太極
外宮
八卦
天照大神
豊受大神

図４－８　伊勢神宮・宇宙軸

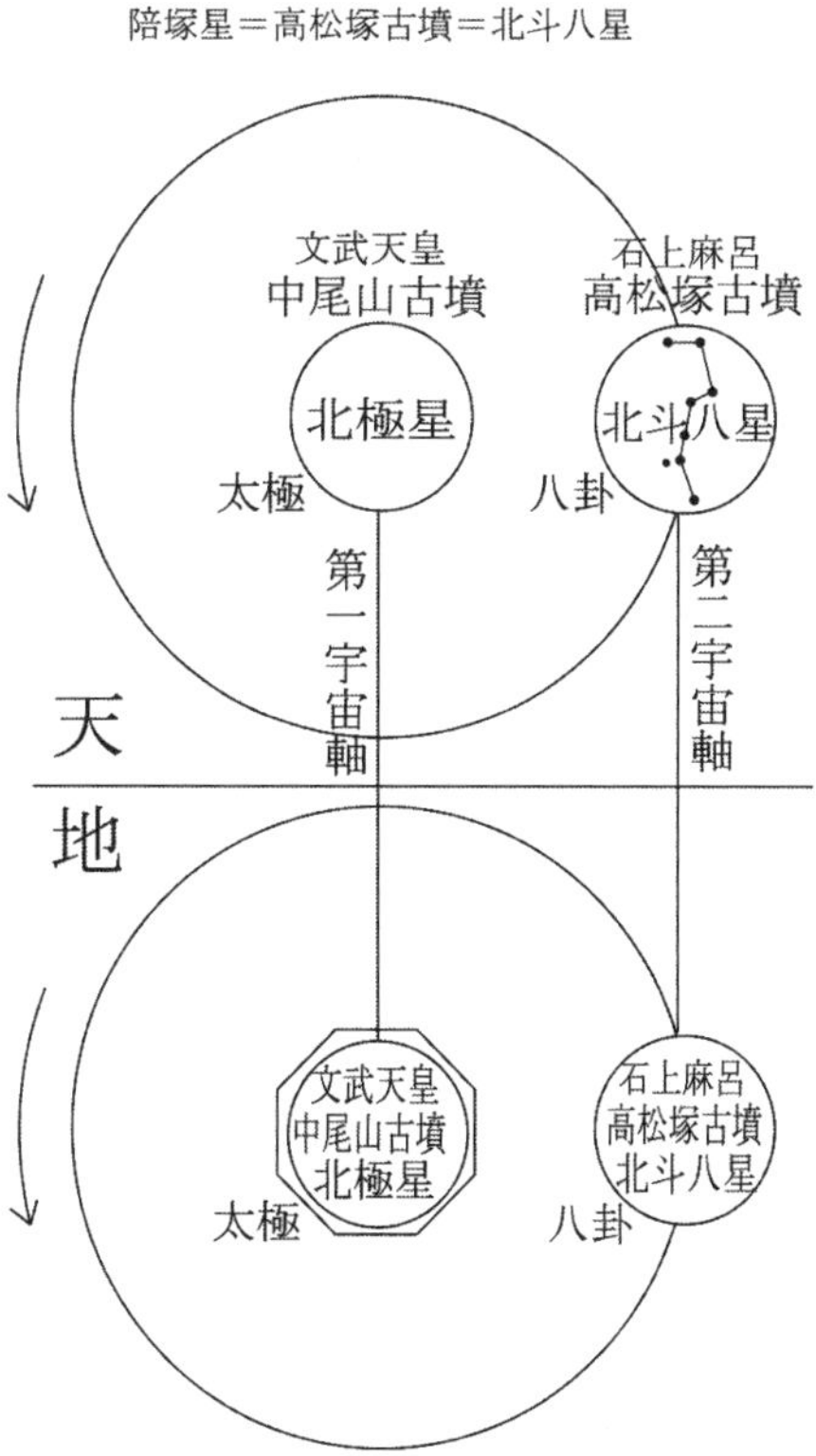

図４－９　高松塚・宇宙軸・陪塚星《ばいちょうぼし》

ならば、内宮に擬《なぞら》えられる中尾山古墳は、北極星と繋がる第一宇宙軸となる。そして、外宮に擬《なぞら》えられる高松塚古墳は、北斗八星と繋がる第二宇宙軸となる。図に描けば図4―8、図4―9の通り。

高松塚古墳（石上麻呂《いそのかみのまろ》）は、中尾山古墳（文武天皇）を、毎日一周することで永遠に輔弼《ほひつ》（守護）していることになる。

高松塚古墳の被葬者・石上麻呂《いそのかみのまろ》は、自らが北斗八星（高松塚）となり、文武天皇（中尾山古墳・北極星）を輔弼《ほひつ》（守護）する、「北斗八星陪塚星《ばいちょうぼし》」となったのだ。そして、高松塚古墳（石上麻呂《いそのかみのまろ》・北斗八星）は、大匙《おおさじ》として、神饌《しんせん》（八束穂《やつかほ》）を永遠に中尾山古墳（文武《もんむ》天皇・北極星）にお届け奉仕する、という役目を負《お》っている。

それは、伊勢神宮において、外宮の豊受大神《とようけのおおかみ》が北斗八星となり、神饌《しんせん》を内宮の天照大神《あまてらすおおみかみ》（北極星と習合している）にお届けしていることと、同様なのである。

高松塚古墳の陪塚《ばいちょう》ぶりは、その格調の高さから、まさに、陪塚の極《きわ》めつき、といえよう。

私は、高松塚古墳近くの、天武《てんむ》天皇陵園内に葬《ほうむ》られている、①天武・持統《じとう》両天皇、②草壁《くさかべ》皇太子（天皇号追贈）、③斉明《さいめい》天皇も、文武《もんむ》天皇（中尾山古墳）と同様に、神饌《しんせん》を受け、輔弼《ほひつ》（守護）され、そして帝車に乗せられ宇宙を駆《か》け巡《めぐ》っているのであろう、と深読みしてしまう。

高松塚古墳の、天皇崇敬《すうけい》守護のロマンは、永遠なのである。

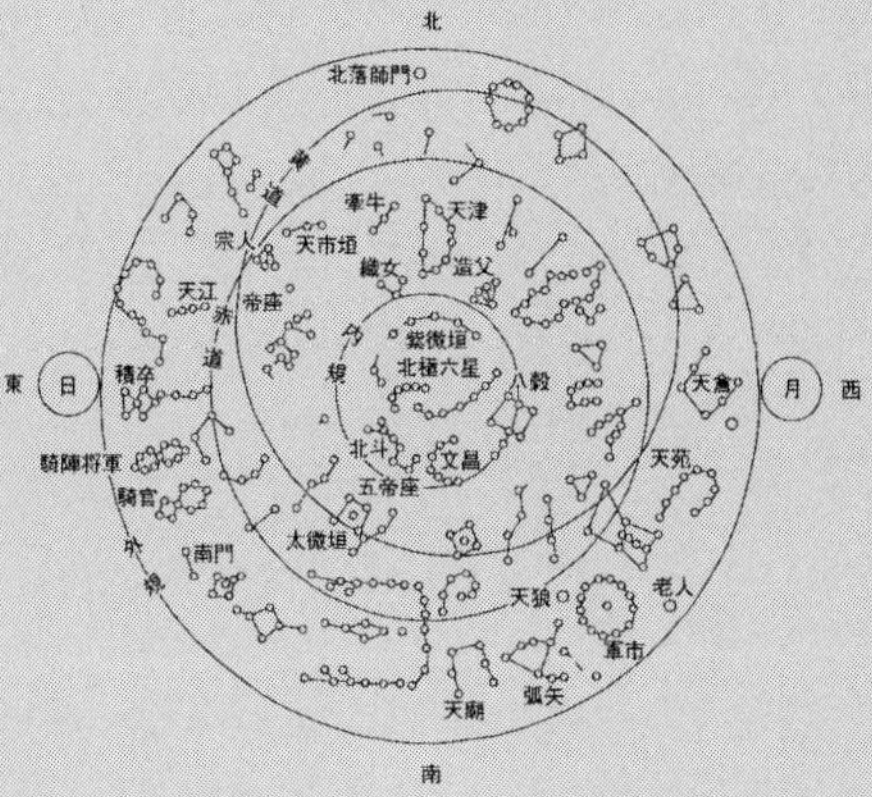

第5章　石上麻呂が被葬者であることを検証する

1 被葬者検証作業❶石上麻呂《いそのかみのまろ》とはどのような人物だったか？

高松塚古墳は、「陪塚《ばいちょう》」であるのかないのか。この問題が解決すれば、被葬者は石上麻呂《いそのかみのまろ》であるかないかの解答が出る、と確信した。私はすでに、陪塚であることを検証し、その通りである、との結論を得た。

高松塚古墳被葬者・石上麻呂《いそのかみのまろ》の、人物像に迫ってみよう。

(1) 石上麻呂《いそのかみのまろ》とは

壬申《じんしん》の乱の折、石上麻呂《いそのかみのまろ》は、天武天皇の敵であった天智《てんち》天皇の息子・大友皇子《おおとものみこ》（天皇）と、最後まで行動を共にした。

『日本書紀』によれば、次のように記されている。

「自《みづか》ら縊《くび》れぬ。時に左右大臣《ひだりみぎのおほまへつのきみ》及び群臣《まへつきみたち》、皆散《みなあら》け亡《う》せぬ。唯《ただ》し物部連麻呂《もののべのむらじまろ》、且一二《またひとりふたり》の舎人《とねり》のみ従《したが》へり」

そして、三日後、

「因《よ》りて大友皇子《おほとものみこ》の頭《かしら》を捧《ささ》げて、営《いほり》の前《まへ》に献《たてまつ》りぬ」

※この解釈には、①警護して最後まで遺体に付き従ったとの説と②殺害説がある

にも拘《かか》わらず、物部連麻呂《もののべのむらじまろ》（石上麻呂）は、天武天皇によって引き立てられた。考えてみれば、不思議でもある。石上麻呂《いそのかみのまろ》は、天武天皇に深く感謝したことであろう。石上麻呂は、７１５年から７１７年の死までは、太政官《だじょうかん》の最高位者であった。石上麻呂《いそのかみのまろ》の氏《うじ》は、初めは物部《もののべ》で、後に石上《いそのかみ》に変えた。

持統《じとう》天皇四年（６９０年）の正月（持統天皇即位）、〈物部麻呂朝臣《もののべのまろのあそみ》、大盾《おほたて》を樹《た》つ〉と、『日本書紀』に記されている。持統天皇即位の際、誇らしげに大盾《おほたて》を立てた、石上麻呂の姿が目に浮かぶ。

元明《げんめい》天皇の即位式（７０７年）のときの御製《ぎょせい》がある。

ますらをの　鞆《とも》の音すなり　物部《もののふ》の　大臣盾立《おほまへつきみたて》つらしも

（万葉集・76）

〈ますらおの　鞆《とも》の音がする　もののふの　大臣たちが　盾《たて》を立てているらしい〉

※物部《もののふ》……石上麻呂《いそのかみのまろ》の本姓が物部《もののべ》氏であることから、石上麻呂をさしていると思われる（確定できないが）。

持統天皇即位式（690年）の際、石上麻呂は大盾《おおたて》をたてた。よって、今回（707年）も同じような儀礼で、即位式が始められたことを意味している、と思われる。

石上麻呂《いそのかみのまろ》は、盾を立てる人、とのイメージがある。ならば、石上麻呂は、死後も天皇を守護する盾となりたいとして表現したのが、高松塚古墳壁画である、ともいえるのだ。

左大臣・正《しょう》二位の位の石上麻呂は、留守司《るすのつかさ》として、最後まで藤原京に残った。

717年、石上麻呂《いそのかみのまろ》は薨去《こうきょ》した。そのときの様子が、『続日本紀《しょくにほんぎ》』に載っている。

〈帝深《みかどふか》く悼《いた》み惜《をし》み、これが為《ため》に朝《でう》を罷《や》めたまふ〉（帝＝元正《げんしょう》天皇）
〈百姓追慕《はくせいついぼ》して、痛《いた》み惜《をし》まずといふこと無し〉
〈詔《みことのり》して……従《じゅ》一位を贈《おく》りたまふ〉

「百姓追慕《はくせいついぼ》して、痛《いた》み惜《をし》まずといふこと無し」は、藤原不比等《ふじわらのふひと》が薨去《こうきょ》したときの記述にもないほどの、慕われ方である。石上麻呂《いそのかみのまろ》の身分と人柄が、どんなものであったか、分かる。石上麻呂は、北斗八星となり、北極星の天皇を崇敬《すうけい》守護する人物として、相応《ふさわ》しいことが分かる。

（2）石上麻呂《いそのかみのまろ》説の検証事例

高松塚古墳は、北斗八星であり、陪塚《ばいちょう》を意味していることは分かった。秋山日出雄氏の陪塚説は、被葬者を石上麻呂としている。私の説と一致する。

はたして石上麻呂《いそのかみのまろ》が、高松塚古墳被葬者として該当するのかどうか、各項目について、検証をしなければならない。

1）蓋《きぬがさ》

壁画に描かれていた蓋《きぬがさ》（絹で張った長柄《ながえ》の傘）の色と形は、被葬者の身分を描いている、一級の資料である。

養老令《ようろうりょう》（７５７年）においては、深緑色は、臣下一位の身分の者がさすことのできる蓋《きぬがさ》である。形からは、総《ふさ》があるから、大納言《だいなごん》以上の者と考えられる。大宝律令《たいほうりつりょう》（７０１年）も同様と推測される。

親王《しんのう》（皇子《みこ》）は、紫である。

儀制令第十八、によれば、蓋《きぬがさ》は次のように決められている。

凡そ蓋《きぬがさ》は、皇太子は、紫《むらさき》の表《うへ》、蘇方《すはう》（紫がかった紅色）の裏《うら》、頂《いただき》及び四角に、錦《にしき》を覆《おほ》ひて総垂《ふさた》れよ。親王は紫の大《おほ》き纈《ゆはた》（絞り染め）。一位は深《ふか》き緑《みどり》。三位以上は紺《こむ》。四位は縹《はなた》（薄い藍色）。四品以上及び一位は、頂《いただき》・角《すみ》に錦《にしき》を覆《おほ》ひて総垂《ふさた》れよ。二位以下は錦《にしき》を覆《おほ》へ。唯し大納言《だいなごん》以上は総垂《ふさた》れよ。並に朱《あか》き裏。総《ふさ》には同色《どうじき》用ゐよ。

よって、律令制を信じるならば、そして厳密に言えば、蓋《きぬがさ》の色が深緑であるから、７０１年以降の皇子《みこ》（紫色）被葬者説は、ありえないこととなる。

ただ、それ以前の内容不明な浄御原令《きよみはらりょう》においては、蓋《きぬがさ》の色は分からないではないか、と突っぱねている説もある。言われれば、その通り。しかし、それ以前だとしても、皇子《みこ》は紫色であったと、推察も可能である。

石上麻呂《いそのかみのまろ》は、薨去後《こうきょ》（717年）、従《じゅ》一位を追贈《ついぞう》されているから、最有力候補者である。一位の位《くらい》（深緑色）にこだわるならば、石上麻呂しか候補者は存在しない。なお、諸臣一位に該当する者は、藤《ふじ》原鎌足《わらのかまたり》（大織冠《たいしょくかん》・669年薨去《こうきょ》）以後、717年、石上麻呂が薨去して「贈・従《じゅ》一位」を賜《たまわ》るまで、誰もいない。

藤原不比等《ふじわらのふひと》は、720年、薨去《こうきょ》に際し、太政大臣正一位《だじょうだいじんしょう》を贈られている。しかし、延喜式《えんぎしき》によれば、不比等《ふひと》の墓は多武峯墓《とうのみね》とあり、大和国十市郡《やまとのくにといち》に所在している。よって、該当する一位（深緑色）の者は、石上麻呂《いそのかみのまろ》のみ、となる。

皇子《みこ》被葬者説の人たちは、蓋《きぬがさ》については、なるべく話題にしないようにしている。説明はしていても、苦しい説明になっている。

梅原猛氏は、高松塚古墳について、『黄泉《よみ》の王《おおきみ》』の中で、饒舌《じょうぜつ》に語っている。被葬者候補は、弓削《ゆげの》皇子《みこ》。しかし、蓋《きぬがさ》については、なぜか言及《げんきゅう》していない。

被葬者を渡来系の者としている説においては、蓋《きぬがさ》については、全く無視している。この重大な資料・蓋《きぬがさ》について言及すらしない高松塚古墳の探究者は、フェアな態度ではない、と思う。

なかには、「なぜ、皇子《みこ》クラスではなく一位の人物にこだわるのであろうか、大宝令下では親王も一位で有り得るのだ」と述べている学者もいる（山本忠尚氏）。

さらに、「被葬者のために差しかけた蓋《きぬがさ》とは言い切れず、忍壁皇子《おさかべのみこ》を否定する根拠にはならない」とする説もある。

蓋《きぬがさ》の色を、なぜこれほどまでに軽視するのであろうか、というのが私の率直な感想である。どう考えても、「素直に一位の人物である」としないのは、不思議な反応でしかない。何が何でも、皇子《みこ》説にしなければならない、という特別な理由でもあるのであろうか。

渡来系の者を候補者としている探究者は、蓋《きぬがさ》については語らず、壁画全体の雰囲気から得た、直感を語っているにすぎない。蓋《きぬがさ》、天文図、墓の規模、位、出土物、等々の個別事例について、被葬者に当てはめることが妥当かどうか、推測してもらいたいものである。

蓋《きぬがさ》の検証からは、時代考証も入れれば、石上麻呂《いそのかみのまろ》しかありえない、という結論が出るのである。

2）古墳形態からの年代推定

『末永先生米壽《べいじゅ》記念獻呈《けんてい》論文集』を拝読すると、高松塚古墳の築造年を7世紀末、と記している論文がいくつか見られる。そして、いずれも、高松塚古墳は、中尾山古墳（７０７年）よりも古いと、述べている。やはり、当時（昭和60年発行）においても、高松塚古墳の築造を７１７年（石上麻呂）と見るのは、少数派だったことが分かる。

この論文集の中で、高松塚古墳の被葬者を石上麻呂《いそのかみのまろ》（７１７年）とした、秋山日出雄氏の存在は、特異である。

白石太一郎《たいちろう》氏は、次のように述べている。

この古墳の造営年代については、藤原京時代の皇族・貴族層の墳墓が数多く営まれた檜隈《ひのくま》という
その位置や副葬品の海獣葡萄《かいじゅうぶどう》鏡《きょう》などから、まだ都が藤原京にあった七世紀末葉から八世紀初頭と
する説がほぼ定説化していた。

しかし、その後、この古墳と同じ構造の横口式石槨《せっかく》をもつ古墳の調査例が増加し、その形式学的
な比較検討が可能となった。

その結果この種の横口式石槨《せっかく》は、まだ家形石棺《いえがたせっかん》の内部の名残をとどめて天井部《てんじょうぶ》にくり込みをも
つ明日香村キトラ古墳例からそのくり込みが浅くなった明日香村マルコ山古墳例・奈良市石のカラ
ト古墳例をへて、くり込みがなくなり平天井《ひらてんじょう》となった高松塚古墳例へと変化したことが想定でき
るようになった。

このうち石のカラト古墳は平城京の北辺の平城山《ならやま》丘陵にあり、その造営は平城京遷都《せんと》後の可能性
が大きい。

ただ、ほぼ同じ形式のマルコ山古墳はまだ藤原京の西南方の墓域にあるから、この二つの古墳の
造営年代は、まさに平城遷都の七一〇年を前後する時期と捉えてよかろう。

この想定が正しいとすれば、それらより明らかに後出の高松塚古墳は七二〇年に近い頃、逆にそ
れらより先行するキトラ古墳は、七〇〇年に近い頃のものと考えることができる。

（『古代を考える　終末古墳と古代国家』白石太一郎・編）


この白石太一郎氏の、古墳年代想定について、多くの人に言及してもらいたいものである。

もちろん、この説は、石上麻呂説を肯定する論である。

3）藤原京時代の須恵器《すえき》が出土

高松塚古墳の墳丘の最下層から、藤原京時代（６９４年〜７１０年）の須恵器《すえき》が、出土した。よって、少なくとも高松塚古墳の築造時代は、大凡《おおよそ》６９４年を遡《さかのぼ》ることはないだろうという、上限が得られた。

この考古学的な見解は、尊重してよいと思われる。

下限は限定できないから、７１７年築造の高松塚古墳を否定出来ない。６９３年以前の説は、苦しくなる。

4）服飾から年代を推定

服装から、時代を読み取ろうとした探究家は、多い。しかし、服装で年代を決めるのは、乱暴すぎる。あくまでも、補足的な参考資料というスタンスが好ましい、と思われる。ただし、服装が右衽《うじん》（右まえ）の時期、左衽《さじん》（左まえ）の時期については、重要な参考資料になる。

有坂隆道氏は、人物の服装から年代を推定している。厳密に言えば、６８４年〜６８６年、としている。そして、「高松塚古墳を七〇一年以後だといわれる方は、少なくともあの人物の服装が大宝令に合致することを証明する必要がある、と思います」と記し、自説に自信満々である。
そして、被葬者として、蚊屋皇子《かやのみこ》（生年月日不詳、薨去年月日不詳）を推定している。

高松塚古墳から出土した須恵器《すえき》は、藤原京時代（694年〜710年）のものとされている。よって、高松塚古墳の築造年代の上限は、694年頃となる。下限は示すことは出来ない。須恵器《すえき》の推定が正しければ、有坂氏の服装から見た推定年代・684年〜686年は、ありえないことになる。

秋山日出雄氏は、石田尚豊《ひさとよ》氏の説を参考に、第一候補は706年〜719年、第二候補は690年〜701年、と考えられるとしている。

下限は、壁画の人物像がすべて左衽《さじん》に描かれているので、天下の服装が右衽《うじん》にあらためられた719年に置くことは、蓋然性《がいぜんせい》があろう。

有賀祥隆《よしたか》氏は次のように述べている（『国宝の美・絵画4　飛鳥・白鳳・奈良時代の絵画』週刊朝日百科・2009年10月）。

　人物群像の衣服が時世粧《じせいそう》をよく写したものとすれば、その特色としては、男女とも襟元が左衽《さじん》（左まえ）で描かれていることや、男女とも褾《ひょう》（袖口）や領《りょう》（襟）が広く表されていること、そして男子が脛裳《はぎも》でなく白袴《はっこ》（白いズボン）を穿《は》いて表現されていることである。ちなみに、これら衣服の表現が当時出される国の命令（令《りょう》）に従って描かれたとすると、それらの条件を充たす時期は限られ、七〇六年から七一九年の間となる。したがって、この期間に高松塚古墳壁画は描かれたことになる。

石上麻呂《いそのかみのまろ》説がピタリとおさまる。なお、義江彰夫《よしえあきお》氏と直木孝次郎氏は、７０２年から７１９年までに限定している。しかし、男子像は白袴《はっこ》（白いズボン）を穿《は》いていると解する限り、７０６年以降の壁画となる。よって、７０６年から左衽《さじん》（左まえ）が禁止された７１９年の間となる。

７１７年薨去《こうきょ》した石上麻呂説にとって、有利に解釈できても、不利に解釈されることはない。少なくとも、否定するものではない。

5）遺骨からの推定年齢

高松塚古墳から出土した人骨は、島五郎氏が鑑定した。

「30歳から70歳までの男子、あえていえば、筋骨たくましい初老の大男」

「歯の摩耗《まもう》状態からは、40～50歳代の可能性が高い」

島五郎氏の鑑定結果は、「推定年齢は熟年者」、であった。

歯の年齢判定は、減り具合から判断された。その歯はいわゆる親知らずで、親知らずは生える歳が人によって異なる。若いのは17、18歳、あるいは80歳を超えて生えた例もある。よって、判定の基準にならない、と鑑定した島五郎氏自身が述べている。

ならば、歯からの推定年齢は、被葬者年齢の判定基準から除いても、島五郎氏は異存はないと述べることであろう。

白石太一郎氏は、島五郎氏の人骨と歯の鑑定結果を、40～50歳代の被葬者と紹介している。しかし、人骨の鑑定結果も被葬者が老年男性である可能性を全面的に否定するものでもなかろう、とも述べている。

秋山日出雄氏は、島五郎氏の鑑定では熟年男性としているから、石上麻呂の没年齢と合致する、と述べている。

人類学者の池田次郎氏（京都大学理学部）も、追試の形で鑑定している。池田氏は、「むしろ高齢者ほどふさわしい」との結論を出している。

来村多加史氏は、島五郎氏と片山一道氏（キトラ古墳）の人骨の鑑定から、「候補者として挙げられた御主人《みうし》や麻呂《まろ》はかなり高齢であり、両古墳から推定される死亡年齢とも食い違う」と記している（『高松塚とキトラ』講談社）。

私は、これはさすがに、断定しすぎではなかろうか、と思う。

人骨の鑑定をどうとるか、人それぞれの思惑があって、興味がある。

島氏鑑定では、上は70歳までの初老の男性としているが、石上麻呂は78歳で亡くなっている。この差を、どのようにとったらいいのであろうか。私は、少なくとも島氏と池田氏の鑑定から、老年（78歳）を否定するものではないと思う。

梅原猛《うめはらたけし》氏は、島五郎氏の鑑定に不満を述べている。しかし、若者の骨ではない、ということの方が確かであろう。そうだとすると、27歳頃薨《こう》じた弓削皇子《ゆげのみこ》（梅原猛氏説）、25歳で薨じた大津皇子《おおつのみこ》（山本忠尚氏説）、28歳で薨《こう》じた草壁皇子《くさかべのみこ》（吉野裕子氏説）は、全面否定することもないが、確実な範囲内とは言えないであろう。

少なくとも人骨からは、石上麻呂《いそのかみのまろ》説を否定できないのである。

6）海獣葡萄鏡《かいじゅうぶどうきょう》は遣唐使によってもたらされた

陝西省《せんせいしょう》西安の独孤思貞《どっこしてい》墓より、海獣葡萄鏡《かいじゅうぶどうきょう》が出土した。この鏡は、高松塚古墳出土の海獣葡萄鏡と、同笵《どうはん》関係（同じ鋳型から鋳造された鏡を同笵《どうはん》鏡という）にあるという。墓誌により６９７年埋葬、６９８年に改葬されたことが知られる。この鏡は、これより前に作られたことになり、高松塚古墳の年代推定の根拠となった。

中国人の王仲殊《おうちゅうしゅ》氏は、忍壁皇子《おさかべのみこ》説（７０５年）である。王氏は、海獣葡萄鏡《かいじゅうぶどうきょう》は、７０４年帰国の遣唐使《けんとうし》によってもたらされた可能性が高い、と述べている。

よって、7世紀に亡くなった皇子《みこ》たちは、この鏡を埋葬できず、忍壁皇子《おさかべのみこ》だけが被葬者の対象となりうる、と推測している。

高市皇子《たけちのみこ》説の土淵《つちぶち》正一郎氏は、「7世紀後半の制作であれば、それが６９６年に築造された高松塚に埋蔵されることは、慶雲元年（７０４年）の遣唐使を経《へ》ずとも可能である。おそらく、新羅王《しらぎおう》は唐から海獣葡萄鏡を入手し、これを太政大臣《だじょうだいじん》だった高市《たけち》に献上したのであろう」と述べているが、何を根拠に？との疑問がある。

海獣葡萄鏡《かいじゅうぶどうきょう》によって、高松塚古墳の年代を決めるのは、慎重であるべきであろう。ある程度の上限は、推測できるが。

石上麻呂説（717年）を否定するものではない。むしろ最も有利に解釈できる。

7）銀荘唐様大刀《ぎんそうからようたち》からも年代が想定できる

高松塚古墳の被葬者は、黄金荘《おうごんそう》の大刀《たち》を副葬される階層、つまり天皇ではないと推定できる。そして、この大刀様式からも、年代想定ができる。

白石太一郎氏は次のように述べている。


聖武天皇の持ち物であったと想定できる正倉院《しょうそういん》の金銀鈿装唐大刀《きんぎんでんそうとうたち》と共通する様式の銀装の刀装具が出土しており、副葬品からもこの年代想定（七二〇年に近い頃）が正しいことが裏付けられる。

（『古代を考える　終末古墳と古代国家』白石太一郎・編）


皇子《みこ》説、渡来系の王族説の人たちは、この年代想定（720年に近い頃）を無視する。石上麻呂説（717年）にとっては、余裕であろう。しかし、あくまでも補足的な年代想定であり、上限を設定するのは、慎重にすべきであろう。

8）火葬された持統天皇

持統《じとう》天皇は702年崩御《ほうぎょ》され、火葬された。文武《もんむ》天皇も707年崩御され、火葬された。よって、その後亡くなった皇子《みこ》たちは、火葬されたとも推測できる。また、高級官僚も火葬された、とも推測可能。直木孝次郎氏と王仲殊《おうちゅうしゅ》氏が被葬者と推定している忍壁皇子《おさかべのみこ》は、705年薨去《こうきょ》している。よって、火葬された可能性も考えられ、高松塚古墳の被葬者とは考えにくい、との説もある。

717年薨去された左大臣・石上麻呂《いそのかみのまろ》も、火葬されたのでは、との説もある。しかし、皇子《みこ》たちよりは、その可能性が少ないであろう。大豪族たちは、この部分においては伝統を守っていた、とも考えられる。

奈良市に位置している石のカラト古墳は、平城京遷都《せんと》後の古墳と見られている。築造は、平城遷都710年以後と推測される。しかし、火葬されていない。

火葬の件は、石上麻呂《いそのかみのまろ》説にとっては、やや不利であろう。忍壁皇子《おさかべのみこ》説にとっては、さらに不利であろう。しかし、石のカラト古墳の被葬者は、火葬されていないことから、石上麻呂説を否定するものではない。

9）帰葬《きそう》による平城京遷都710年下限説

平城京《へいじょうきょう》に移ってからの、藤原京への帰葬《きそう》は反逆行為であり、平城京遷都《せんと》（710年）後の築造はありえない、とする意見もある（直木孝次郎氏、等）。よって、高松塚古墳築造の下限を、710年とする。ほとんどの学者がこの説を採《と》っている、といっても過言ではない。

しかし、石上麻呂《いそのかみのまろ》は、いままでいう総理大臣の位として、藤原京の留守司《るすのつかさ》として残っていたこと、そして陪塚《ばいちょう》として葬《ほうむ》られたことを考慮すれば、この問題は一気に解決できる。逆に言えば、陪塚《ばいちょう》だからこそ帰葬が許されたともいえ、陪塚説の裏付けともなる。私は、かえって石上麻呂《いそのかみのまろ》説を支持する材料となる、と思う。

10）本貫地《ほんがんち》でないのは不自然か？

大豪族の氏上《うじのかみ》である石上麻呂《いそのかみのまろ》は、本貫地《ほんがんち》に埋葬されるのが自然である。よって、この地に埋葬されるのは不自然、と述べる者もいる。

百橋明穂《どのはしあきお》氏は、次のように述べている（『古代壁画の世界――高松塚・キトラ・法隆寺金堂』吉川弘文館）。

> 石上は現在の天理《てんり》市付近が根拠地である。むしろ自分たち一族の本貫地にそれぞれの流儀に従って墓葬するのが当然で、あえて自分一人が一族の本貫地を離れて墓を築造することは不自然であろう。

また、キトラ古墳の被葬者と推定されている大豪族・阿倍御主人《あべのみうし》も、本貫地に埋葬されるのが自然である、との意見もある。

私は、高松塚古墳は、中尾山古墳（文武天皇陵推定）の陪塚《ばいちょう》であると確信している。また、キトラ古墳も、陵園に対する陪塚的な古墳である。

両古墳壁画が語っている本義・「死後、天皇崇敬《すうけい》守護」と、「本貫地《ほんがんち》拒否」は一致する。つまり、〈陪《ばい》塚的《ちょう》＝本貫地拒否《ほんがんち》〉なのだ。

さらに言えることがある。

本貫地拒否の背景には、次のことも重要な要因である、と考えられる。それは、唐の陪陵制度《ばいりょう》――臣下も皇帝の陵園に埋葬される――を真似《まね》たともいえるのである。

ならば、

①古墳に壁画を描くこと

②臣下が陵園内に埋葬されること

この二つは、唐の陪陵制度の影響を受けたものと思われる。

よって、本貫地拒否《ほんがんち》は、臣下・陪塚説《ばいちょう》の証拠ともなり、石上麻呂《いそのかみのまろ》説を支持する材料になる。

11）八角形中尾山古墳との関係

高松塚古墳の北・約200メートルの位置に、中尾山古墳がある。中尾山古墳は、八角形であり、真の文武天皇陵であろうと推測されていることは前述した。しかし、高松塚古墳と中尾山古墳の関係を考察している探究者は、少ない。

高松塚古墳発掘者でもある秋山日出雄氏は、高松塚古墳は中尾山古墳（文武天皇陵推定）の陪塚《ばいちょう》である、との説を述べている。

同じ発掘者である網干善教《あぼしよしのり》氏も、両古墳の間には、何らかの関係があるとして、次のように述べている。

同じ時期に一つの地域に並んで古墳が作られている。きわめて接近した世代、もしかすると同じ世代かもわからないという中で作られているこの二つの古墳が、全く関係なしにつくられたとは、理解できない。それをどういうふうに理解していくのかということも、一つの問題点であろうと思うのです。

(『地下に歴史を掘る』網干善教・共著・朝日新聞社)

高松塚古墳と中尾山古墳の関係を、陪塚《ばいちょう》として詳しく考察しているのは、秋山氏のみであろう。私は、秋山氏の陪塚《ばいちょう》説を知り、大興奮した。私の説を後押ししてくれる、内容だったからだ。私は、秋山説を知る前に、高松塚古墳は、天皇（北極星）を輔弼《ほひつ》する北斗八星（七星）である、と推定していた。そのように推定できたのは、「高松塚古墳の呪術は伊勢神宮の呪術と同じ」であった、からである。秋山日出雄氏の陪塚《ばいちょう》説は、私に、千人力《せんにんりき》の手をさしのべてくれたのである。皇子《みこ》説、渡来人王族説の人たちは、高松塚古墳と中尾山古墳との関係については、ほとんど言及《げんきゅう》していない。

12) 怨霊《おんりょう》説（頭骨がないこと）

梅原猛氏が唱えている、弓削皇子《ゆげのみこ》説（怨霊《おんりょう》説）についても、一言述べなければならない。確かに、不思議である。頭蓋骨《ずがいこつ》がなく、さらに壁画が傷つけられている。この件については、次のように考えられる。

盗掘に入った者は、壁画の立派さに驚いたに違いない。今まで見たことのない壁画である。真っ白な壁面に整然と描かれた絵は、恐怖であった。恐ろしい強固な呪術を感じた。その恐怖にうち震えたに違いない。盗掘者はパニックになり、破壊願望が生じたのではなかろうか。

来村多加史《きたむらたかし》氏は、悪行、腹立ち紛れ説を述べているが、それに同意したい。

来村氏は、高松塚古墳の盗掘者とキトラ古墳の盗掘者は、同じであると、『高松塚とキトラ』のなかで記している。さらに、盗掘の手口が巧妙になっていることから、最初に高松塚古墳を盗掘し、その後キトラ古墳を盗掘したのであろう、と述べている。

キトラ古墳の場合は、二回目であることから壁画には慣れていて、挨拶《あいさつ》程度に傷つけたのであろうとしている。

詳細は割愛《かつあい》するが、泥棒の心理をよく表現しており、リアリティを感じさせられる。

ただ、来村氏は頭蓋骨《ずがいこつ》については述べていないが、これとて、腹立ち紛れ、悪行ついでに頭蓋骨を持ち出したと考えてもおかしくない。

いずれにせよ、梅原猛氏は、埋葬者がそのようにしたとの見解であるが、私は、盗掘者がそのようにしたと推測したい。

もう一つの説もある。橿原《かしはら》考古学研究所の今尾文昭氏は、次のように述べている。

「高松塚古墳で失われた頭蓋骨《ずがいこつ》は鎌倉時代の信仰の対象として狙われ、持ち去られた可能性が極めて高いといえるでしょう」と。

2　被葬者検証作業❷高松塚古墳壁画は、陪塚《ばいちょう》・天皇出行図《しゅっこうず》である

（1）「出行図《しゅっこうず》」とする解釈

高松塚古墳とキトラ古墳の壁画を見て、悲劇を感じるであろうか。

高松塚古墳の人物像を見て、梅原猛氏が感じたような非業《ひごう》の死に対する、怨霊《おんりょう》、慟哭《どうこく》、悲憤、等々のイメージは、どうしても湧《わ》いてこない。むしろ、伸びやかな宮廷生活風景であり、緊張した風でもなく、ゆったりとした時間が過ぎていく、優雅な風情《ふぜい》である。

来村多加史《きたむらたかし》氏は、『高松塚とキトラ』（講談社）のなかで、人物画は、外出を意味する、「出行図《しゅっこうず》」であると記している。

また、中国壁画に描かれている、儀仗《ぎじょうたい》隊に先導されるなどして威儀《いぎ》を正して出かける「出行図」とは違い、従属的な雰囲気が薄れ、被葬者を野外へと誘う親しい仲間のような印象を受ける、と述べている。さらに、威儀を見せつけよう、主人を守ろう、という肩肘《かたひじ》張った窮屈《きゅうくつ》さが、彼らには感じられない、とも記している。

「出行図《しゅっこうず》」との解釈は、早くから上田宏範《ひろのり》氏が述べていたようであるが、卓見《たっけん》である。秋山日出雄氏も、八人ずつの男女について、「いずれにしても律令時代の朝賀あるいは出行図の行進を図示したと考えて大過はない」と述べている。

来村氏が言うように〈ピクニック気分の万葉人〉であろう。

男子像の中に、首から前にかけているカバンが描かれている。その中身は、座布団のようなものと推測できるが、三人がそれを持っているのは不思議である、と来村氏は述べている。

私は、このカバンのなかの一つには、酒器などが入っているような気がしてならない。時々、帝車《ていしゃ》（北斗八星）から降りて、花見、紅葉狩り、雪見、等々の宴などを楽しんでいただく、という趣向をこらしているのではなかろうか。物見遊山《ものみゆさん》、遊楽気分を満喫できるような、粋《いき》な計らいを表現している壁画である、と感じるのである。

（2）出行図《しゅっこうず》の証明と「太極（北極星）八卦（北斗八星）」の呪術

壁画の八人ずつの男女は、被葬者・石上麻呂《いそのかみのまろ》を守ろうとしていると同時に、被葬者自身でもある。この男女群像は、永遠に、北極星である天皇（文武・他）を「言祝《ことほ》ぎ・守護」していこうとする、北斗八星（帝車）としての被葬者・石上麻呂《いそのかみのまろ》自身なのだ。

高松塚古墳の壁画は、〈帝車＝北斗八星＝八人ずつの男女＝被葬者・石上麻呂《いそのかみのまろ》＝八卦《はっか》〉として、北極星である天皇（文武・他）をお乗せし、飛鳥《あすか》を、そして宇宙を優雅に遊覧しましょう、という「北斗八星陪塚《ばいちょう》・天皇乗車出行図《しゅっこうず》」なのである。

まさに、世界一格調の高い、出行図といえよう。

出行図であることを証明するものは、高松塚古墳（北斗八星）が「太極（北極星）八卦《はっか》（北斗八星）」の呪術を採用しており、中尾山古墳（文武天皇・北極星）の陪塚《ばいちょう》である、ということなのだ。

逆に、「太極（北極星）八卦《はっか》（北斗八星）」の呪術と「陪塚《ばいちょう》」であるとの証明は、出行図である、ともいえるのだ。

これほど格調高く優雅な「北斗八星陪塚《ばいちょう》・天皇乗車出行図《しゅっこうず》」は、どこにも例がない。もちろん、中国にも見あたらないと思う。

（3）出行図《しゅっこうず》を否定する説

しかし、高松塚古墳壁画は出行図《しゅっこうず》ではない、と否定する説もある。

山本忠尚《ただなお》氏は、来村氏の出行図説に対して否定的である。次のように述べている。

たしかに南（すなわち入り口）へむいた人物が多い。しかし、顔のむきは定まっていないし、男性は足をそろえて止まっている。むしろおたがいに談笑しているようにみえる。男性が持つ細長い袋の中身が大刀であるとすれば、出行するのに袋のままのはずがないだろう。また、唐墓壁画において男女がまじりあうことは初期にはなく、墓室内に男性はいない。逆に女性が出行する場面は皆無である。

また、なんのために外へむかうのかというと、来村の表現によれば、人物は中国のように従属的な者ではなく、むしろ被葬者を野外へさそう「ピクニック気分」の親しい仲間たちのような印象を受けるといい、『万葉の衣食住』は儀式に出かける場面だとする。唐ではあり得ないことである。女性は出行しないのだ。

（『高松塚・キトラ古墳の謎』山本忠尚・吉川弘文館）

確かに、山本忠尚《ただなお》氏が記しているように、中国壁画に見られる出行図とは、違っている。高松塚古墳は、墓道空間のない横口式石槨《せっかく》様式である。描き方が違ってくるのは、当然である。

しかし、なによりも、この出行図は、中国の呪術原理を活用した、中国でもありえないほどグレードの高い、日本独自の「北斗八星陪塚《ばいちょう》・天皇乗車出行図《しゅっこうず》」なのである。このことを理解すれば、すべての疑問が氷解するはずだ。

（４）世界一の出行図《しゅっこうず》である

このような宇宙規模の出行図を考えついた、石上麻呂《いそのかみのまろ》と官僚画工・黄文本実《きぶみのほんじつ》に対しては、伊勢神宮の呪術的グランドデザインを利用したとはいえ、その抜きんでた才能には、ただただ、感服するのみである。黄文本実《きぶみのほんじつ》については、後ほど記す。

中国の皇帝は、天子である。皇帝は、ときには天帝の意味に使われるときもあるが、あくまでも、皇帝は天帝の子、天子である。それは、易姓革命《えきせいかくめい》の原理ともなっている。中国皇帝は、厳密に言えば、このような出行図は描けない。

※易姓革命《えきせいかくめい》……徳を失った現在の王朝に天が見切りをつけたとき、革命（天命を革める）が起きるとされた。王朝交代。

万世一系《ばんせいいっけい》の天皇（北極星）であるからこそ描ける、「北斗八星陪塚《ばいちょう》・天皇乗車出行図」なのだ。

中国で描かれている出行図壁画は、儀仗隊《ぎじょうたい》に先導されるなどして、威儀を正して出かける様子を墓道に描き、現実の範囲内で描いている。

高松塚古墳の場合は、宇宙への出行図なのである。

中国の出行図と比べ、壁画の絵の大きさは、あまりにも小さい。だが、内容のスケールは、比べものにならないほど大きい。

中国の出行図には、女性は描かれない、と山本氏は述べている。しかし、高松塚古墳壁画の出行図は、だからこそ日本独自なのだ。ちなみに、女子像と男子像はペアであり、陰陽《いんよう》を表現している（呪術の質が高い）。

なお、『淮南子《えなんじ》』の天文訓に、〈北斗の神に雌雄《しゆう》あり、雄は左に行《めぐ》り、雌は右に行《めぐ》る〉と記してあるが、

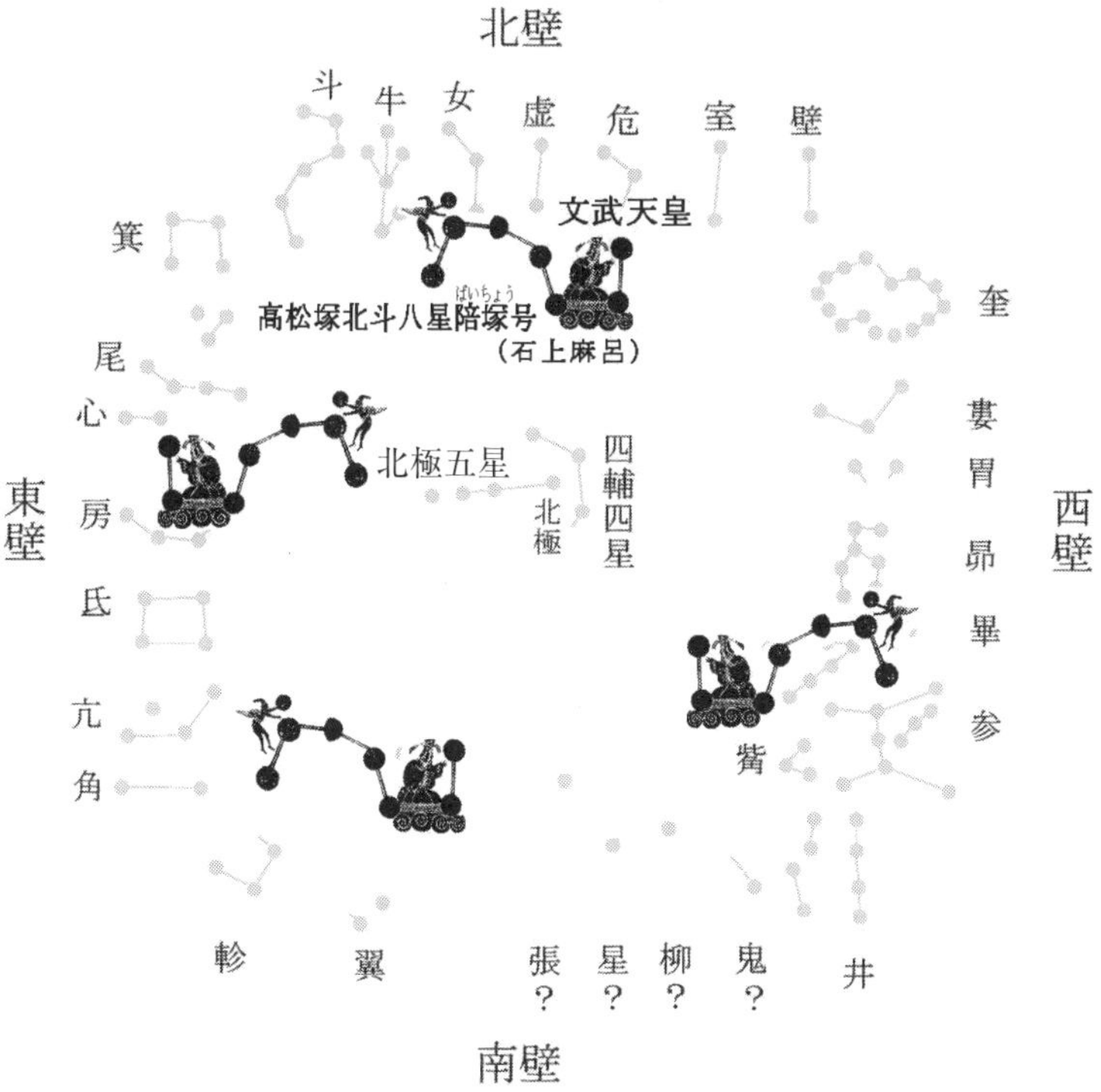

※漢代の画像石の拓本《たくほん》（帝車）を利用して描くこととする。帝車《ていしゃ》の名前は、「高松塚北斗八星陪《ばいちょう》塚号」。乗車するのは、中尾山古墳の被葬者・文武《もんむ》天皇。
※石上麻呂《いそのかみのまろ》（717）の心情を考えれば、高松塚の近くに存在する天皇陵の被葬者、天武《てんむ》（686）・持統《じとう》（702）天皇、草壁《くさかべ》皇太子・天皇号追贈（689）、斉明《さいめい》天皇（661）、も乗車させている、と思われる。

図５－１　天皇出行《しゅっこう》宇宙遊覧図

高松塚古墳壁画に描かれた男女八人ずつの北斗八星は、そのような意味ではなく、日本独自の、〈男女合同の特別な帝車（陰陽帝車）＝男女合同北斗八星（陰陽北斗八星）〉であろうと推測される。

高松塚古墳壁画の特質を全部述べると、次のように言えよう。

「陰陽・八人ずつの男女・帝車・深緑色・北斗八星陪塚《ばいちょう》高松塚・天皇（文武・他）乗車出行図」

なんと、賑《にぎ》やかな帝車であることか。天皇（北極星）が楽しめるよう、精一杯工夫したのであろう。

出口に向かって移動しようとしている、女性たちの構図の素晴らしさと、その姿は、絵師の水準が類《たぐい》まれであることを示している。

この絵を描いた絵師は、センス溢《あふ》れた、洒脱《しゃだつ》な感じのする思考の持ち主であった。被葬者の気持ち――天皇に対する「言祝《ことほ》ぎと守護」――をこのように優雅に表現できた技量の持ち主の絵師は、精神も高度に円熟していたに違いない。

この絵師は、タダ者ではない。

この人物像は、少し大げさであるが、意味深さを比較すれば世界的な傑作と言われている「モナ・リザ」（レオナルド・ダ・ヴィンチ）の絵にも匹敵《ひってき》するのではなかろうか。あるいは「最後の晩餐《ばんさん》」か。

いやいや、北斗八星（八人の男女・石上麻呂《いそのかみのまろ》）が北極星（天皇）をお乗せし、宇宙を駆《か》け巡《めぐ》るという「北斗八星陪塚《ばいちょう》・天皇乗車出行図」となれば、「モナ・リザ」「最後の晩餐《ばんさん》」を超えている。

文武《もんむ》天皇が、北斗八星（石上麻呂《いそのかみのまろ》・八人ずつの男女）という帝車《ていしゃ》に乗り、出行《しゅっこう》し、宇宙の四方上下を駆け巡り遊覧する、という様子を描くと図５―１のようになる。もちろん、考えすぎであろうが、北斗八星が描かれていないのは、まるで、宇宙を駆け巡っている最中である様子を表現しているようにも、感じてしまうのだ。

３　被葬者検証作業❸八人ずつの男女像の立ち位置から、北斗八星が描ける

（１）四人ずつの男女で構成する北斗八星

何度も述べているが、高松塚古墳壁画に描かれている八人ずつの男女は、天井に描かれていない北斗八星を意味している。ならば、描かれている八人ずつの男女に、北斗八星であることの形が、見られるのではなかろうか？

このように考察すれば、牽強付会《けんきょうふかい》と思われるであろうが、北斗八星図が描けるのだ!!

まずは、「図５―２」、「図５―３」を見ていただきたい。

東壁の八人（男女）と、西壁の八人（男女）は、それぞれ北斗八星に擬《なぞら》えられるのだ。一人一星と見立てて、その立ち位置を線で繋《つな》いでいくと、北斗八星らしきものが出現する。つまり、男女合同の「北斗八星・帝車」が二つ表現できるのだ!!　陰陽の帝車である。

北斗八星と推測できる根拠がいくつかある。

①輔星《ほせい》に当たる女性が、いかにも輔星《ほせい》らしき位置にいる。

・一番離れた位置にいるから、輔星と見てとれる。

②ほぼ、四人の男性は整列しているが、女性は整列していない。

・男性群は、北斗八星の魁《かい》（第一星から第四星）の部分（容器）を、そして女性群は北斗八星の柄《え》（第五星から第八星）の部分を表現している、と推測可能。ならば、女性群が整列していないことも、納得のいく説明となる。

③第四星に当たる男性は、両者とも前を向いていない。後ろと横を向いている。

・特に東壁の男性（第四星）は、後ろにいる女性群を気にしている風でもあり、この星（第四星）が後ろの星（第五星）へと柄《え》を伸ばしているようでもある。

④第六星に当たる女性は、両者とも後ろを向いている。

・第六星の女性は、第七星の女性に、柄《え》を繋《つな》いでいるように見える。

⑤東壁の北斗八星には青龍《せいりゅう》が、西壁の北斗八星には白虎《びゃっこ》が、描かれている。

・青龍と白虎は、人物像と同様、低い位置に描かれている。それは、まるで北斗八星（帝車）の守護神として、一緒に出行しようとしている風である。

図5－2　高松塚・八人の男女の立ち位置と北斗八星表現・東壁

図5－3　高松塚・八人の男女の立ち位置と北斗八星表現・西壁

※男子群像と女子群像の距離は近付けてある。また、青龍と白虎は、少し大きく描いてある。日月図も大きく、近づけている。

(2) 昼夜運行の北斗八星・帝車

さらなる考察をしてみよう。

東壁と西壁には、日像《じつぞう》と月像《がつぞう》が描かれている。この日像と月像を加えて、全体を考えてみる。すると、高度な呪術が明らかになる。

呪術的には、日像《じつぞう》は陽、月像《がつぞう》は陰を意味する。そして、日像は昼、月像は夜を表現している。ならば、次のように言える。

東壁の北斗八星は、陰陽の陽の帝車であり、昼運行の帝車。
西壁の北斗八星は、陰陽の陰の帝車であり、夜運行の帝車。

両方合わせて、
陰陽・昼夜運行の北斗八星・帝車。

ならば、高松塚古墳に描かれた帝車は、二輪ではなく、陰陽の帝車が繋《つな》がった四輪の帝車であろう。

※陰陽の帝車自体が、男女四人ずつで、既に、陰陽を示している。

文武《もんむ》天皇（北極星・中尾山古墳）は、このような帝車（高松塚古墳・北斗八星・石上麻呂《いそのかみのまろ》・八人ずつの男女）に乗り、出行し、天を遊覧していたのである。

以上のことから、八人ずつの男女は、その立ち位置から、北斗八星に擬《なぞら》えられている、と思われる。

なぜ女子群像は、整列していないのか？

この件は、たびたび指摘されてきた。納得のいく答えは、いまだになかった。しかし、この疑問は、これで氷解した、と思う。皆さんは、どのように感じられるであろうか？

（3）蓋《きぬがさ》は、誰に向かって差し掛けているのか？

もう一つ、気になることがある。蓋《きぬがさ》は、誰に向かって差し掛けているのか？　という疑問である。

私は、正直、この答えに窮《きゅう》する。

いずれにせよ、蓋《きぬがさ》は、被葬者・石上麻呂《いそのかみのまろ》の一位の身分を表現していることは、確かである。よって、この結論が出ているのであるから、これ以上の詮索《せんさく》は不要であろう。

しかし、逃げてはいけない。この件についての、私の解釈と仮説を述べたいと思う。

八人ずつの人物が、北斗八星（石上麻呂・帝車）であり、出行図《しゅっこうず》を意味している、という前提で考察する。

東壁の第二星の人物が持っている蓋《きぬがさ》は、次のように考えられる。
i　東壁の第一星の人物像に差し掛けている。
ii　横たわっている被葬者に差し掛けている。
iii　iとiiの両方を表現している。
iv　差し掛けているのではなく、北斗八星・帝車に擬《なぞら》えられた石上麻呂《いそのかみのまろ》の身分（一位）と役割（北斗八星・帝車）を表現している。

iについては次のようにいえる。

東壁の第一星は、第一星であるがゆえ、北斗八星を象徴している、とも考慮できる。

ならば、東壁の第一星は、北斗八星である石上麻呂《いそのかみのまろ》を象徴している、とも推察できる。

よって、蓋《きぬがさ》は、東壁の第一星（石上麻呂を象徴）に差し掛けられている、との解釈も可能である。

しかし、その解釈は、希薄であろうと思う。

※この説をサポートする説として、東壁の第一星の人物は口髭《くちひげ》や顎鬚《あごひげ》をつけているから、被葬者自身であろう、と述べている人もいる。素人の私には、東壁に描かれている第一星の当該人物（写真）を見ても、口髭《くちひげ》や顎鬚《あごひげ》を付けているとは判読できないのであるが……。修復で泥の部分を取り除けば、髭《ひげ》や帽子の形がはっきりするのであろうか？

iiについては次のようにいえる。

横たわっている被葬者は、石上麻呂《いそのかみのまろ》である。

当然、蓋《きぬがさ》は、被葬者・石上麻呂に差し掛けられている、と見るのが自然であろう。

しかし、被葬者・石上麻呂は、八人ずつの男女となり、また北斗八星（帝車）となり、天皇をお乗せして出行することを目的としている。このような、特殊な事情がある。

ならば、北斗八星の第二星が持っている蓋《きぬがさ》は、横たわっている被葬者・石上麻呂に差し掛けているというよりも、北斗八星の身分（一位）を、誇らしげに表現している、と思われる。

よって、蓋《きぬがさ》は、被葬者・石上麻呂に差し掛けている、という解釈は、出行図であるかぎり、成り立たないと考えられる。


私は、ⅳであろうと推測する。

蓋《きぬがさ》を垂直に立てていることから、差し掛けているというよりは、八人ずつの男女が構成している、「石上麻呂《いそのかみのまろ》・北斗八星・帝車」の身分（一位）を、蓋《きぬがさ》によって表現している、と思われる。まさに、被葬者の地位を明らかにする旗のような役目をしているのではないだろうか。

私は、八人ずつの男女・十六人全員が、侍者《じしゃ》（貴人のおそばつきの者）とみる。だからこそ、東壁の第一星の人物も、他の人物と同じ侍者の身なりなのである。

男女の侍者《じしゃ》一人一人は、石上麻呂《いそのかみのまろ》ではない。しかし、侍者が八人ずつ揃《そろ》うことにより、全体として石上麻呂（北斗八星・帝車）になるのだ。

垂直に蓋《きぬがさ》を掲げている東壁の第二星の侍者《じしゃ》の態度は、自分自身も北斗八星の構成員であり、自分の所属部隊（北斗八星・帝車）とその地位の旗（蓋《きぬがさ》・一位・石上麻呂《いそのかみのまろ》）を、自慢げに掲げている、という風に見える。

いずれにしても、垂直に掲げられた蓋《きぬがさ》は――石上麻呂《いそのかみのまろ》自身が一位（深緑色）の陰陽の北斗八星・帝車（八人ずつの男女）となり、天皇（文武《もんむ》）を永遠に輔弼《ほひつ》・守護し、時々、天皇をお乗せし、宇宙に向け出行《しゅっこう》する役目を担《にな》っている――その石上麻呂《いそのかみのまろ》の、身分と役割を示した、誇り高き、喜びの表現であろう。

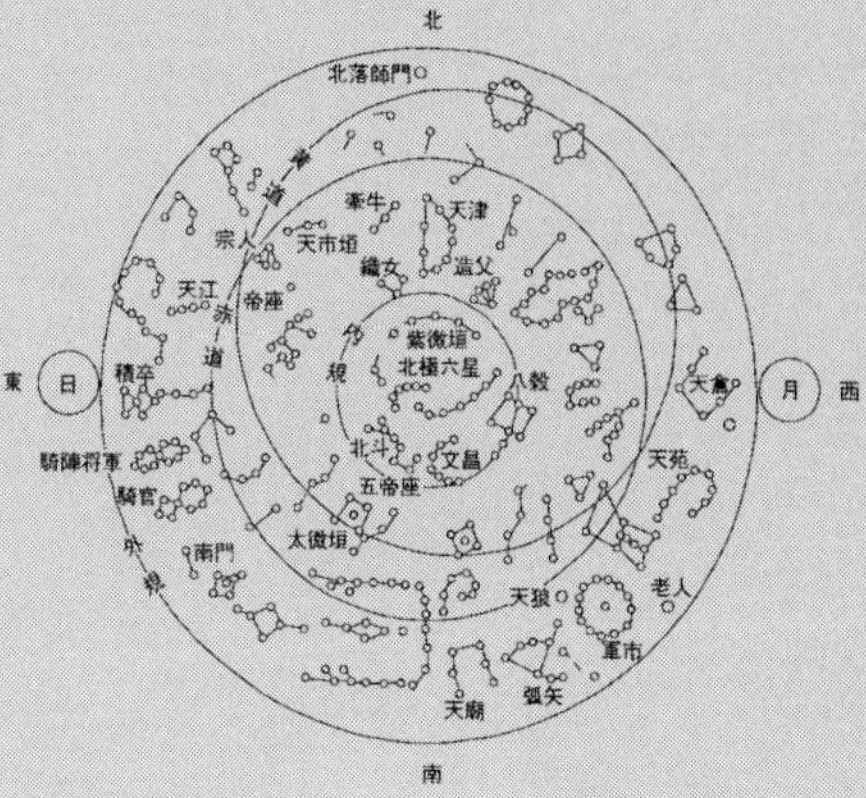

第6章　キトラ古墳も高松塚と同じグランドデザインでつくられた

私は、最初、キトラ古墳については、興味がなかった。高松塚古墳と違い、「八の世界」では無かったからである。しかし、私は、突然、閃《ひらめ》いた。キトラ古墳の壁画制作の動機は、高松塚古墳壁画制作のそれと同様である、と。

高松塚古墳壁画の制作動機は、分かっている。ならば、同じ動機をキトラ古墳に適用すれば良い。私は、この閃《ひらめ》きと勘が、当たったと思う。キトラ古墳の、概要について、述べることとする。

1　キトラ古墳の壁画は十二支獣頭人身像《じゅうにしじゅうとうじんしんぞう》

キトラ古墳は、奈良県高市郡《たかいち》明日香《あすか》村字《あざ》阿部山に位置している。高松塚古墳の、やや西より南・約1・2kmの場所にある。

いわゆる、「聖なるライン」（藤原京中央と天武《てんむ》・持統《じとう》陵を結ぶ線）と呼ばれている線上に近い所に、位置している。

二段築成の墳丘をもつ円墳。高松塚古墳よりは、少し小さい。

1983年のファイバースコープによる内部探査で、北壁に描かれた玄武《げんぶ》が確認された。その後、数次にわたる探査の結果、石槨《せっかく》内の壁画の全貌《ぜんぼう》が明らかになった。

図6－1　キトラ古墳全景
『キトラ古墳と発掘された壁画たち』飛鳥資料館

石槨《せっかく》内部は、漆喰《しっくい》が塗られており、東西南北の壁には、青龍《せいりゅう》、白虎《びゃっこ》、朱雀《すざく》、玄武《げんぶ》の絵が残っていた。さらに四方の壁それぞれに、三体ずつの十二支獣頭人身像《じゅうとうじんしんぞう》が描かれていた、と思われる。天井《てんじょう》には、金箔《きんぱく》で作られた星を朱線《しゅせん》で結ぶ星座が、描かれている。さらに、内規《ないき》、外規《がいき》、赤道《せきどう》、黄道《こうどう》が描かれ、本格的な天文図となっている。外規の東西には、日像《じつぞう》、月像《がつぞう》が外接している。

※十二支獣頭人身像《じゅうとうじんしんぞう》……頭が十二支の動物で、それ以外が人間の体をしている像。

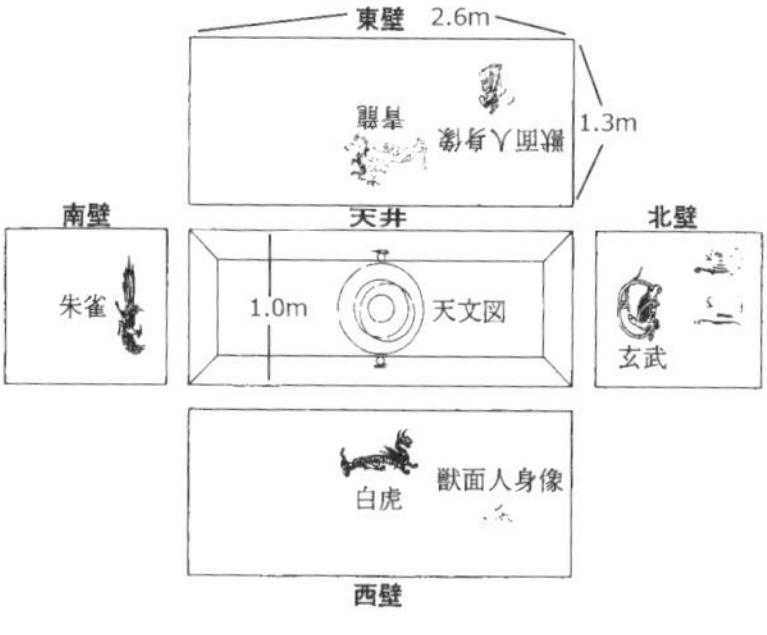

図6－2　キトラ古墳・壁画全体図
『飛鳥・藤原京展』より

（1）四神《ししん》図が揃っていた

高松塚古墳の朱雀《すざく》図は、盗掘穴によって消滅していたが、キトラ古墳には、四神《ししん》図すべてが揃《そろ》っている。

西壁に描かれている白虎《びゃっこ》図は、高松塚古墳の白虎図と違って、北を向いている。

それは、なぜなのか、という疑問の声がある。これに対して、十二支獣頭人身像《じゅうとうじんしんぞう》が循環《じゅんかん》を示していることから、四神図も循環させたのである、との説もある。十二支八卦《はっか》鏡にはこうした例もあり、不思議ではない。

◎東壁・青龍

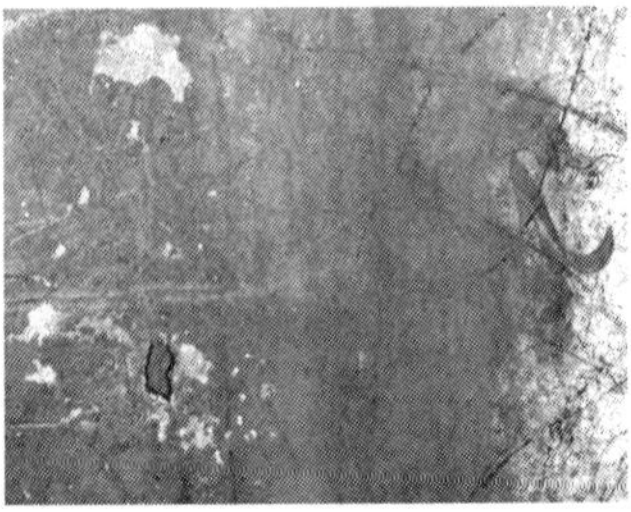

図6－3　キトラ古墳・青龍（写真）
『キトラ古墳と発掘された壁画たち』飛鳥資料館

図6－4　キトラ古墳・青龍（模式図）
『高松塚とキトラ』来村多加史・講談社

◎南壁・朱雀《すざく》

図６－５　キトラ古墳・朱雀《すざく》（写真）
『キトラ古墳と発掘された壁画たち』飛鳥資料館

図６－６　キトラ古墳・朱雀《すざく》（模式図）
『高松塚とキトラ』来村多加史・講談社

◎西壁・白虎

図６－７　キトラ古墳・白虎（写真）
『キトラ古墳と発掘された壁画たち』飛鳥資料館

図６－８　キトラ古墳・白虎（模式図）
『高松塚とキトラ』来村多加史・講談社

◎北壁・玄武《げんぶ》と北壁全体

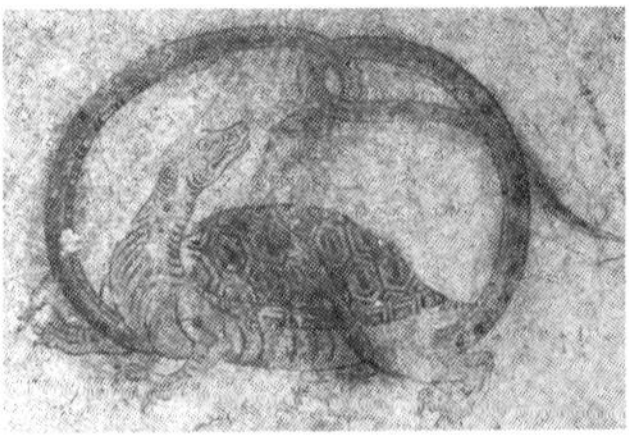

図6－9　キトラ古墳・玄武《げんぶ》
『キトラ古墳と発掘された壁画たち』飛鳥資料館

図6－10　キトラ古墳・北壁全体
『キトラ古墳と発掘された壁画たち』飛鳥資料館

（2）日像《じつぞう》と月像《がつぞう》も描かれていた

キトラ古墳の横口式石槨《せっかく》は、まだ家形石棺《せっかん》の内部の名残りをとどめていて、天井《てんじょう》部にくり込みをもつ。このくり込みの部分の東西に、日像《じつぞう》と月像《がつぞう》が描かれている。高松塚古墳にはくり込みがなく（キトラ古墳に比べて新しい）、日像と月像は、垂直壁面に描かれていた。

日像《じつぞう》には金箔《きんぱく》が、月像《がつぞう》には銀箔が貼られていた。しかし、金箔、銀箔は、盗掘者によって、はぎ取られている。

◎日像図《じつぞう》

日像《じつぞう》は、削《けず》り取られていて、様子が分からない。高松塚古墳の日像《じつぞう》と同様に、三本足の烏《からす》が描かれていた、と推測される。

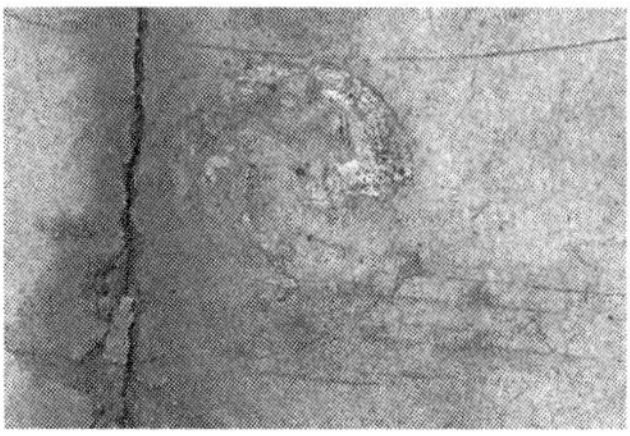

図６－11　キトラ古墳・日像《じつぞう》（写真）
『キトラ古墳と発掘された壁画たち』飛鳥資料館

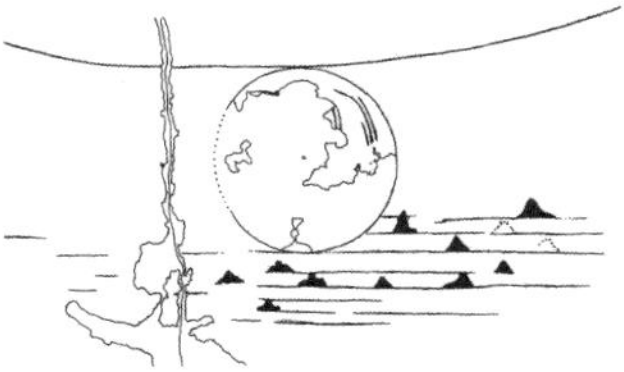

図６－12　キトラ古墳・日像《じつぞう》（模式図）
『高松塚とキトラ』来村多加史・講談社

◎月像図《がつぞう》

月像《がつぞう》は、削り取られていて、何が描かれていたかは不明。高松塚古墳の月像と同様に、ウサギ、カエル、桂樹が描かれていた、と推測される。

（3）日本独自の十二支獣頭人身像《じゅうとうじんしん》

十二《じゅうに》支獣頭人身像《しじゅうとうじんしんぞう》は、東西南北の垂直壁面に、三支ずつ描かれている。着衣の色は、四神図の色と同じである。つまり、五行《ごぎょう》説によって色分けされている。

似通《にかよ》った絵はあるが、全く同じ構図の絵は、中国、朝鮮半島においてもまだ見つかっていない（図6—15、図6—16、図6—17）。網干善教《あぼしよしのり》氏は、次のように述べている。

簡単に、「北朝鮮の高句麗古墳壁画が日本の壁画古墳に影響を与えた」などと言っているけども、誰がそのようなことを調べたのか。調べもしないのにそのようなことを言ったらいけない、という

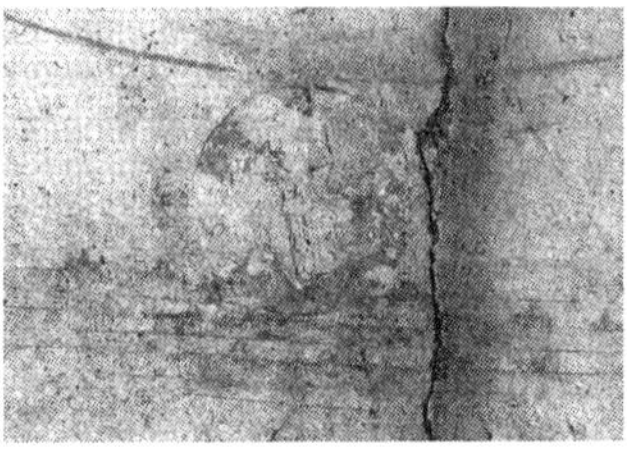

図6－13　キトラ古墳・月像《がつぞう》（写真）
『キトラ古墳と発掘された壁画たち』飛鳥資料館

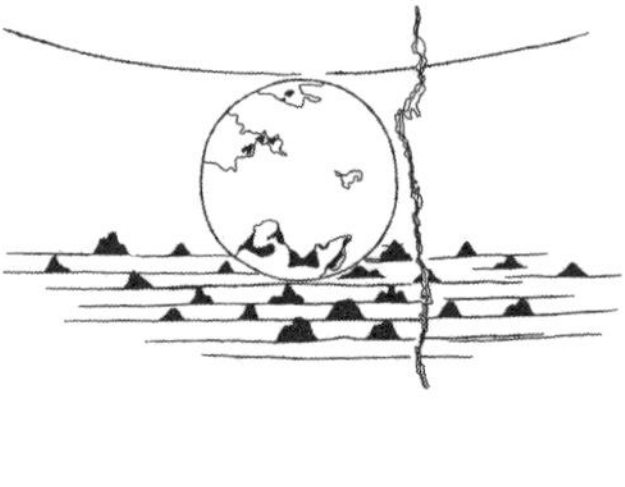

図6－14　キトラ古墳・月像《がつぞう》（模式図）
『高松塚とキトラ』来村多加史・講談社

のが僕の意見です。

今、その高句麗の壁画古墳は七十ぐらい、壁画が分かっている。その中に獣頭人身像は一つもないのです。何もないのに影響を及ぼすのか。そのようないいかげんな話はないと思う。

新羅《しらぎ》にも獣頭人身像があるが、形も日本のものと違い、日本よりも後で作られていると記し、次のように述べている。

日本のキトラ古墳は、少なくとも、いくら遅くみても八世紀の初めです。八世紀の初めに作られたものが八世紀後半に作られたものから影響を受けることなど、どのようにして考えられるのか。

（『古代大和の謎』編者・大和文化会、学生社／「獣頭人身像を考える」網干善教）

どうやら、隋代にも獣頭人身像があり、唐代になると非常に多く作られるようになったことからして、中国からの影響は考えられる。

高松塚古墳とキトラ古墳は、「天文図（星宿図＋日月図）＋四神図のセット図」において、共通している。つまり、天皇図を描いているということで、共通なのだ。違うのは、高松塚古墳が八人ずつの男女群像であり、キトラ古墳が十二《じゅうに》支獣頭人身像《しじゅうとうじんしんぞう》である、ということである。

私見ながら、高松塚古墳とキトラ古墳の壁画制作動機は同じである、と確信している。ならば、〈「八

図6－17　キトラ古墳・寅・午《うま》の模式図
『高松塚とキトラ』来村多加史・講談社

図6－15　キトラ古墳・寅・獣頭人身像
『キトラ古墳と発掘された壁画たち』飛鳥資料館

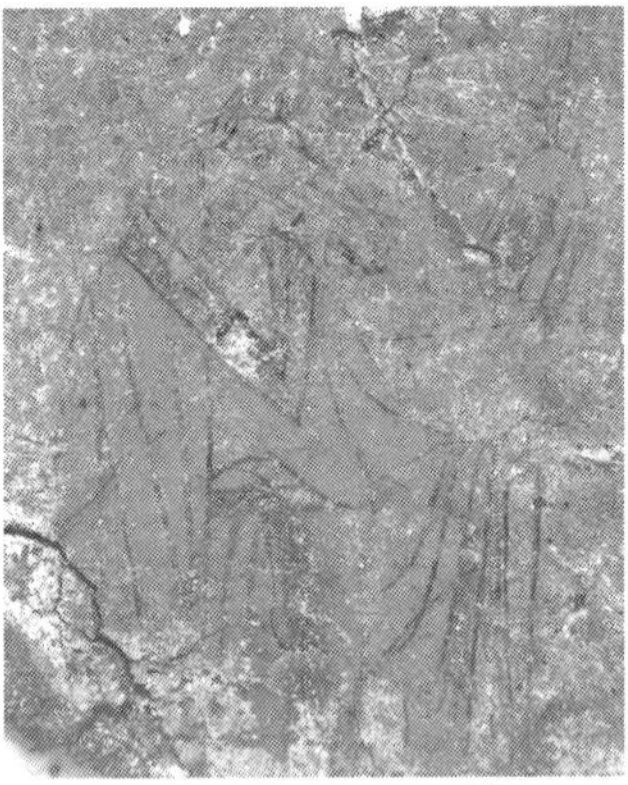

図6－16　キトラ古墳・午《うま》・獣頭人身像（土砂の壁に転写された「午」）
『キトラ古墳と発掘された壁画たち』飛鳥資料館

人ずつの男女群像」＝「十二支獣頭人身像《じゅうとうじんしんぞう》」〉ということを意味している。いままで、誰もがこの共通の意味を、理解できなかった。この重大な件は、後ほど詳しく述べる。

（4）キトラ古墳天文図

キトラ古墳天文図は、東アジア最古の現存例である。いやいや、世界最古の現存例といってもいい。高松塚古墳天文図の星座より、多くの星座が描かれている。つまり、二十八宿《しゅく》の星座よりも、多くの星座が描かれている。「外規」「赤道」「内規」「黄道《こうどう》」までもが、描かれている（図6―18）。

このように、多くの星座を描いた古墳壁画天文図は、中国、朝鮮半島にも存在しない。北斗七星も描かれているが、輔星《ほせい》を加えてあるから「北斗八星」である（図6―19）。中心には、北極五星（高松塚古墳）ではなく、北極六星が描かれている。なぜ、北極六星なのかは、分からない（普通は北極五星が描かれる）。

この天文図は、天皇（北極星）とは天の中心である、ということを描いている。つまり、二十八宿、北斗八星（七星）、日・月、そして四神の中心軸として支配しているのが、天皇（北極星）である、という主張が込められているのだ。

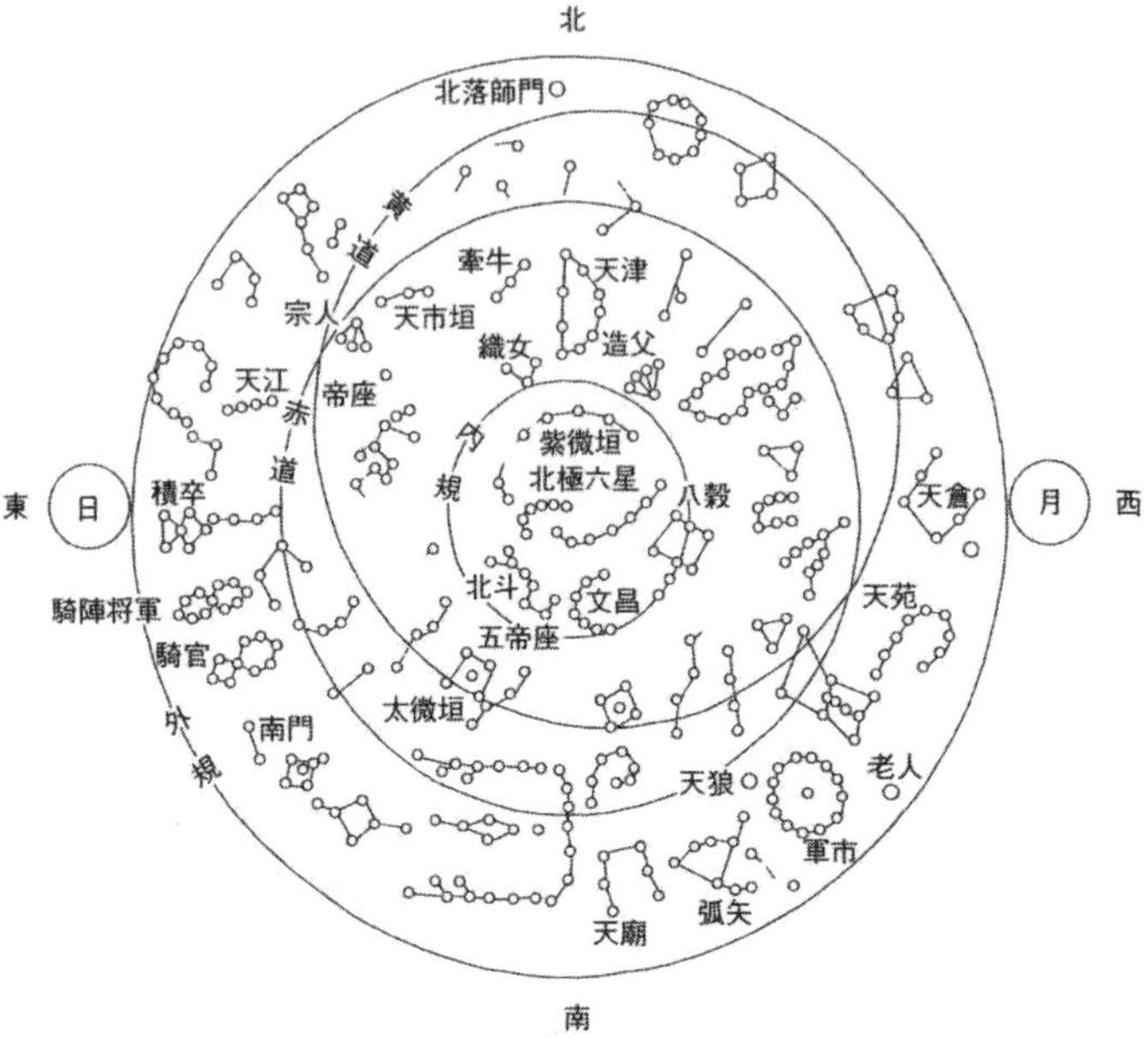

図6－18　キトラ古墳天文図
『高松塚とキトラ』来村多加史・講談社

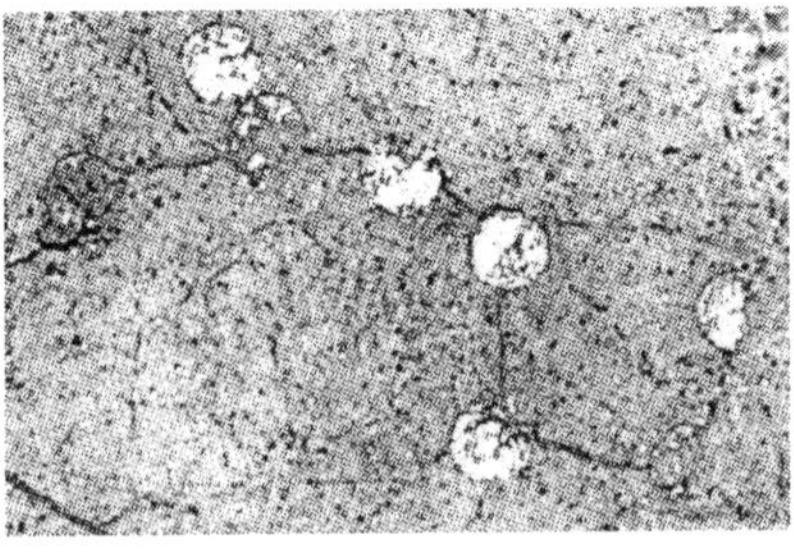

図6－19　キトラ古墳・北斗八星図・写真
『キトラ古墳と発掘された壁画たち』飛鳥資料館

（５）人骨による年齢鑑定

キトラ古墳から発見された人骨を鑑定したのは、片山一道氏である。当初は、熟年男性（40～60歳）としたが、熟年の後半から老年の初頭（50～60歳代）あたりと変更した。よって、若者ではないことになる。

阿倍御主人《あべのみうし》の薨去《こうきょ》した年齢は、69歳といわれているので、当てはまる。

しかし、来村多加史《きたむらたかし》氏は、阿倍御主人《あべのみうし》説に対しては、推定される死亡年齢とも食い違うと述べ、否定的である。

（６）古墳形式による年代推定

キトラ古墳の横口式石槨《せっかく》は、まだ家形石棺《いえがたせっかん》の内部の名残りをとどめていて、天井部《てんじょうぶ》にくり込みをもつ（図１―23参照）。しかし、高松塚古墳の石槨は、天井部にくり込みはなく平坦である（図１―22参照）。

白石太一郎氏は、天井部のくり込みの程度によって、横口式石槨《せっかく》の年代順を次のように推測している。

キトラ古墳→マルコ山古墳・奈良市石のカラト古墳→高松塚古墳（平天井《ひらてんじょう》）

古墳の天井《てんじょう》部の形式から、キトラ古墳の年代を高松塚古墳より古いものとしているが、この白石太一郎説に同意している人は、それほど多くはないのが現状である。

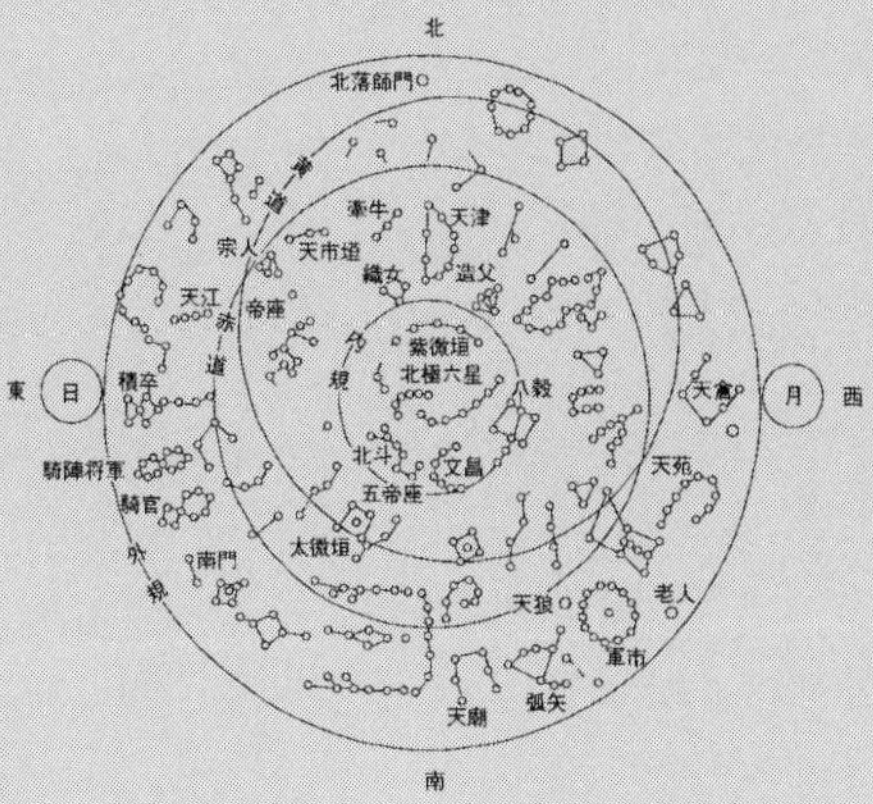

第7章　キトラ古墳の被葬者は阿倍御主人《あべのみうし》だった

1　キトラ古墳壁画の解読作業

（1）キトラ古墳の壁画制作の動機は、高松塚古墳のそれと同様である

私は、前述しているように、キトラ古墳壁画の解明には、興味がなかった。しかし、高松塚古墳壁画の呪術内容が分かったと同時に、キトラ古墳の呪術内容も、すぐさま分かってしまった。高松塚古墳壁画の本義が、「死後も天皇を崇敬《すうけい》守護していくこと」であるならば、キトラ古墳壁画も同様であろう、と思ったわけである。

ならば、キトラ古墳壁画の中から、天皇を崇敬守護している呪術を、探せばいいわけである。

高松塚古墳の場合は、八人ずつの男女群像だった。八人ずつの男女群像が、北斗八星（帝車）となり、北極星の天皇を、崇敬守護していた。その八人ずつの男女群像は、被葬者自身・石上麻呂《いそのかみのまろ》でもあった。

男女群像に代わるものを、キトラ古墳壁画の中から探せばいいわけである。

あるではないか!!　十二支獣頭人身像《じゅうにしじゅうとうじんしんぞう》が!!

私が、すぐ閃《ひらめ》いた、とはこのことなのだ。

〈天皇崇敬《すうけい》守護の呪術＝八人ずつの男女群像（高松塚古墳）＝十二支獣頭人身像《じゅうにしじゅうとうじんしんぞう》（キトラ古墳）〉

被葬者は、十二支獣頭人身像として、死後も天皇を崇敬守護していこうとした、高級官僚の大臣クラスであろう、と想像できる。もちろん被葬者は、十二支獣頭人身像《じゅうとうじんしんぞう》であるとともに、十二支獣頭人身像に守られている、という二重の意味を持っている。

(2) なぜ天皇図・「天文図（星宿図＋日月《じつげつ》図）＋四神図のセット図」を描けたのか？

十二支獣頭人身像の意味を考える前に、なぜ、被葬者は天皇でもないのに天皇図を描けたか、について簡単に述べる。この件は、高松塚古墳の場合と、全く同じである。

「天文図（星宿《せいしゅく》図＋日月《じつげつ》図）＋四神図のセット図」は、〈大宇宙を支配している天皇（天帝）の様子〉を、表現している。

このセット図は、完全天皇図、と言えよう。

一つの墓室（石槨《せっかく》）内に、これほど完全に揃《そろ》ったセット図・「天文図（星宿図＋日月図）＋四神図」は、皇帝の国・中国においてさえ見られない。

キトラ古墳の被葬者は天皇でないのに、なぜ完全なる天皇図を描けたのか、の答えは次の通り。

〈死後、自らが十二《じゅうに》支獣頭人身像《しじゅうとうじんしんぞう》となり、天皇を神（北極星）として永遠に崇敬守護していく、とい

う美学を持った、臣下最高位の人物であったからこそ、天皇図を描けたのである〉

つまり、被葬者が〈大君《おほきみ》は　神にし　坐《ま》せば〉と墓の中でも言祝《ことほ》ぎ、天皇を永遠に守護していこうとしている、という条件があってのみ、天皇図・「天文図（星宿図＋日月図）＋四神図のセット図」を描くことが、許されたのである。

これならば、完全天皇図を描いたからといって、文句の付けようがない。天皇図を描いているが天皇陵ではない、との矛盾はこれで解消できる。しかも、被葬者は、臣下最高位の官僚が最も相応《ふさわ》しい、と特定できるのだ。

（3）十二支獣《じゅうとう》頭人身《じんしん》像と八人ずつの男女

獣頭人身像《じゅうとうじんしんぞう》とは、頭部が動物で、体が人間である像のことをいう。

十二支獣頭人身像とは、獣頭が子《ね》・丑《うし》・寅《とら》……と、十二支揃っている獣頭人身像のことである。一壁三支ずつ、四壁で、十二支の獣頭人身像が描かれていた、と推測される。残念ながら一部欠落していて、十二支すべてが壁画として残っているわけではない。

網干善教《あぼしよしのり》氏は、次のように、高松塚古墳の人物像の意味と、キトラ古墳の獣頭人身像《じゅうとうじんしんぞう》の意味が分からないことを、告白している（『高松塚への道』草思社）。

この十二支獣頭人身像をどのように解釈するか。なぜ高松塚古墳では人物画が描かれ、キトラ古墳では十二支獣頭人身像になったのか。それがわからない。非常に難しい問題です。

天文図、四神図に関しては、表現の違いこそあれ、基本的な考え方では通じるところがある。けれど、十六人の人物像と、十二支獣頭人身像は全く違うものだと思います。

網干《あぼし》氏は、「十六人の人物像と、十二支獣頭人身像は全く違うものだと思います」と述べているが、私の見解は、その逆で、全く同じものと考える。ただ、呪術形式が違うだけで、描いた目的は、全く同じなのである。

網干氏は、十六人の人物像と述べ、八人ずつの形を考慮していない。私は、「八人ずつの男女」の形こそが、呪術であると思っている。よって、ここでは、八人ずつの男女と、記させてもらう。

つまり、八人ずつの男女を描いた目的と、十二支獣頭人身像を描いた目的は、全く同じである。その同じ目的とは、死後も、墓室内の天井《てんじょう》に描いた天皇（北極星）を、永遠に崇敬守護していきたいという、被葬者自身の願いであったのだ。

十二支獣頭人身像《じゅうとうじんしんぞう》は、武器を持っている。武器を持った十二支獣頭人身像《じゅうとうじんしんぞう》の事例は、この時代（703年頃）以前においては見当たらないという（『古代壁画の世界』百橋明穂・吉川弘文館）。ならば、日本独自の仕様なのかもしれない。

いずれにしろ、武器を持っているということは、天皇（北極星）を守護していくという強い意志表現なのだ。

高松塚古墳の八人ずつの男女は、被葬者自身であり、北斗八星となり、天井の中心に描かれた北極星（天皇）を輔弼《ほひつ》（守護）している。

キトラ古墳の十二支獣頭人身像は、被葬者自身であり、天井《てんじょう》の中心に描かれた北極星（天皇）を、十二支循環という呪術で守護しているのである。

※高松塚古墳の場合の北極星（天皇）は、中尾山古墳（文武天皇）が加わり、二カ所となる。

ならば、次のことも言える。

共通することは、「両古墳とも人物像が描かれている」ということである（キトラの場合は獣頭であるが）。

私は、両古墳とも人物像が描かれていることは、そこに被葬者が投影されている証拠とみて、次のように考える。


八人ずつの男女（高松塚古墳）＝被葬者（石上麻呂《いそのかみのまろ》）＝天皇守護＝呪術（北斗八星・帝車・八卦）

獣頭人身像（キトラ古墳）＝被葬者（阿倍御主人《あべのみうし》）＝天皇守護＝呪術（十二支循環）

（４）キトラ古墳壁画の呪術（暗号）が解けた!!

私は、声を大にして叫びたい。高松塚古墳とキトラ古墳の呪術が、解明できた!!　と。

網干善教《あぼしよしのり》氏が、あれほどまで言いつつ悩んでいた問題が、解決したのだ!!　と。

高松塚古墳の呪術は、高度な難しい呪術であった。しかし、既に伊勢神宮の呪術を解読していたからこそ、高松塚古墳の呪術のすべてが、解明できた。

伊勢神宮、大嘗祭《だいじょうさい》、日光東照宮、八角形天皇陵、高松塚古墳、キトラ古墳は、「天皇のデザイン」ということで、繋《つな》がっていたのである。

もし、高松塚古墳の呪術が明らかにならなかったならば、キトラ古墳の呪術は分からなかっただろう。網干《あぼし》氏が言われたように、永遠に分からなかったかもしれない。

キトラ古墳の呪術は、分かった。

それは、被葬者が十二支獣頭人身像《じゅうとうじんしんぞう》となり、死後もお墓の中で、天井に描いた天皇（北極星）を永遠に守護していく、というものであった。

まだまだ、喜ぶのは早い。被葬者（阿倍御主人《あべのみうし》）の証明作業が、残っている。

（5）被葬者は皇子《みこ》ではない理由

キトラ古墳の被葬者候補としては、皇子《みこ》は外れる。それは、高松塚古墳の場合と同様である。自らが十二《じゅうに》支獣頭人身像《しじゅうとうじんしんぞう》となり、死後も、天皇（北極星）を崇敬《すうけい》守護していこうとする人物は、臣下最高位の官僚が、最もふさわしいからである。

たとえ皇子《みこ》であっても、天皇崇敬守護の呪術がなかったら、天皇図・「天文図（星宿図＋日月図）＋四神図のセット図」は、描けない。天皇崇敬守護の呪術を施《ほどこ》さないで、体系的な天皇図を描いたら、天皇の位として埋葬されたこととなり、大変なことになる。大逆罪にあたる。

では、皇子《みこ》が、天皇崇敬守護の壁画を、描いたであろうか？　それは、次の理由により難しいことと思われる。

皇子《みこ》も天皇同様、「王《おおきみ》は　神にし　坐《ま》せば」と歌われている。柿本人麻呂《かきのもとのひとまろ》などは、天皇や一部の皇族を、神そのものとして讃《たた》えた。

高松塚古墳被葬者の候補として挙《あ》げられている、弓削皇子《ゆげのみこ》、忍壁皇子《おさかべのみこ》もそのように歌われている。ならば、皇子《みこ》自身が、北斗八星・八人ずつの男女として（高松塚古墳）、あるいは十二支獣頭人身像（キトラ古墳）として、天皇を崇敬守護する呪術を施《ほどこ》すであろうか。この天皇を崇敬守護する呪術は、神として讃《たた》えられている皇子《みこ》にとって、相応《ふさわ》しくない。

ただし、皇子《みこ》が神として歌われているからといって、天皇の位として埋葬されることは、ありえない。天皇は万世一系《ばんせいいっけい》、ただ一人なのだ（天皇号を追贈された草壁《くさかべ》皇太子は別）。これは、侵すことの出来ない、決まり事である。

よって、天皇（北極星）でない皇子《みこ》が、完全天皇図・「天文図（星宿図＋日月図）＋四神図のセット図」を、自分のこととして、描けるわけがない。

さらに言えば、天皇陵に、壁画を描く伝統はない。よって、皇子《みこ》の墓は、その伝統に従ったと思われる。

また一例であるが、マルコ山古墳は六角形である。むしろ、角が少ないことで、皇子の古墳であることを窺《うかが》わせている。むろん、壁画は描かれていない。

（6）キトラ古墳の被葬者は、死後も天皇を崇敬守護しようとした高級官僚である

高松塚古墳は、中尾山古墳（文武天皇陵推定）の陪塚《ばいちょう》であった。被葬者は、臣下《しんか》最高位の官僚・石上麻呂《いそのかみのまろ》。

よって、キトラ古墳の場合も、同様に、天皇を崇敬守護している高級官僚の墓である、と考えるのがスジであろう。

キトラ古墳も陪塚《ばいちょう》的な性格を持っている。高級官僚（阿倍御主人《あべのみうし》）が、本貫地《ほんがんち》への埋葬を拒否したことも、そのためなのだ。天皇に対する陪塚《ばいちょう》的な意味で、わざわざ天武天皇の陵園《りょうえん》内に、築造された

のである。

高級官僚ならば、壁画に描かれた図が、天皇の位として描かれたとは思われるはずもなく、天皇守護の呪術が、当然考慮される。

当時（飛鳥・奈良時代初期）の日本においては、天皇号を正式に採用し、律令制度を整えようとした特殊な事情がある。

天皇の名称は、北極星神・太一《たいいつ》である天皇《てんこう》大帝の天皇から拝借している。

天武天皇・持統天皇・文武天皇は、天皇の何たるかを人々に知らしめるのに、全精力を注いでいたと言っても、過言ではない。このことについては、何度も述べている。

さらに言えば、中国皇帝は、天帝（北極星）の天命によって天子（皇帝）になれる。

故に、易姓革命《えきせいかくめい》が、正当化される。だから中国皇帝は、北極星神（太一《たいいつ》・天皇大帝《てんこうたいてい》・天皇）そのものではない。ここが、日本の天皇と中国皇帝は、違うのだ。

天武天皇・持統天皇は、天皇（北極星）の意味を徹底させたい、と思っていた。

当時の日本の状況としては、「天文図（星宿《せいしゅく》図＋日月《じつげつ》図）＋四神図のセット図」を描くことは、天皇（北極星）の表現以外に、考えられないことであった。

それほど、「天皇号」を正式採用した当初においては、こだわりを見せた、と思われる。

臣下・高級官僚（石上麻呂《いそのかみのまろ》・阿倍御主人《あべのみうし》）は、「天皇が天皇（北極星）たらんとした気持ち」を、くみ取っていた。結果、石上麻呂《いそのかみのまろ》（高松塚古墳）と阿倍御主人《あべのみうし》（キトラ古墳）は、死後も、神（北極星）

である天皇を、永遠に崇敬守護していきます、という内容の壁画を描いたのである。

(7) キトラ古墳の被葬者——その高級官僚・候補者名

高松塚古墳同様、キトラ古墳被葬者は、皇子《みこ》でも、百済《くだら》王でも、高句麗《こうくり》系の渡来人でもない。適格者は、高級官僚である。

千田稔《せんだみのる》氏は、被葬者として高級官僚はありえない、と高松塚古墳同様、キトラ古墳の場合でも述べている。私見では、全くその逆の、高級官僚のみが候補者となる。

当時の大臣クラスの中から、被葬者を捜せばよい。当時の大臣クラスとなると、次の通り。

701年、大納言《だいなごん》・大伴御行《おおとものみゆき》（贈・正広弐右大臣《しょうこうに》）、薨去《こうきょ》
701年、左大臣・多治比島《たじひのしま》・正二位、薨去
703年、右大臣・阿倍御主人《あべのみうし》・従《じゅ》二位、薨去
705年、大納言・紀麻呂《きのまろ》・正三位、薨去
717年、左大臣・石上麻呂《いそのかみのまろ》・贈従《じゅ》一位、薨去
720年、右大臣・藤原不比等《ふじわらのふひと》・贈太政大臣《だじょうだいじん》正一位、薨去

717年薨去《こうきょ》した石上麻呂《いそのかみのまろ》は、高松塚古墳の被葬者として除かれるから、大伴御行《おおとものみゆき》、多治比島《たじひのしま》、阿倍御主人《あべのみうし》、紀麻呂《きのまろ》の四人が、候補者となる。

※延喜式《えんぎしき》によれば、藤原不比等《ふじわらのふひと》の墓は多武峯墓《とうのみね》とあり、大和国《やまとのくに》十市《といち》郡に所在している。

キトラ古墳の所在地は、阿部《あべ》山の中に含まれる。被葬者候補者四人の中に、阿倍御主人《あべのみうし》がいる。ならば、阿部山と阿倍御主人《みうし》との関係が、思い浮かぶ。

よって、キトラ古墳の被葬者は、阿倍御主人《みうし》と推定できる。

2　キトラ古墳の被葬者は阿倍御主人《あべのみうし》……その検証

（1）阿部山と呼ばれていた所在地

前述している通り、キトラ古墳の所在地に、阿部《あべ》山と称される山がある。

ならば、「あべ・阿部・阿倍」ということで、当時の臣下の最高位の官僚・右大臣であった阿倍御主人《あべのみうし》が、キトラ古墳の被葬者と推測される。

阿倍御主人《あべのみうし》は、大宝3年（703年）、右大臣従《じゅ》二位で薨去《こうきょ》した。

阿倍氏は、大伴《おおとも》、物部《もののべ》の二大氏族が衰えた推古《すいこ》朝では、蘇我《そが》氏に次ぐ有力な豪族であった。

阿倍御主人《みうし》の父親は、阿倍倉梯麻呂《くらはしまろ》。倉梯麻呂《くらはしまろ》は、中臣鎌足《なかとみのかまたり》や石川麻呂らと、中大兄皇子《なかのおおえのおうじ》の下で大《たい》化改新《かのかいしん》の推進に、関わっている。孝徳《こうとく》天皇のとき、わが国最初の左大臣に任命された。

阿倍御主人《あべのみうし》は、壬申《じんしん》の乱で、大海人皇子《おおあまのみこ》（天武天皇）の側にたった。

天武天皇の時代から政治に携《たずさ》わり、持統天皇、文武天皇の代に高い地位にあった。

701年、多治比島《たじひのしま》が薨去《こうきょ》すると左大臣は空席となり、右大臣の阿倍御主人《みうし》が臣下の最高位になった。

（2）阿倍御主人《あべのみうし》の薨去《こうきょ》年から分かること

阿倍御主人《あべのみうし》の薨去《こうきょ》年と、持統《じとう》天皇の崩御《ほうぎょ》年を比べてみよう。

持統天皇は、大宝2年（702年）12月崩御された。翌年の703年12月、大内陵《おおうち》（天武陵）に合葬された。

阿倍御主人《みうし》は、大宝3年（703年）閏《うるう》4月1日薨去。

ということは、阿倍御主人《みうし》は、持統天皇崩御《ほうぎょ》の約4カ月後に、薨去《こうきょ》された。ならば当然、持統天皇が大内陵《おおうち》に合葬されることは、分かっていたはず。よって、天武陵の時に設定された聖なるライン（藤原京中央と天武・持統陵を結ぶ線）の近くに、そして陵園区域内に、陪塚《ばいちょう》的な意味を込めて、自分の墓を築造しようとしたのではなかろうか。

そして、その位置は、お仕えした天武・持統天皇の合葬陵と草壁皇子《くさかべのみこ》（天皇号追贈）の墓の中間地点に、築造した。それは、高松塚古墳と同様な、陪塚《ばいちょう》的な意味をもっていたと思われる。

（3）キトラ古墳の位置

キトラ古墳の位置を、確認してみよう（図7―1）。

この位置は、草壁皇子《くさかべのみこ》と推定されている束明神古墳《つかみょうじん》と同様、天武・持統陵から南に離れている、という点で一致している。さらにいえば、キトラ古墳と天武・持統陵の距離は、キトラ古墳と束明神古墳との距離に、ほぼ等しい。

この位置は、お仕えした天武天皇・持統天皇、草壁皇子《くさかべのみこ》（天皇号追贈）を、死後も「言祝《ことほ》ぎ・守護」する位置として、実にふさわしい。

阿倍御主人《あべのみうし》は本貫地《ほんがんち》に葬《ほうむ》られなかった。

それは、陪塚《ばいちょう》的な形として、あえて天武天皇陵園内に葬《ほうむ》られることを、阿倍御主人《あべのみうし》自身が希望したからであろう。当時の天皇崇敬守護の思想の流れにそって、阿倍御主人《あべのみうし》は、古墳の位置を決め、壁画を描くことにしたのだ。

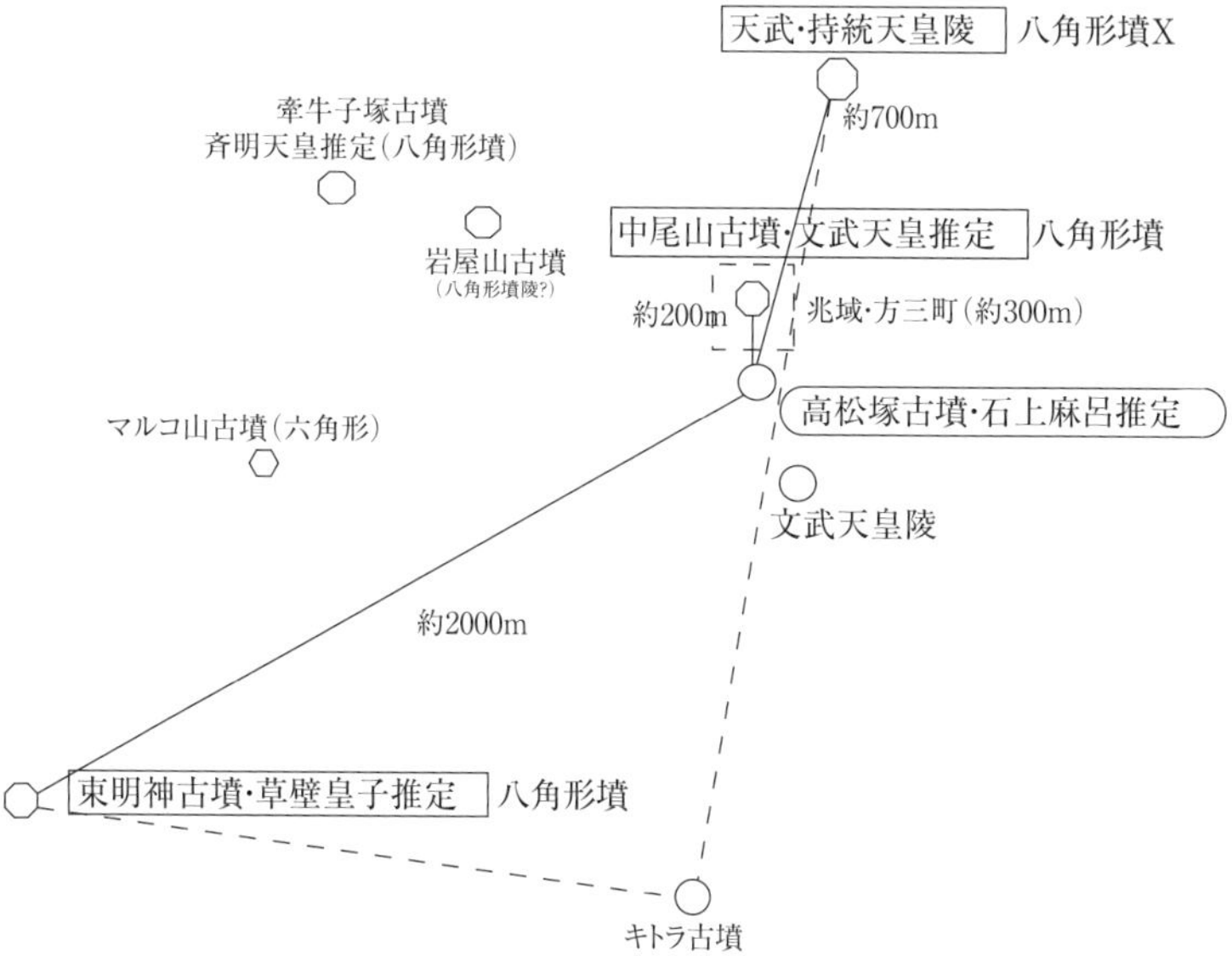
天武・持統天皇陵
八角形墳X
約700m
牽牛子塚古墳
斉明天皇推定（八角形墳）
中尾山古墳・文武天皇推定
八角形墳
岩屋山古墳
（八角形墳陵?）
約200m
兆域・方三町（約300m）
高松塚古墳・石上麻呂推定
マルコ山古墳（六角形）
文武天皇陵
約2000m
東明神古墳・草壁皇子推定
八角形墳
キトラ古墳

図7－1 キトラ古墳位置

（4）阿倍御主人《あべのみうし》の心意気——その動機と言祝《ことほ》ぎ

阿倍御主人《あべのみうし》は、天皇とは天皇大帝《てんこう》のことであり、北極星神であることを知っていた。阿倍御主人は、「天武天皇が正式に天皇号を採用し、天皇とは何たるものであるかを知らしめるために全力を注いでいた」ことを、知っていた。

もちろん、阿倍御主人《みうし》は、天武天皇が天皇（北極星神）の証拠たる呪術を、伊勢神宮と大嘗祭《だいじょうさい》に施《ほどこ》したことをも、知っていた。

宮廷歌人・柿本人麻呂《かきのもとのひとまろ》は、天皇を神として言祝《ことほ》いだ。

大君は　神にしませば　天雲《あまくも》の　雷《いかづち》の上に　いほりせるかも

（万葉集・235）

〈わが大君は　神でいらっしゃるので　天雲の　雷の上に　仮宮をつくっていらっしゃる〉

大将軍であった高級官僚の大伴御行《おおとものみゆき》（701年薨去、正広弐右大臣《しょうこうにうだいじん》を追贈）も、天皇を神として言《こと》祝《ほ》いだ。

大君《おほきみ》は　神にしませば　赤駒《あかごま》の　腹這《はらば》ふ田居《たゐ》を　都と成《な》しつ

（万葉集・４２６０）

〈大君は　神でいらっしゃるので　赤駒の　腹這《はらば》っていた田んぼでも　都となさった〉

（『新編日本古典文学全集・萬葉集』小学館・小島憲之・他）

阿倍御主人《あべのみうし》も、天皇を神として言祝《ことほ》ぐことに関しては、歌人・柿本人麻呂《かきのもとのひとまろ》や大将軍高官の大伴御行《おおとものみゆき》に、負けてはいなかったのである。

（５）最後のお勤め――心意気と美学

阿倍御主人《みうし》は、最後のお勤めとして、天皇の何たるかを、永遠に言祝《ことほ》ぎする方法を、思いついた。その方法が、自らの古墳に、天皇崇敬《すうけい》守護の壁画を描くことであった。

キトラ古墳壁画とは、天皇とは北極星神（天皇大帝《てんこうたいてい》）であることを描き、被葬者自身は十二支獣頭《じゅうとう》人身像《じんしんぞう》となり、天皇を死後も崇敬守護していくという、臣下最高地位にあった武人・阿倍御主人《あべのみうし》としての、尊皇心《そんのうしん》の心意気を表現するものであった。

阿倍御主人《みうし》は、天皇崇敬守護の言祝《ことほ》ぎ歌を、何と、「壁画歌《へきがうた》」で表現した。つまり、キトラ古墳壁画は、〈天皇崇敬守護言祝《ことほ》ぎ壁画歌《へきがうた》〉であったのだ。

阿倍御主人《あべのみうし》は、694年、氏上《うじのかみ》となった。

阿倍御主人《あべのみうし》は、古墳壁画を描くことで、阿倍氏の頭領として、宮廷歌人・柿本人麻呂《かきのもとのひとまろ》のように、そして、高級官僚・武人大伴御行《おおとものみゆき》のように、天皇を神（北極星）として〈大君は　神にし　坐《ま》せば〉と、言祝《ことほ》いだのである。


また、武器を持った十二支獣頭人身像に擬《なぞら》えられた阿倍御主人《あべのみうし》は、死後においても、天井に描かれた天皇（北極星）を崇敬守護していこうとしたのだ。それは、阿倍御主人《みうし》の、武人（もののふ）としての、忠誠心溢《あふ》れる美意識でもあった。


これらのことを図に表すと、次のように描ける（図7―2）。

中央の白色部分が天皇図であり、天皇の意味を表現している。十二支獣頭人身像《じゅうとうじんしんぞう》（灰色部分・被葬者・阿倍御主人《あべのみうし》）が、天皇図を囲み、天皇を永遠に守護しているのである。


キトラ古墳の十二支獣頭人身像《じゅうとうじんしんぞう》は、十二支を循環《じゅんかん》する呪術である。

阿倍御主人《あべのみうし》は、武器を持った十二支獣頭人身像となり、子《ね》、丑《うし》、寅《とら》……酉《とり》、戌《いぬ》、亥《い》という順序で、天井《てんじょう》に描かれた北極星（天皇）を、毎日、一周している。そして、高松塚古墳の呪術も、北斗八星の呪術であるから、循環である。高松塚古墳の被葬者（石上麻呂《いそのかみのまろ》）は、北斗八星となり、北極星（天皇）を毎日一周して、天皇を輔弼《ほひつ》（守護）しているのである。

※高松塚古墳の場合の北極星（天皇）は、天井《てんじょう》と中尾山古墳（文武天皇）の二カ所である。

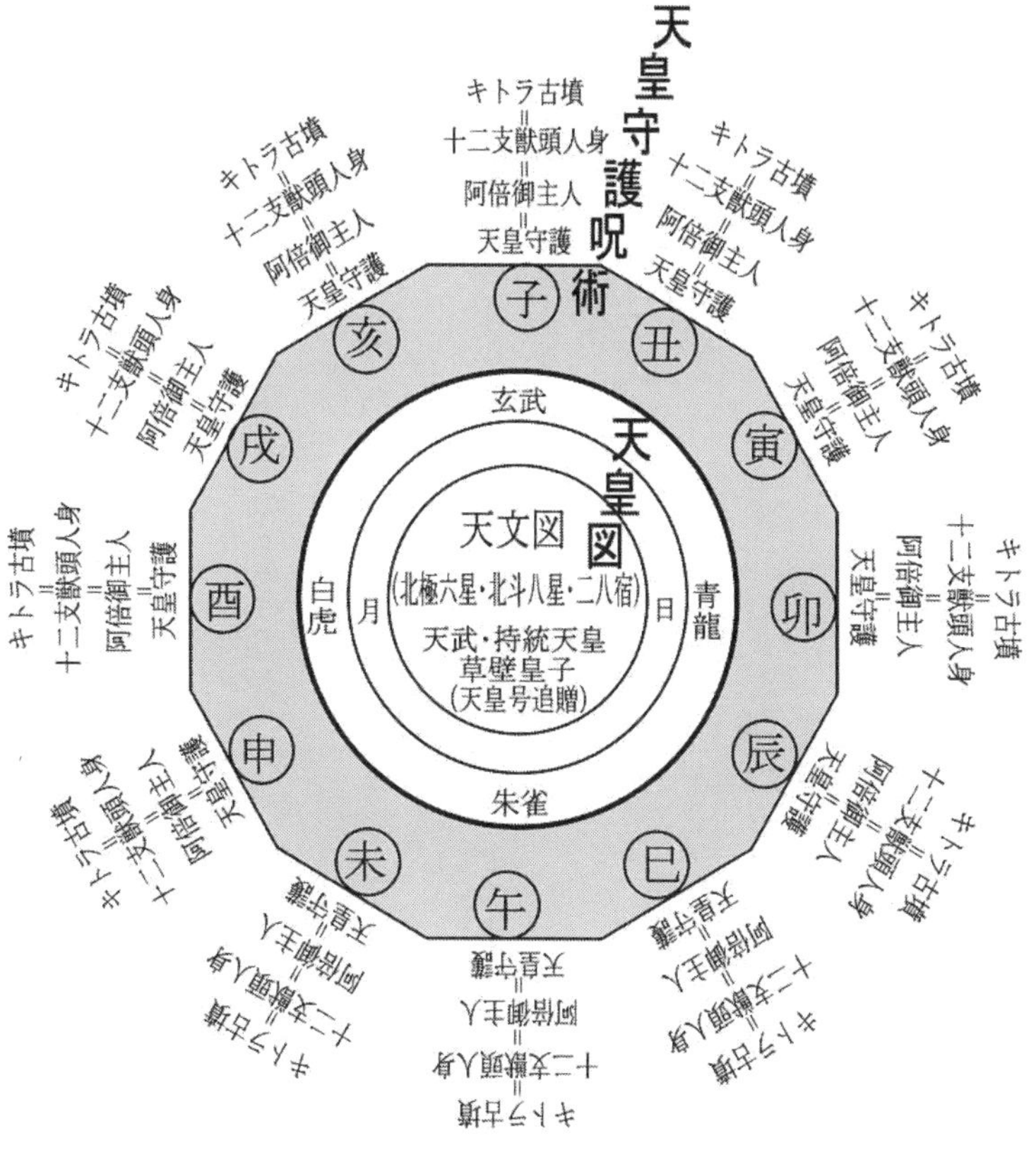

図7－2　キトラ古墳・天皇守護呪術

ならば、キトラ古墳も、そして高松塚古墳も、被葬者が、北極星（天皇）を循環して呪術的に守護している、ということで共通なのである。

（6）白虎の向きは、なぜ高松塚とキトラとで違うのか？

西壁に描かれている白虎《びゃっこ》の向きが、高松塚古墳とキトラ古墳とでは、違っている。この点について、過去、多くの議論がなされてきた。

多く見られる白虎の向きは、高松塚古墳壁画に描かれているように、南向きである。キトラ古墳のように北向きの事例もあるが、極めて少ない。

なぜ、キトラ古墳の場合、北向き（右向き）なのであろうか？

呪術からすれば、次のように推察できる。

キトラ古墳壁画の白虎が北（右）を向いているのは、十二支獣頭人身像《じゅうとうじんしんぞう》という循環（右回り）の呪術によるものである。

もちろん、キトラ古墳の朱雀《すざく》も右回り（西向き）の方向に描かれ、右回り循環を示している。

※唐代の朱雀であるが、多くの場合、正面向き、あるいは東向きに描かれている。しかし、キトラ古墳の玄武《げんぶ》の場合、亀は首を後ろに向けているが、体全体は左向きであるから、白虎の北向きは循環から来るものではない、との説もある。

高松塚古墳壁画の白虎《びゃっこ》が、南を向いているのは、南に向けての出行《しゅっこう》の呪術によるものである、と思われる。つまり、高松塚の白虎は、南に向けて出行する天皇（北極星）の守護神として付き添う、という意味があるからである。もちろん、青龍《せいりゅう》も南を向いており、出行する天皇（北極星）の守護神として一緒に付き添う（図5—2、図5—3）。

（7）壁画古墳はこれだけなのか？

前述のように四人の高級官僚の中から、キトラ古墳の被葬者として、阿倍御主人《あべのみうし》を選んだ。壁画古墳は、はたして、高松塚古墳とキトラ古墳だけであろうか？　他に壁画古墳は存在しないのであろうか？　第三、第四の壁画古墳は存在しないのであろうか？

私は、もし可能性があるとしたら、多治比島《たじひのしま》と、大伴御行《おおとものみゆき》であろうと思う。

多治比島《たじひのしま》は、696年（持統天皇十一年）、臣下最高位となる。697年（文武元年）左大臣に任官、701年（大宝元年）、左大臣・正二位で薨去《こうきょ》している。

臣下最高位になったから、天皇守護のための天皇図を描くのに相応《ふさわ》しい。

しかし、多治比島《たじひのしま》は、宣化天皇の4世孫（玄孫）にあたる貴族であるから、死後も天皇を崇敬守護していこうとする古墳壁画を描くことはなかろう、と推測される。

大伴御行《おおとものみゆき》は、701年（大宝元年）1月、大納言《だいなごん》、正広参《しょうこうさん》で薨去《こうきょ》している。右大臣、正広弐《しょうこうに》が贈られた。持統《じとう》天皇8年（694）、大伴氏の氏上《うじのかみ》になっている。
大将軍であった高級官僚の大伴御行《おおとものみゆき》は、前述しているように、歌謡にて、天皇を神として言祝《ことほ》いだ。ならば、大伴御行《みゆき》も、古墳壁画を描き、同じように言祝《ことほ》いだ、と考えてもおかしくない。大伴御行《おおとものみゆき》の経歴を知れば（特に大将軍であったこと）、大伴氏の頭領として、天皇を崇敬守護していこうとする姿が、誰よりも想像できるのだ。

ただ、大伴御行《おおとものみゆき》は、臣下最高位の身分にはなれなかった。そこが気になるが、大伴御行《みゆき》の墓も、壁画古墳の可能性はある、と思う。

藤原不比等《ふひと》については、述べることを差し控えたい。あまりにも多くの権謀術数《けんぼうじゅつすう》を使いこなし、政治を動かした印象が強いからである。不比等には、このような壁画古墳は、似合わないような気がしてならない。だが、壁画があっても不思議ではない。

大伴御行《おおとものみゆき》、藤原不比等《ふじわらのふひと》、多治比島《たじひのしま》、この三人も『竹取物語』のモデルになっている。ならば、高松塚古墳の被葬者・石上麻呂《いそのかみのまろ》とキトラ古墳の被葬者・阿倍御主人《あべのみうし》を加えれば、竹取物語のモデル五人が揃《そろ》うことになる。しかもこの五人が、壁画古墳に描かれた可能性があるのであるから、不思議なことである。

天皇（北極星）を崇敬守護する呪術として、他にどんな呪術があったのであろうか?

そのように考えると、興味は尽きない。

伊勢神宮、大嘗祭《だいじょうさい》、日光東照宮、そして八角形天皇陵の場合は、北斗八星の呪術であった。それは高松塚古墳と共通していた。

飛鳥白鳳《あすかはくほう》・初期奈良時代の呪術方法としては、やはり、「太極（北極星）八卦《はっか》（北斗八星）」と「十二支獣頭人身像《じゅうとうじんしんぞう》」の二つだけであろうか。呪術方法からすると、案外、この二つのアイデアで終わりなのかもしれない、という予感もするのだ。

（８）高松塚・キトラ古墳壁画の絵師・黄文本実《きぶみのほんじつ》

高松塚古墳壁画とキトラ古墳壁画を描いた人物として、高句麗《こうくり》系の絵師・黄文本実《きぶみのほんじつ》が、有力な候補となる。

高度な呪術壁画を描けるのは、中国留学経験がある黄文本実とみるのが、妥当《だとう》であろう。黄文本実《きぶみのほんじつ》の経歴は、次の通り。

６７１年（天智十年）水臬《はかり》を献ずる
６９４年（持統八年）鋳銭司《ぜにのつかさ》に任ぜられる。
７０２年（大宝二年）十二月、持統《じとう》天皇崩御《ほうぎょ》の際に「作殯宮司《もがりのみやつくるつかさ》」となる。時に従《じゅ》五位下。
７０７年（慶雲四年）文武《もんむ》天皇崩御の際に「殯宮《もがりのみや》の事に供奉《つかへまつ》らしむ」と下命されている。
７０７年（慶雲四年）十月、「御装司《みよそいのつかさ》」となる。

黄文本実は、15年ばかり長安に留学していた、とも言われている。そして、長安の普光寺《ふこうじ》（後の龍興寺）にあった仏足石《ぶっそくせき》の図像を模写して、日本に持ち帰っている。この図像を転写した仏足石が、奈良の薬師寺にある。

持統と文武天皇崩御《ほうぎょ》のさい、葬儀の実務をそれぞれに任された実績は、ただ者ではない。しかも、当代一流の絵師である。中国の葬制度に通じていた、とも推測できる。ならば、当然、中国の呪術にも詳しかったに違いない。

高度な壁画を描くことの出来る条件は、揃《そろ》っていた。高松塚古墳壁画も、そしてキトラ古墳壁画も、黄文本実《きぶみのほんじつ》の監督の下に、描かれたに違いない。

高松塚古墳とキトラ古墳の、天皇図・「天文図（星宿図＋日月図）＋四神図のセット図」と、その崇敬守護呪術図（北斗八星・八人ずつの男女と十二支獣頭人身像《じゅうとうじんしんぞう》）は、並の人では考えつかない。

しかも、その貴重な資料を入手し、描ける者は、律令《りつりょう》制度の官僚であろう。ならば、被葬者が死後も天皇を永遠に崇敬守護していくという、その美学を描ける絵師は、官僚絵師・黄文本実《きぶみのほんじつ》しかいない、と思われる。

黄文本実は、生前、キトラ古墳被葬者・阿倍御主人《あべのみうし》から、死後も天皇を崇敬守護していく古墳壁画図を描いてくれ、と頼まれた。

当時、柿本人麻呂《かきのもとのひとまろ》は、和歌で、天皇を神として言祝《ことほ》いでいた。天皇を中心とした律令制度の完成に、邁進《まいしん》していた時期である。

天武天皇は、天皇とは北極星の神であると同時に、天照大神《あまてらすおおみかみ》・太陽神であるとして、伊勢神宮と大《だい》嘗祭《じょうさい》に、その証明としての呪術を施《ほどこ》した。

もちろん、黄文本実《きぶみのほんじつ》は、このような当時の思想・呪術内容を、熟知していた。天皇に対する美学を、とことん追求した。その結果が、キトラ古墳の壁画であり、高松塚古墳の壁画なのだ。

両古墳壁画の完成は、「作殯宮司《もがりのみやつくるつかさ》」（キトラ古墳）、「御装司《みよそいのつかさ》」（高松塚古墳）に就《つ》いていた、黄文本《きぶみのほん》実《じつ》の面目躍如《めんもくやくじょ》、といったところであろう。

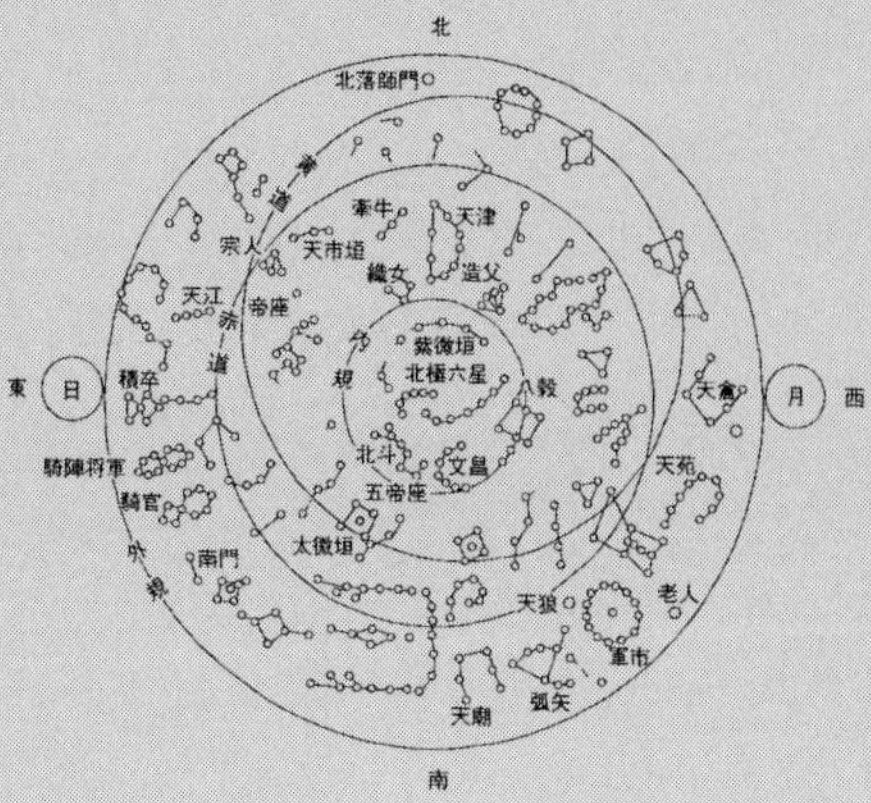

第8章　なぜ古墳壁画が描かれたのか？

まとめの意味もあるので、前述していることも、あえて重複《ちょうふく》して記す。

そもそも、キトラ古墳（703年）と高松塚古墳（717年）は、なぜ築造されたのか？　当時の状況と、両古墳の被葬者、阿倍御主人《あべのみうし》と石上麻呂《いそのかみのまろ》との心理を、記してみたい。

被葬者の心理を想像して書くということは、なるべく事実のみを記すという本来の姿勢からは離れてしまうが、ご了解いただきたい。

壁画古墳を最初に築造したのは、阿倍御主人《みうし》（703年薨去《こうきょ》）として、述べる。

なぜ阿倍御主人《あべのみうし》は、前例のない壁画（キトラ古墳）を描こうとしたのか？　さらに、どうして壁画（天皇図）を描くことが、出来たのか？　そして石上麻呂《いそのかみのまろ》は、キトラ古墳の壁画をどのように受け取ったのか？

私は、二人の心模様が、はっきりと頭の中に浮かんでくる。だから、それを書き留めておきたいと思った次第である。

その前に、日本における、天皇と天帝・天子・皇帝の関係について、簡単に述べておきたい。

天皇は、厳密にいえば、天帝（北極星）であるが、時と場合によっては天子（皇帝）の意味も含むからである。中国にはない日本独自の制度となっている。ここで、整理しておきたい。

1　天皇と天子の違い

養老律令《ようろうりつりょう》（７５７年）儀制令第十八天子条によると、天皇の呼称は、次のように使い分けられている。大宝律令《たいほうりつりょう》（７０１年）においても同様だったかは不明である（原文は現存しておらず、一部が逸文として存在している）。

①天子（祭祀《さいし》で称するもの）、②天皇（詔書《しょうしょ》で称するもの）、③皇帝（華夷《かい》に対して称するもの）、である。

私は、この養老律令《ようろうりつりょう》（７５７年）の天子の条の曖昧《あいまい》さに、正直、頭の中が真っ白になるほど驚いている。厳密に言えば、天皇は北極星であり、天帝である。なぜならば、天皇は天皇大帝（北極星・天帝）から採られた名称だからだ。

天子は、天帝（北極星・天皇）の子である。つまり、北極星（天皇・天帝）の子供が天子（皇帝）なのである。

天皇は天帝でもあり、天子、皇帝でもあるという解釈は、中国の制度を変化させ日本独自のものとしたともいえるが、私としては、すっきりしない部分である。

※中国においても、時として、天帝＝皇帝（天子）として解釈されている部分があり、曖昧《あいまい》さが存在している。

だが、少なくとも、天武《てんむ》天皇（673年即位）が、伊勢神宮（リニューアル）と大嘗祭《だいじょうさい》に呪術として施《ほどこ》した天皇の意味は、間違いなく「天皇（天帝）＝北極星」である。

その証拠は、伊勢神宮（リニューアル）でいえば、「内宮＝北極星（天皇）」であり「外宮＝北斗八星」である、とする呪術的グランドデザインの存在である。

高松塚古墳壁画とキトラ古墳壁画も、「天皇＝北極星＝天帝」であることを、厳格に採用している。

両古墳の呪術においては、天皇はあくまでも天帝（北極星）であり、天帝の子、つまり天子（皇帝）ではない。

当時の呪術をこのように正しく理解しないと、伊勢神宮（リニューアル）、大嘗祭《だいじょうさい》はもとより、高松塚古墳とキトラ古墳の本義も分からなくなってしまう。

当時の歴史を理解するには、当時の正確な呪術内容を、知らなければならないのである。

2　壁画制作許可と陪《ばい》陵《りょう》許可の要因

壁画制作許可と陪《ばい》陵《りょう》許可は、当時の世相・状況を反映したものである、と考えられる。大きく分けて、二つの要因が考えられる。

一つは、天皇（北極星）とは何たるかを知らしめ、天皇中心の律令《りつりょう》制度を確立させようとした当時の世相である。そして二つ目に唐の陵園制・陪陵制の影響。つまり、壁画を描き、陵園内に陪葬《ばいそう》される唐の制度の影響である。

私は、この二つが合致して、天武天皇陵園内に壁画古墳が作られた、とみる。それは、天皇を「大君は　神にし　坐《ま》せば」と言祝《ことほ》ぐ世相と、中国陪陵制の影響を受け、天武天皇陵園内に陪葬されたいと思った臣下の気持ちとが、合致したからだ。

阿倍御主人《あべのみうし》は、天皇を「大君は　神（北極星）にし　坐《ま》せば」と壁画で表現することで、天皇図を描くことも、そして、陵園内に陪葬されることも、許可されたのである。豪族・阿倍御主人《みうし》が、地元の本《ほん》貫地《がんち》（奈良県桜井市阿倍？）を離れ、天武天皇陵園内に陪葬されたのは、このような事情があったからなのだ。

3　当時の天皇の表現

天武《てんむ》天皇は、天皇（北極星）の意味付けを、リニューアル伊勢神宮に、呪術として施《ほどこ》している。それは、天皇（北極星）図を、天地に描く「呪術絵《じゅじゅつえ》」でもあった。

一方、宮廷《きゅうてい》歌人・柿本人麻呂《かきのもとのひとまろ》（生没年未詳。主な作品は689―700年頃）と、大将軍であった高級官僚・大伴御行《おおとものみゆき》（701年薨去）は、天皇を神として歌い言祝《ことほ》いでいる。

高松塚古墳壁画とキトラ古墳壁画は、天皇を神（北極星）として言祝《ことほ》ぎ、死後も天皇（北極星）を崇《すう》敬《けい》守護していこうとした、「呪術画《じゅじゅつが》」でもあった。

まさに、「伊勢神宮・柿本人麻呂《かきのもとのひとまろ》の人物像・大伴御行《おおとものみゆき》の人物像・キトラ古墳・高松塚古墳」は、天皇の問題なのだ。

4　天皇に対する言祝《ことほ》ぎ、崇敬《すうけい》、忠誠、もののふの歌

当時の、天皇に対する世相は、どのようなものであったか？『万葉集《まんようしゅう》』から、選んでみたい。採《と》り上げる歌は、高松塚古墳（７１７年）やキトラ古墳（７０３年）が築造された時期よりも、少し後の歌になる。

大和朝廷《やまとちょうてい》は、天武天皇の時代から、天皇（北極星）とはどういうものなのかを知らしめようと、努力してきた。臣下もそれに応《こた》え、天皇を神として言祝《ことほ》ぎ、忠誠を誓ってきた。

何度も記しているが、宮廷歌人・柿本人麻呂《かきのもとのひとまろ》と、大将軍高級官僚・大伴御行《おおとものみゆき》は、歌謡にて天皇を神として言祝《ことほ》いだ。

天皇を神として言祝《ことほ》いだ歌ではないが、当時の世相を表現している歌を、紹介したい。天皇に対する、忠誠・もののふ（武人）の心を、表現している歌である。

こういう当時の状況を知らないと、高松塚古墳（７１７年）とキトラ古墳（７０３年）は、理解できないからだ。

（1）大伴家持《おおとものやかもち》の歌――うみゆかば

「海行かば」の出典は、二カ所におよんでいる。『続日本紀《しょくにほんぎ》』と『万葉集《まんようしゅう》』である。『万葉集』の事例を、紹介する。

天平二十一年（749年）四月一日、奈良の大仏を鍍金《ときん》するための金が、陸奥《みちのく》の国から出たことを喜んだ聖武《しょうむ》天皇は、詔《みことのり》を発せられた。

詔《みことのり》の一つには、「大伴《おおとも》氏、佐伯《さえき》氏の天皇に対する忠節」を喜ぶ天皇のお言葉が、あった。この詔《みことのり》は、四月下旬、大伴家持《おおとものやかもち》の目に触れた。

詔《みことのり》に感激した大伴家持《やかもち》は、歌（万葉集4094番）を作った。この歌の部分に記してあるのが、第二国歌として歌われた、「うみゆかば」である。

……大伴《おおとも》の　遠《とほ》つ神祖《かむおや》の　その名をば　大久米主《おほくめぬし》と　負《お》ひ持ちて　仕《つか》へし官《つかさ》　海行《ゆ》かば　水漬《みづ》く屍《かばね》
山行《ゆ》かば　草生《む》す屍《かばね》　大君《おほきみ》の　辺《へ》にこそ死なめ　顧《かへり》みはせじと言立《ことた》て　ますらをの　清きその名を　古《いにしへ》
よ　今の現《をつつ》に　流さへる　祖《おや》の子どもそ　大伴《おおとも》と　佐伯《さえき》の氏《うじ》は　人の祖《おや》の　立つる言立《ことた》て　人の子は
祖《おや》の名絶たず　大君に　まつろふものと　言ひ継《つ》げる　言《こと》の官《つかさ》そ　……大君の　御門《みかど》の守り　我《われ》を除《お》き
て　また人あらじと　いや立て　思ひ増《ま》さる　……

〈……大伴の　遠い祖先の　その名を　大久米主《おほくめぬし》と　呼ばれて　奉仕した職柄《しょくがら》ゆえ　海に行くのなら　水びたしの屍《かばね》　山に行くのなら　草むした屍《かばね》をさらしても　大君の　お傍《そば》で死のう　後悔は　しないと誓って　ますらおの　汚れなき名を　昔から今のこの世に　伝えてきた　栄《は》えある家の子孫なのだぞ　大伴《おおとも》と佐伯《さえき》の氏《うじ》は　先祖の　立てた誓いに　子孫は　先祖の名を継《つ》ぎ　大君に　従うものだと　言い伝えた　名誉の家なのだ……大君の　御門《みかど》の警備に　我らをおいて　人はまたとなかろう　と更に誓い決意を固める……〉

（『新編日本古典文学全集・萬葉集』小学館・小島憲之・他）

（２）海犬飼宿禰岡麻呂《あまのいぬかいのすくねおかまろ》の歌——みたみわれ

天平六年（７３４年）、海犬飼宿禰岡麻呂《あまのいぬかいのすくねおかまろ》が、天皇の仰《おお》せに答えて詠《よ》んだ歌。

御民我《みたみわれ》　生《い》ける験《しるし》あり　天地《あめつち》の　栄《さか》ゆる時に　あへらく思へば

（万葉集・９９６）

〈天皇の民であるわたしは　生きてきた甲斐《かい》がございます　天地《あめつち》の　栄える大御代《おおみよ》に　生まれ合わせたことを思いますと〉

（『新編日本古典文学全集・萬葉集』小学館・小島憲之・他）

(3) 火長今奉部与曾布《かちょういままつりべのよそう》の歌――醜《しこ》のみ楯《たて》

下野国《しもつけのくに》の防人《さきもり》・火長今奉部与曾布《かちょういままつりべのよそう》が詠《よ》んだ歌。なお、火長とは律令軍団制において、十人の兵を統率する長のこと。

今日よりは　顧《かえり》みなくて　大君の　醜《しこ》のみ楯《たて》と　出《い》で立つ我は

（万葉集・4373）

〈防人《さきもり》として今日からは　我が身のことは一切顧みないで　ふつつかながら大君に　お仕えする兵士として　出発致します〉

ちなみに作家三島由紀夫が作った「楯《たて》の会」は、この歌の「醜《しこ》のみ楯《たて》」に由来する。

以上のように、これらの歌は、天皇に対する言祝《ことほ》ぎ、殉忠《じゅんちゅう》の精神、勤皇《きんのう》の精神、忠節の精神、もののふの精神、等々を歌いあげている。

高松塚古墳壁画とキトラ古墳壁画は、死後も、天皇を崇敬守護《すうけい》していくという精神を表現していた。それは、「天皇崇敬言祝《ことほ》ぎ壁画歌《へきがうた》」でもあった。この両古墳の「壁画歌」は、前述の歌謡と同様に、天皇崇敬から出てきた、その発露《はつろ》の歌なのだ。当時の、天皇に対する世相を、表現したものである。

5　阿倍御主人《あべのみうし》の美学

黄文本実《きぶみのほんじつ》は、７０２年（大宝二年）12月、持統天皇崩御《ほうぎょ》の際に、「作殯宮司《もがりのみやつくるつかさ》」に任命されている。阿倍御主人《あべのみうし》が薨去《こうきょ》する前年である。

私は、阿倍御主人《みうし》は古墳壁画について黄文本実《きぶみのほんじつ》に相談した、と思う。

柿本人麻呂や大伴御行《みゆき》は、歌で、天皇を神（北極星）として言祝《ことほ》いでいる。

ならば、阿倍御主人《みうし》は、壁画古墳という方法で、天皇を神（北極星）として言祝《ことほ》ぎ、死後も永遠に崇敬守護したいと思った、のだと思う。黄文本実に相談した結果が、キトラ古墳壁画の誕生であった。

言祝《ことほ》ぎ守護の呪術（手段）は、天皇図・「天文図（星宿図《せいしゅく》＋日月図《じつげつ》）＋四神図のセット図」と、十二支獣頭人身像《じゅうにしじゅうとうじんしん》を描くことにある。被葬者阿倍御主人《あべのみうし》は、自らを十二支獣頭人身像に擬《なぞら》え、天皇（北極星）を、死後も言祝《ことほ》ぎ守護しようとしたのだ。

それは、歌（柿本人麻呂・大伴御行《みゆき》）で、天皇を言祝《ことほ》ぐ代わりに、壁画で、天皇を言祝《ことほ》ぐという、阿倍御主人《みうし》独自の「天皇言祝《ことほ》ぎ守護・壁画歌《へきがうた》」であった。

私は、そこに、大豪族・阿倍氏・氏上《うじのかみ》・阿倍御主人《あべのみうし》の、天皇に対する永遠の美学を感じとる。

6　そもそも、なぜ阿倍御主人《あべのみうし》は、世界一古い貴重な天文図を描くことが出来たのか？

世界的に価値のある天文図を入手し、それを古墳壁画に描くことが出来たということは、それなりの条件が備わっていたことであろうと、推測される。

秋山日出雄氏は、天文図に関して、大変興味深いことを記している（『末永《すえなが》先生米壽《べいじゅ》記念獻呈《けんてい》論文集』）。天文図は、太政官《だじょうかん》の管理下に置かれていた、として次のように述べている。

天文図は『職制律《しきせいりつ》』玄象器物《げんしょうきぶつ》条に「凡《およそ》玄象器物天文・図書（中略）私家不レ得レ有」と規定されているので、このような天文図は私家に対する公家すなわち太政官《だじょうかん》の管理下に保存されていた筈であり、必然的に高松塚古墳の壁画は太政官の統制下に描かれたことが推測され、高松塚古墳は当時における高位の官人墓であったことを有力に物語っている。

「玄象《げんしょう》の器物《きぶつ》」とは、天体観測用の器物の類《たぐい》をいうのであるが、「私家に有することを得ず」であるから、天文図は自宅で保有することも持ち帰ることも、禁じられていたはずである。

ならば、両古墳に描かれた天文図の元となった資料は、国（太政官《だいじょうかん》）の管理下におかれていた可能性が高い、ということになる。

秋山氏は、高松塚古墳壁画について、太政官《だじょうかん》の統制下に描かれたことが推測され、「高位の官人墓であった」可能性を、述べている。

この件に関しては、私は、正直、「有力に物語っている」とまでは言えないのではないか、と思っている。しかし、強い因縁《いんねん》は感じている。

国（太政官《だじょうかん》）の管理下におかれていた天文図となれば、その使用にあたり、それなりの許可が必要であった、と推測される。ましてや、高松塚・キトラ古墳の目的が、天文図だけではなく、天皇図・「天文図（星宿図＋日月図）＋四神図のセット図」を描くことであったならば、なおのことであろう。

天皇図を、国の管理下に置いて描くということは、それ相当の理由がないと、描けないはずである。つまり、両古墳壁画の天皇図・「天文図（星宿図＋日月図）＋四神図のセット図」は、公的な作業として描かれている、ということなのだ。

私が述べたいのは、公的に天皇図を描く作業に対しては、公的に納得のいく理由がなければならない、ということである。

この天皇図を古墳壁画として描く事例は、一件ではない、二件なのだ。一件ならば、特殊な例として、ごまかしの可能性も否定出来ない。しかし、高松塚古墳とキトラ古墳の、二件なのだ。公的に納得がいく理由なくして、天皇図を描けるはずがない。

高貴な皇子《みこ》ならば天皇図を描ける、というのは公的な理由にならない。むしろ、高貴なゆえ、大逆罪ともいえよう。

百済《くだら》王だから天皇図を描ける、というのも公的な理由にならない。

ついでに言えば、高級官僚の一位の身分の者でも、それだけでは公的な理由にならない。

つまり、天皇でもない身分の者が、身分そのものを理由として、完全なる天皇図は描けない、ということなのだ。

何度も記しているが、被葬者は、「死後も天皇を崇敬し永遠に守護していく、という気概を持っている」と見なされて、国（天皇）から公的に天皇図を描くことを、許可された。これが、天皇図・「天文図（星宿図＋日月図）＋四神図のセット図」を描けた、公的な理由なのだ。

なお、太政官《だじょうかん》の管理下に保存されていたとなれば、右大臣の阿倍御主人《あべのみうし》、左大臣の石上麻呂《いそのかみのまろ》はもちろんのこと、黄文本実《きぶみのほんじつ》、「画工司《えだくみのつかさ》」の役人たちも、天文図等々を見る機会はあったのである。

7 阿倍御主人《あべのみうし》はなぜ陵園《りょうえん》内に陪葬《ばいそう》できたのか？

阿倍御主人《あべのみうし》は、天武天皇陵園内に陪葬《ばいそう》されたいと、天皇（文武）に許可を求めたはずだ。

天武天皇の陵園は、中国の陪陵《ばいりょう》制度の影響をうけていて、特別な地位の者（皇子《みこ》）しか葬《ほうむ》ることは出来ない制度になっていた。よって、よほどの理由がないかぎり、臣下最高位になった官僚でも、陵園内に葬ることは出来ないからだ。

前述しているが、河上邦彦氏は、次のように述べている。

大津皇子《おおつのみこ》については、

「大津皇子は反逆罪であるからこの陵園内に墓地は築かれない」

高市皇子《たけちのみこ》については、

「高市皇子は、天皇とする動きもなくはなく、持統はやむを得ず彼を太政大臣《だじょう》にしたが、持統にとっては好ましくない人物であり、陵園に陪葬墓として葬るわけにはいかなかったのである」

大津皇子《おおつのみこ》と高市皇子《たけちのみこ》が――文献（葬《ほうむ》られた場所）を信じるならば――なぜ陵園《りょうえん》内に葬られなかったかの疑問は、これで氷解する。

しかし、持統天皇が崩御《ほうぎょ》してからのち、大津皇子《おおつのみこ》は許されて、陵園内に陪葬《ばいそう》（高松塚古墳）されたという説もある（山本忠尚《ただなお》氏）。

いずれにしろ、天武天皇の陵園内は、特別の地位の者しか葬られなかった。よって、大豪族で臣下最高位になった者・阿倍御主人《あべのみうし》でも、相当な理由がなければ、陵園内に葬られることはなかった。

しかも、大豪族の頭領は、本貫地《ほんがんち》の埋葬が伝統となっていた。

唐の陪陵《ばいりょう》制においては、陵園内に臣下も陪葬されている。しかも、壁画も描かれている。阿倍御主《あべのみう》人《し》は、この唐の情報を得ていた。ならば、阿倍御主人《みうし》は唐の陪陵制に倣《なら》って、天武天皇の陵園内に陪葬されたい、と願ったのだ。

私見ながら、阿倍御主人《みうし》が陵園内に陪葬《ばいそう》が許可されたのは、天皇崇敬守護の壁画を描くことが事前《じぜん》に分かっていたからで、あった。

阿倍御主人《あべのみうし》の、死後も天皇を神として崇敬し、守護していくという壁画の内容であったならば、当時の天皇崇敬の世相を反映したものとして、陵園内の陪葬を許されたのではなかろうか。

死後も天皇を崇敬守護していくという呪術（十二支獣頭人身像《じゅうとうじんしんぞう》）を、はっきりと描くという証拠があったからこそ、天皇図・「天文図（星宿図《せいしゅくず》＋日月図《じつげつず》）＋四神図《ししんず》のセット図」を、描けたのだ。

阿倍御主人《あべのみうし》の、尊皇心《そんのうしん》の発露《はつろ》に、天皇（文武）も感動したことであろう。

阿倍御主人《あべのみうし》は、当時の世相、つまり、柿本人麻呂《かきのもとのひとまろ》と大伴御行《おおとものみゆき》が歌謡にて天皇を神として言祝《ことほ》いだように、キトラ古墳壁画を描き、天皇を神（北極星）として言祝《ことほ》いだのだ。それも、より、具体的に。

伊勢神宮においては、天皇は北極星として祀《まつ》られている。しかし、墓室内において、天皇を神（北極星）として言祝《ことほ》ぐという形は、いままでなかった。

これを最初に実行したのが、キトラ古墳（７０３年）被葬者、阿倍御主人《みうし》なのだ。

最初の実行者としての評価は、高い。私は、天皇（北極星）を死後も崇敬守護していくという、そのアイデア（十二支獣頭人身像《じゅうとうじんしんぞう》）に驚嘆《きょうたん》する。

そのアイデアの表現方法は、中国にも、朝鮮半島にもない、中国の呪術方法を借りた、日本独特の呪術なのである。

8　石上麻呂《いそのかみのまろ》の美学――大豪族同士の忠誠心の張り合い

キトラ古墳壁画に、触発された人物がいる。

物部《もののべ》氏の氏上《うじのかみ》・石 上麻呂《いそのかみのまろ》（717年薨去《こうきょ》）である。石上麻呂は、阿倍御主人《あべのみうし》の壁画古墳に、驚いたことであろう。天皇を死後も言祝《ことほ》ぎ守護していこうとした、その手法に。

703年（大宝3年）、右大臣・阿倍御主人《みうし》が薨去《こうきょ》したとき、正《しょう》三位石 上麻呂《いそのかみのまろ》は、弔《とむら》いと贈り物をする、使者になっている。よって、阿倍御主人《みうし》の葬《ほうむ》られ方は、詳しく知っていたはずである。

石 上麻呂《いそのかみのまろ》も、負けていられなかった。結果、石上麻呂は、阿倍御主人《みうし》のアイデアに勝《まさ》る最高の呪術方法をもって、壁画（高松塚）を描いた。

それは、物部氏《もののべし》の氏上《うじのかみ》・石 上麻呂《いそのかみのまろ》の、阿倍氏《あべし》の氏上《うじのかみ》・阿倍御主人《あべのみうし》に対する意地でもあった。大豪族どうしの、天皇に対する忠誠心の張りあい、ともいえよう。

面白いことに、大伴御行《おおとものみゆき》・阿倍御主人《みうし》・石 上麻呂《いそのかみのまろ》（物部《もののべ》）は、そろって氏上《うじのかみ》である。大豪族・氏《うじの》上《かみ》同士の、天皇に対する、心意気の競争であったのだ。

石 上麻呂《いそのかみのまろ》は、キトラ古墳以上の壁画を描くにはどうしたらよいのか、考えた。

生前において、石上麻呂は、黄文本実《きぶみのほんじつ》はもちろんのこと、「画工司《えだくみのつかさ》」の役人たちとも話し合った。

それは、阿倍御主人《みうし》と同様である。

石上麻呂《いそのかみのまろ》は、天皇に対する「言祝《ことほ》ぎ・守護」であるから、遠慮なく、どんな壁画を描きたいのか、その意志を伝えた。

「画工司《えだくみのつかさ》」に所属する役人達も、それに応《こた》え、キトラ古墳以上の壁画を描くことに、全力をあげた。

その「画工司《えだくみのつかさ》」の役人絵師たちの答えが、高松塚古墳の壁画だった。それは、十二支獣頭人身像《じゅうとうじんしんぞう》を描き、「言祝《ことほ》ぎ・守護」したキトラ古墳の呪術よりは、はるかに格調高い呪術であった。まさに、これ以上の呪術は考えられないほどの、格調の高さであったのだ。


被葬者石上麻呂《いそのかみのまろ》（717年薨去《こうきょ》）は、自らを北斗八星（八人ずつの男女）に擬《なぞら》え、天皇（北極星）を、死後も言祝《ことほ》ぎ守護しようとしたのだ。

石上麻呂は、臣下最高位の官僚・左大臣・贈従一位《じゅ》であるから、北斗八星に擬《なぞら》えられる資格はある。

臣下最高位の官僚・右大臣・従《じゅ》二位の阿倍御主人《あべのみうし》であっても、北斗八星に擬《なぞら》えられる資格としては、無理であろう。

やはり、阿倍御主人《みうし》は、呪術として一段劣《おと》る、十二支獣頭人身像《じゅうとうじんしんぞう》が適切であろう。

9　世界一の陪《ばい》塚《ちょう》と出行図《しゅっこうず》——その壁画歌《へきがうた》の美学

さらに、言えることがある。

高松塚古墳（７１７年）は、北・約２００メートル先にある中尾山古墳（文武天皇・７０７年）の陪《ばい》塚《ちょう》である、ということだ。その陪塚《ばいちょう》も、普通の陪塚ではない。格調高い高度な呪術（伊勢神宮の呪術）を施《ほどこ》した、「壁画古墳・陪塚《ばいちょう》」なのである。

石上麻呂《いそのかみのまろ》は、中尾山古墳（文武天皇）を北極星とし、高松塚古墳を北斗八星としたのだ。つまり、「高松塚古墳＝北斗八星陪塚《ばいちょう》」。

さらに、石上麻呂《いそのかみのまろ》は、文武《もんむ》天皇（中尾山古墳・北極星）を、北斗八星（高松塚・石上麻呂・八人ずつの男女）という帝車《ていしゃ》（八鸞《はちらん》）に乗せて、宇宙を駆《か》け巡《めぐ》る、という出行図《しゅっこうず》を描いた。

つまり、「高松塚古墳壁画＝北斗八星帝車陪塚《ばいちょう》・天皇出行図」。

いやいや、それだけではない。高松塚の被葬者・石上麻呂《いそのかみのまろ》は、北斗八星の大匙《おおさじ》（八箕《はっき》）となり、神《しん》饌《せん》を永遠に中尾山古墳の被葬者・文武《もんむ》天皇（北極星）に、届けているのである。

このような格調高い陪塚《ばいちょう》、そして出行図《しゅっこうず》は、中国でも朝鮮半島でも見当たらない。

まさに、高松塚古墳は、世界一の陪塚《ばいちょう》であり、世界一の出行図を描いている古墳なのだ。世界一格調高い「陰陽・深緑色・北斗八星帝車陪塚《ばいちょう》高松塚・天皇乗車出行図」は、日本独自のものであろう。

天皇陵を「北極星古墳」とし、自分の墓を、「北斗八星陪塚《ばいちょう》」にするなんて、あまりにも粋《いき》すぎる。石上麻呂《いそのかみのまろ》さん、何と、お洒落《しゃれ》な!!　と声をかけたくなる。

ここまで書いていて、私は、はたと、閃《ひらめ》き、分かった。もやもやしていたことが、明確になった。なぜ高松塚古墳が、中尾山古墳（文武天皇）の陪塚《ばいちょう》としてすぐ近くに築造されることが許されたのか、ということが。

来村多加史《たかし》氏は、次のように述べている（『古代大和の謎』「天皇陵にみる風水思想」編者・大和文化会・学生社）。

> 天武陵と中尾山古墳が天皇陵であるならば、兆域を寄せた高松塚古墳の被葬者が一般の豪族であるわけがありません。私が従来の説の通り、高松塚古墳の被葬者を天武天皇の皇子の一人だと考える根拠はその点にあるのです。

来村氏は、贈・従《じゅ》一位の石上麻呂《いそのかみのまろ》の身分では、この場所に葬《ほうむ》られることは不可能である、と述べていることになる。どうしても、皇子《みこ》でなくてはならない、ということであろう。来村氏の気持ちは、よく分かる。

確かに、皇子《みこ》でもない者が、天皇陵のすぐ近くに墓を築造することは、よくよくのことであり、普通では考えられない。ましてや、百済王（三位）ならば、なおのことであろう。しかし、

①石上麻呂《いそのかみのまろ》は、左大臣・贈・従《じゅ》一位の位《くらい》であったこと
②世界一の陪塚《ばいちょう》出行図アイデア「太極（北極星）八卦《はっか》（北斗八星）」であったこと

この二つの条件により、天皇陵の兆域《ちょういき》（墓域）に接して高松塚古墳を築造することが、許されたのだ。

阿倍御主人《あべのみうし》の地位（右大臣・従《じゅ》二位）と、そのアイデア（十二支獣頭人身《じゅうとうじんしん》像）では、高松塚の位置（兆域）に、壁画古墳を作ることは不可能であろう。

つまり、臣下最高位の石上麻呂《いそのかみのまろ》が、自らの古墳に、世界一格調高い、陪塚出行図《ばいちょうしゅっこうず》・「太極（北極星）八卦（北斗八星）」を描くことを、前もって天皇（当時は元正天皇《げんしょう》）に届け出たからこそ、陪塚《ばいちょう》として築造することを許されたのである。

私見ながら、事前に、石上麻呂《いそのかみのまろ》は贈・従《じゅ》一位を賜《たまわ》ることが分かっていた、のではなかろうか。

私は、この件も含めて、石上麻呂はすべてを黄文本実《きぶみのほんじつ》と相談していたのであろう、と推測する。

元正天皇《げんしょう》は、石上麻呂《いそのかみのまろ》の世界一のプランを見て、その尊皇心《そんのうしん》・忠誠心の壮大さに、感激したに違いない。よって、天皇（元正）は、中尾山古墳（文武《もんむ》天皇・７０７年）の兆域《ちょういき》（墓域）に接して築造することを、許したのだ。

そして、だからこそ、石上麻呂《いそのかみのまろ》は、平城京遷都《せんと》（710年）後7年も経《た》っていたのに（717年）、帰葬《きそう》が許されたのである（藤原京の留守司《るすのつかさ》として残ったことも要因であるが）。

私は、これで、やっと高松塚古墳の陪塚《ばいちょう》の問題が解明できた、と思っている。

今は亡き秋山日出雄氏と、この件について話し合ってみたかった、とつくづく思う。

あとがき

考古学者でもない私ごとき者が、なぜ、高松塚古墳壁画とキトラ古墳壁画の謎を解く作業に参加できたのか？　それは、偶然、私が「数字8の探究者」であったからだ。

私は、故《ゆえ》あって、世界一の数字・「8」の探究家になろうとした。高松塚古墳壁画の呪術解明は、何と、その過程で得た副産物であった。

高松塚古墳壁画は、呪術絵《じゅじゅつえ》であり、8の暗号、つまり8の周波数で語っていた。よって、高松塚古墳壁画の声は、8の周波数を受信出来る耳を持っている小生のみが聞き取ることが出来たのだ。ただ、それだけのことなのである。

「8」は、高松塚古墳のみならず、伊勢神宮、大嘗祭《だいじょうさい》、日光東照宮のグランドデザインをも教えてくれた。ならば、それらの望外な謎解き解明は、8の神様からの、8の愚直探求者・私に対するプレゼントかな、と密かに思っている。

高松塚古墳と中尾山古墳は、一緒に、整備すべきであると思う。高松塚古墳は、一応整備された。やむなく古墳石室は解体され、構築されていた石は、すべて別のところで保管されている。そして、カビだらけになった壁画も修理された。

令和3年11月に、「中尾山古墳、50年ぶりの再調査の結果発表」という記事も掲載された。

その調査の結果、八角形であることが再度確認され、天皇陵であり、被葬者は文武《もんむ》天皇であることが、ほぼ確定的となった。

しかし、宮内庁は、文武天皇陵は別の場所（南約400メートル）を治定《じじょう》している。陵墓として定期的に祭祀《さいし》が営まれている関係上、文武天皇陵に関して言及することはこれ以上は避けたい。

私は、令和3年の発掘調査後の中尾山古墳に行ったのだが、通路は何と八角形内に立ち入っている。天皇陵としての保存の姿とはほど遠い。私は、中尾山古墳と高松塚古墳は、セットとして、具体的には、北極星古墳（中尾山古墳）と北斗八星古墳（高松塚古墳）として、整備し、手厚く祀《まつ》るべきであろうと痛切に感じている。


高松塚古墳発掘50周年記念のイベントを、明日香《あすか》村教育委員会と関西大がタイアップして行う。その関西大学博物館のHPを拝見すると、高松塚古墳壁画は「出行図《しゅっこうず》」であろうと記してある。よって、東壁と西壁の人物は、南に向かって出行する出行図と認識していることになる。

この関西大学の、「高松塚古墳壁画出行図説《しゅっこうず》」は、私にとって、大変、力強い応援である。

しかし、理解はここまでで、私の主張する「八人ずつの男女は、その立ち位置を線で結ぶと、北斗八星が出現する」ことは、述べていない。

つまり、北斗八星・帝車とは、言及していない。ここまで言っているのに、大変、残念である。中国の古墳に描かれている出行図には、乗り物に乗って出行する姿が描かれている。東壁と西壁に描かれた人物画は、出行図と関係するならば、乗り物を想像しても何らおかしくない。この件について、是非とも、関西大学と討論をしたいものである。

２０１７年5月12日、ＮＨＫテレビ放送の歴史秘話ヒストリア『飛鳥美人　謎の暗号を解け～高松塚壁画のヒミツ～』が、放映された。

そこでは、結論として、猪熊《いのくま》兼勝先生は、高松塚古墳の被葬者は忍壁皇子《おさかべのみこ》、キトラ古墳の被葬者は高市皇子《たけちのみこ》とされていた。猪熊先生の高松塚古墳の被葬者の説明に、目が点になってしまった。テレビ画面に、蓋《きぬがさ》の色は、皇子は紫の色、一位は深緑、と記してある原本資料を見せていた。それなのに、蓋《きぬがさ》の色は深緑（一位）だから、被葬者は忍壁皇子《おさかべのみこ》に間違いない、と述べていた。皇子《みこ》は、紫ではないのですか？　と突っ込みを入れたくなる。

もちろん、皇子も一位の位であるからでしょうが、これでいいのかなぁ、と部屋にため息がいっぱいになった。

王仲殊《おうちゅうしゅ》氏と直木孝次郎氏は、歌を交換し、被葬者を特定できたと喜びを分かち合った。王仲殊氏と直木孝次郎氏は、７０４年の遣唐使帰国によってもたらされた海獣葡萄鏡《かいじゅうぶどうきょう》は「高松塚古墳の被葬者は忍壁皇子《おさかべのみこ》である、とのことを証明するもの」として、捉《とら》えた。確かに、遣唐使が帰国した７０４年に、海獣葡萄鏡は日本にもたらされた、ということは、説得力のある説ではある。王仲殊氏は、橿原《かしはら》考古学研究所で、高松塚古墳について講演したさい、自作の短歌を披露した。

檜隈《ひのくま》の　草場の陰に　光しは　高松塚の　宝の鏡

海獣葡萄鏡により、被葬者は忍壁皇子《おさかべのみこ》（705年）と特定できたとの思いで、この歌をつくったのだ。

これに対して、直木孝次郎氏は次の歌で答えた。

外《と》つ国の　鏡かがやき　高松の　塚に眠りし　人を顕す

まさに、自信満々の歌なのだ。

ならば、小生も、万感の思いを込めて、拙歌を披露させていただく。

天皇（おおきみ）を　永久《とわ》に守るは　高松に　眠りし臣下　北斗八星

※天皇（おおきみ）＝北極星＝文武《もんむ》天皇　　北斗八星＝石上麻呂《いそのかみのまろ》

新装再出版に当たっては、ヒカルランドさんに対して、徳間書店の力石幸一様に便宜を図っていただいた。この本の編集担当者だったからだ。力石様は、高松塚古墳の壁画に描かれた北斗八星帝車の理解者でもある。

新装再出版の話をヒカルランドの石井健資社長に申し上げたところ、即座にＯＫしてくださった。以前、石井社長には、拙著『古代天皇家「八」の暗号』の編集を担当していただいた。数字８の最大の理解者である。８の神様が縁を繋いでくれたのであろうか、ありがたいことである。

令和四年三月吉日

畑　アカラ

参考文献一覧

『古墳の語る古代史』白石太一郎・岩波書店
『古代を考える　終末期古墳と古代国家』白石太一郎編・吉川弘文館
『歴史読本』１９９８年９月号／「キトラ古墳と高松塚古墳」白石太一郎・新人物往来社
『末永先生米壽記念獻呈論文集』「高松塚古墳の被葬者」秋山日出雄・末永先生米寿記念会
『末永先生米壽記念獻呈論文集』「凝灰岩使用の古墳」河上邦彦・末永先生米寿記念会
『高松塚への道』網干善教・草思社
『壁画古墳の研究』網干善教・学生社
『地下に歴史を掘る』「高松塚と中尾山古墳」網干善教
『古代大和の謎』編者・大和文化会・学生社
『高松塚とキトラ』来村多加史・講談社
『古代史を解くカギ』有坂隆道・毎日新聞社
『飛鳥―水の王朝』千田稔・中央公論新社
『古代の風景へ』千田稔・東方出版
『歴史と旅』１９９９年３月号／「被葬者は百済の王族か」千田稔・秋田書店
『易と日本の祭祀』吉野裕子・人文書院

『陰陽五行と日本の天皇』吉野裕子・人文書院
『持統天皇』吉野裕子・人文書院
『隠された神々』吉野裕子・人文書院
『陰陽五行思想からみた日本の祭』吉野裕子・人文書院
『高松塚は高市皇子の墓』土淵正一郎・新人物往来社
『古代壁画の世界―高松塚・キトラ・法隆寺金堂』百橋明穂・吉川弘文館
『蓬莱山と扶桑樹』岡本健一・思文閣出版
『松本清張全集33―古代史疑・古代探究』文藝春秋
『高松塚・キトラ古墳の謎』山本忠尚・吉川弘文館
『飛鳥の古墳を語る』猪熊兼勝・吉川弘文館
『直木孝次郎　古代を語る9　飛鳥寺と法隆寺』直木孝次郎・吉川弘文館
『黄泉の王』梅原猛・新潮社
『国宝の美09高松塚古墳壁画』「キトラ古墳との比較と中国の影響」有賀祥隆・朝日新聞出版
『世界遺産　高句麗壁画古墳の旅』全浩天・角川書店
『天台密教の本』ブックス・エソテリカ21・学習研究社
『日光東照宮の謎』高藤晴俊・講談社
『台密の理論と実践』三崎良周・創文社

『日本思想と神仏習合』菅原信海・春秋社
『白鳥庫吉全集第二巻・日本上代史研究下』白鳥庫吉・岩波書店
『伊勢神宮』所功・講談社
『伊勢神宮の衣食住』矢野憲一・東京書籍
『神宮御神宝図説』神宮徴古館農業館
『タオイズムの風』福永光司・人文書院
『「馬」の文化と「船」の文化』福永光司・人文書院
『道教と古代日本』福永光司・人文書院
『卑弥呼は日本語を話したか』安本美典氏・PHP研究所
『新編日本古典文学全集・萬葉集』小学館・小島憲之・他
『新日本古典文学大系・続日本紀』岩波書店・青木和夫・他
『古事記』小学館・新編日本古典文学全集
『日本書紀』小学館・新編日本古典文学全集
『中国神秘数字』鈴木博訳・青土社
『数の神秘』フランツ・カール・エンドレス・訳者・畔上司・現代出版
『数の民族誌』内林政夫・八坂書房
『数の周辺』清田圭一編・日本アイ・ビー・エム（株）

『「数」の日本史』伊達宗行・日本経済新聞社
『貞丈雑記』（東洋文庫・４５３）・校注者・島田勇雄・平凡社
『釈日本紀』現代思潮社
『日本の名随筆89・数』安野光雅・編者・作品社
『古代天皇家「八」の暗号』畑アカラ・徳間書店／ヒカルランド

畑アカラ（はた あから）
昭和22年、静岡県生まれ。明治大学卒業。古代史研究家。８月８日はハートの日協会・理事長。広告制作会社を経て、フリー。著書に『古代天皇家「八」の暗号』（徳間書店／ヒカルランド）、『【大嘗祭・天皇号・伊勢神宮】』（ヒカルランド）、『猫っ可愛がりのことわざ草紙』（毎日新聞社）、『猫ノーテンキ』（草思社）、『きょうも猫日和――猫楽のすすめ』（徳間書店）、等々。８とハートの世界の探究家。

本作品は、2016年７月、徳間書店より刊行された『古代天皇家の謎は「北斗八星」で解ける』の新装版となります。

［新装版］古代天皇家の謎は「北斗八星」で解ける
高松塚・キトラ古墳の壁画に秘められた古代史の真実

第一刷　2022年4月30日

著者　畑　アカラ

発行人　石井健資

発行所　株式会社ヒカルランド
〒162-0821　東京都新宿区津久戸町3-11　TH1ビル6F
電話　03-6265-0852　ファックス　03-6265-0853
http://www.hikaruland.co.jp　info@hikaruland.co.jp

振替　00180-8-496587

本文・カバー・製本　中央精版印刷株式会社

DTP　株式会社キャップス

編集担当　上川卓也

ISBN978-4-86742-118-5

ヒカルランド　好評既刊！

地上の星☆ヒカルランド　銀河より届く愛と叡智の宅配便

【大嘗祭・天皇号・伊勢神宮】
著者：畑アカラ
A5ソフト　本体8,080円+税